히이브 마인드

이메일에 갇힌 세상

칼 뉴포트 지음 · 김태훈 옮김

A World Without Email
이메일에 갇힌 세상

하이브
마인드

세종

맥스Max, 에이사Asa, 조시Josh에게,
너희들의 미래가 수신함에 지배당하지 않기를

✉ Contents

2부 끝없는 소통에서 벗어나 일을 다시 생각하다

05 절차 원칙: 체계화된 절차가 지식노동을 구한다

06 프로토콜 원칙: 최적의 협력 방법을 설계하다

왜 하이브 마인드에서
벗어나야 할까?

열정적인 니시 아차리아Nish Acharya는 일할 준비를 하고 워싱턴 DC
에 도착했다. 2010년 말이었다. 오바마 대통령은 아차리아를 혁신
과 창업 담당 국장으로 임명했다. 상무부 장관 선임 자문위원도 겸
하는 분주한 자리였다. 아차리아가 맡은 일은 26개 연방기관 및
500여 개 대학과 협력하여 1억 달러의 자금을 분배하는 것이었다.
즉, 그는 곧 워싱턴 DC의 권력자가 될 참이었다. 그는 종일 메시지
가 오가는 스마트폰을 항상 손에 들고 다녔다.

  새 직무를 맡고 두 달여가 지난 화요일 아침, 아차리아는 최고기
술책임자가 보낸 이메일을 받았다. 컴퓨터 바이러스 때문에 부서의
네트워크를 잠시 끊어야 한다는 내용이었다. 아차리아는 나중에 나
와 함께 그 일에 대한 인터뷰를 진행할 때 "다들 며칠만 있으면 해

결될 거라고 생각했어요"라고 말했다. 하지만 이것은 엄청나게 낙관적인 생각이었다. 그다음 주에 상무부 차관이 회의를 소집했다. 그녀는 네트워크를 감염시킨 바이러스가 외국발로 의심되며, 국토안보부가 공격 경로를 추적하는 동안 네트워크를 계속 끊어두도록 권고했다고 설명했다. 또한 만일에 대비하여 그들은 사무실에 있는 모든 컴퓨터, 노트북, 프린터 등 칩이 달린 모든 것을 폐기할 작정이었다.

이 네트워크 단절이 가장 크게 영향을 준 것은 이메일을 주고받을 수 없다는 것이었다. 보안상의 이유로 공무에는 개인 이메일을 쓸 수도 없었다. 또한 관료적 장벽 때문에 임시 계정을 만들어서 다른 기관의 네트워크를 이용할 수도 없었다. 결국 아차리아와 그의 팀은 연방정부의 복잡한 업무 대다수에 딸려오던 부산스러운 '디지털 수다'로부터 사실상 차단되었다. 이 '정전'은 6주나 지속되었다. 그들은 블랙유머처럼 모든 것이 시작된 운명의 날을 '암흑의 화요일Dark Tuesday'로 부르게 되었다.

갑작스럽게 찾아온 '이메일의 상실'은 아차리아의 업무 중에서 특정한 부분을 '몹시 힘들게' 만들었다. 다른 부서들은 여전히 이메일에 크게 의존했기 때문에 그는 중요한 회의나 요청을 놓칠까 봐 걱정했다. 그는 "기존 정보 파이프라인이 있는데 나는 거기서 빠져 있었다"고 설명했다. 또 다른 어려움은 업무 진행이었다. 아차리아의 직무는 회의가 잦았고, 이메일을 통해 회의 일정을 조정하지 못하면 훨씬 성가셔지는 게 사실이었다.

하지만 정말 예상하지 못했던 것은 아차리아의 일이 6주 동안 중단되지 않았다는 것이다. 오히려 그는 자신이 일을 더 잘하게 되었다는 사실을 깨달았다. 무언가를 간단히 이메일로 물어볼 수 없게 되자 그는 사무실에서 나가 당사자를 만나게 되었다. 또한 이런 약속은 한번 정하기가 까다롭기 때문에 더 긴 시간을 할애해야 했다. 덕분에 그는 자신이 만나는 사람을 제대로 알 수 있었고, 사안의 내밀한 사항들을 더욱 잘 이해할 수 있었다. 아차리아의 설명에 따르면 이렇게 오랜 시간 대면하는 것은 연방정부의 은근한 역학을 익혀야 할 신임 간부에게는 '매우 가치 있는' 것이었다.

이런 회의 사이에 확인할 수신함이 없다는 사실은 아차리아가 '화이트스페이스whitespace[*]'라고 부르는 인지적 휴지기를 열어주었다. 아차리아는 이 화이트스페이스를 활용하여 부서에서 처리하는 사안과 관련된 연구문헌과 법안을 더 깊이 파고들 수 있었다. 이렇게 더 느리고 사려 깊은 접근법 덕분에 두 건의 획기적인 아이디어가 탄생할 수 있었다. 그리고 이 아이디어들은 아차리아의 소속 기관이 이듬해 전체에 걸쳐 추진할 의제를 설정해주었다. "워싱턴의 정치적 환경에서는 누구도 그런 시간을 자신에게 부여하지 않아요"라고 그는 내게 말했다. "순전히 신경증처럼 휴대폰을 바라보고 이메일을 확인할 뿐이죠. 이런 일은 창의성을 해쳐요."

● 프로그래밍 언어로 공백, 탭, 개행 문자 등 화면상으로는 표시되지 않는 공백 문자를 말한다 – 옮긴이.

아차리아와 함께 암흑의 화요일과 그 여파에 대해 이야기를 나누는 동안, 이메일 중단이 빚어낸 고충을 해결할 아이디어가 떠올랐다. 예를 들면, 아차리아가 매일 백악관에 전화를 걸어서 자신이 알아야 할 회의가 있는지 확인한다면, 이 간단한 습관을 통해 자신이 연락망에서 배제될지 모른다는 걱정에서 벗어날 수 있다. 아마 전담 비서나 후배 팀원이 전화하는 일을 맡게 될 것이다. 다른 문제는 회의 일정 조정이 번거로워진다는 것이었다. 하지만 이 역시 비서 혹은 일종의 자동화된 일정 수립 시스템으로 대체할 수 있다. 다시 말해서 '이메일 정전'으로부터 오는 커다란 이점은 유지하면서도 그에 수반되는 번거로운 일들을 피할 수 있다. 나는 이런 해결책을 설명한 후 "이런 방식으로 일해보는 건 어때요?"라고 물었다. 잠시 수화기 너머가 조용해졌다. 이메일 없이 일할 수 있다는 나의 아이디어가 너무나 터무니없어서 아차리아의 머릿속이 얼마간 하얗게 변해버린 것이다.

아차리아의 반응은 놀랍지 않았다. 현대의 지식노동과 관련해 이미 널리 받아들여진 전제는 이메일이 우리를 구원했다는 것이다. 이메일은 우편물들과 전화 메시지를 기록하는 비서들로 가득한 옛날식 사무실 풍경을 더욱 효율적으로 변모시켰다. 이 전제에 따르면 이메일이나 인스턴트 메신저 같은 도구에 압도당하는 기분이 드는 것은 당신의 습관 때문이다. 즉, 수신함을 한번에 모두 확인하고, 알림을 끄고, 더 명확하게 제목을 써야 한다는 것이다! 또한 수신함에 정말 심한 과부하가 걸렸다면 조직 전체가 그들의 '관행'을 조정해야 한다. 그 관행이란 빠른 회신에 대한 기대 등을 포함한 여러 문제를 말한다. 그러나 현대의 지식노동을 규정하는 쉴 없는 디지털 의사소통에 대해서는 그동안 한 번도 의문의 대상으로 삼은 적이 없다. 왜냐하면 그것을 의심하는 것이 그저 반동적이고 향수에 젖은 듯해 보이기 때문이다. 마치 말로 화물을 운송하거나 촛불의 낭만을 즐기던 지나간 시대를 그리워하는 것처럼 말이다.

이런 관점에서 보면 아차리아가 겪은 '암흑의 화요일'은 그야말로 재난이었다. 하지만 이런 관점을 뒤집어 보면 어떨까? 이메일이 지식노동을 구원한 것이 아니라, 사소한 편의성을 진정한 생산성(정신없는 바쁨 말고 실질적인 성과)에 대한 막대한 부담으로 우연히 대체하게 된 것이라면 어떨까? 그래서 그것이 지난 20년간 경제성장을 더 느리게 만들었다면? 이런 도구들로 인해 우리가 시달리는 문제가 사실은 개인의 사소한 습관이나 느슨한 관행 때문이 아니라면? 이 모든 게 이메일이 우리가 일하는 방식을 극적으로, 그리고 예기치 못하게 바꾼 데서 나오는 것이라면? 다시 말해 '암흑의 화요일'이 재난이 아니라 많은 혁신적인 경영자와 사업가들이 가까운 미래에 어떻게 일하게 될지에 대한 미리보기였다면 어떨까?

나는 지난 5년간 이메일이 일을 파괴하는 양상을 연구하는 데 골몰했다. 이 여정에서 중요한 변곡점은 《딥 워크Deep Work》를 펴낸 2016년이었다. 이 책은 지식 부문이 집중의 가치를 과소평가한다는 주장을 담고 있었다. 디지털 메시지로 신속하게 의사소통을 하는 것은 좋다. 그러나 이 신속한 의사소통은 수시로 우리를 방해하고 집중하기 어렵게 만든다. 이는 가치 있는 성과를 내야 할 우리의 능력에 생각보다 큰 영향을 미친다. 나는 《딥 워크》에서 우리가 수신함에 파묻히게 된 양상을 파헤치거나 체계적인 변화를 제안하지 않았다. 당시 나는 이 문제의 대부분이 정보가 충분하지 않아서라고 생각했다. 그래서 여러 조직들이 집중의 중요성을 깨닫게 되면 집중을 우선순위로 삼기 위해 운영 방식을 바로잡을 것이라고 판단했다.

알고 보니 이는 대단히 낙관적인 생각이었다. 나는 책에 대한 이야기를 하러 전국을 돌며 경영진과 직원들을 모두 만났다. 또한 〈뉴욕타임스〉와 〈뉴요커〉 같은 매체뿐 아니라 나의 블로그에도 이런 주제에 대해 더 많은 글을 썼다. 그러는 동안 나는 지식 부문의 현재 상태를 엿보고 더욱 내밀하게 이해할 수 있었다. 쉼 없는 의사소통은 진정한 일을 방해하는 것이 아니었다. 그것은 오히려 일이 실제로 이뤄지는 방식과 완전히 뒤엉키게 되었다. 그에 따라 더 나은 습관이나 이메일 없는 금요일처럼 간단한 경영적 시도를 통해 주의분산을 줄이려는 노력들이 소용없게 되었다. 진정한 개선을 이루기 위해서 할 일은 분명해졌다. 전문적인 노력을 체계화하는 방법에 근본적인 변화가 필요하다. 또한 이런 변화가 시급하다는 사실도 분명해졌다. 이메일 과부하는 2000년대 초반만 해도 유행하는 골칫거리에 불과했지만 최근 들어 훨씬 심각한 문제로 발전했다. 많은 사람들은 이른 아침이나 저녁 혹은 주말에나 실질적인 생산성을 간신히 올리고, 반면에 평일에는 시시포스처럼 수신함과 끝없이 씨름해야 하는 포화점에 이르게 되었다. 이는 일을 하기 위해 고통을 초래하는 특이한 접근법이 아닐 수 없다.

이 책은 이 위기를 해결하기 위한 나의 시도다. 나는 이 책에서 우리가 쉼 없는 의사소통 문화에 직면하게 된 양상, 그리고 그것이 생산성과 우리의 정신건강에 미치는 영향에 대해 이제 우리가 아는 모든 것을 최초로 종합할 것이다. 또한 대안에 대한 설득력 있는 비전들은 어떤 내용인지 알아볼 것이다. '이메일 없는 세상A World Without Email•'이라는 아이디어는 니시 아차리아의 허를 찌를 만큼 파격적이다. 하지만 나는 그것이 가능할 뿐 아니라 사실상 불가피하다고 믿게 되었다. 이 책에서 내가 이루려는 목표는 다가오는 혁명에 관한 청사진을 제공하는 것이다. 앞으로 나올 내용을 정리하기 전에 우리가 현재 직면한 문제부터 명확하게 이해할 필요가 있다.

이메일은 1980년대와 1990년대에 직업 세계로 퍼지면서 새로운 것을 선보였다. 바로 사용하기에 너무 손쉬운 대규모 의사소통이었다. 이 새로운 도구 덕분에 일과 관련된 사람과 의사소통하는 데 필요한 시간과 사회자본 측면의 비용이 급감했다. 저술가인 크리스 앤더슨Chris Anderson이 2009년에 펴낸 책인 《프리Free》에서 지

• 이 책의 원서명이다. 미국에서 출간되었다.

적한 대로 비용을 제로로 줄이는 역학은 "대단히 신비로울" 수 있다.[1] 이 점은 무료 의사소통 시대의 도래로 인한 변화를 예측한 사람이 거의 없었던 이유를 설명해준다. 우리는 기존의 음성메시지, 팩스, 메모를 이 새롭고 편리한 전자 매체로 옮기기만 한 것이 아니다. 이메일은 우리의 업무 흐름workflow을 근본적으로 완전히 바꿔놓았다. 우리는 전보다 훨씬 많은 대화를 나누기 시작했고, 한때 우리의 일상을 정의하던 단절된 업무 활동이 다듬어지면서 대화가 계속되고, 또 그것이 더욱 연속적으로 이어졌다. 이런 대화들은 우리가 실질적인 일이라고 생각하던 것과 뒤섞였고, 그 경계를 분간할 수 없게 되었다.

한 조사에 따르면 2019년 기준으로 평균적인 노동자는 하루에 126통의 업무 이메일을 주고받는다. 이는 대략 4분에 1통 꼴이다.[2] 레스큐타임RescueTime이라는 소프트웨어 기업은 근래에 시간 추적 소프트웨어를 활용하여 이 행동을 직접 측정했다. 그 결과 사용자들이 이메일 혹은 슬랙Slack 같은 인스턴트 메신저를 평균 6분마다 한 번씩 확인하는 것으로 드러났다.[3] 캘리포니아대학 어바인 캠퍼스의 연구팀도 비슷한 실험을 진행했다. 그들은 대기업에 근무하는 40명의 회사원을 대상으로 12일 동안 컴퓨터 관련 행동을 추적했다. 그 결과 회사원들은 수신함을 하루에 평균 77번 확인하는 것으로 드러났다. 가장 심한 경우는 매일 400번 넘게 확인했다.[4] 어도비가 실시한 조사에서도 지식노동자들이 비즈니스 이메일을 송수신하는 데 하루에 3시간 이상 쓰는 것으로 드러났다.[5]

그렇다면 문제는 도구가 아니라 그것이 불러온 새로운 업무 방식이다. 이 새로운 업무 흐름을 더 깊이 이해하는 데 도움이 되도록 아래에 명칭과 정의를 제시한다.

> **하이브 마인드 활동과잉**
> 이메일이나 인스턴트 메신저 서비스 같은 디지털 의사소통 도구에서 오가는 비체계적이고 무계획적인 메시지와 지속적인 대화를 중심축으로 하는 업무 흐름. 하이브hive라는 벌집에서 유래했다.

하이브 마인드 활동과잉 업무 흐름hyperactive hive mind workflow은 지식 부문에서 보편화되었다. 당신이 컴퓨터 프로그래머든, 마케팅 컨설턴트든, 경영자든, 신문 편집자든, 교수든 이제 당신의 하루는 대부분 당신이 속한 조직의 지속적인 하이브 마인드 대화를 관리하는 일을 중심으로 구성된다. 이 업무 흐름은 우리가 6분마다 새 메시지를 확인하면서 업무시간의 3분의 1 이상을 수신함에서 보내게 만든다. 우리는 이제 이런 양상에 익숙해졌다. 하지만 심지어 역사적 맥락에서 봐도 이는 면밀한 분석이 뒤따르지 않은 것이 이상할 만큼 우리의 업무 문화에 일어난 극단적인 변화다.

하이브 마인드 활동과잉이 명백히 나쁜 것은 아니다. 이 업무 흐름은 간단하고 엄청나게 활용도가 높다는 사실을 비롯해 여러 이점이 있다. 한 연구자가 내게 설명한 대로 이메일의 매력 중 하나는 다루기 쉬우며 지식노동의 거의 모든 유형에 활용할 수 있다는 것이다. 그래서 각 유형의 업무에 맞춘 별도의 디지털 시스템을 습득하는 것보다 학습곡선이 훨씬 작아진다. 비체계적인 대화는 또한 예기치 못한 난관을 파악하고 신속하게 대응할 수 있는 효과적인 수단이기도 하다.

하지만 1부에서 주장할 내용처럼 이메일이 촉발하는 하이브 마인드 활동과잉 업무 흐름은 (자연스럽기는 하지만) 사실 엄청나게 비효율적인 것으로 드러났다. 이 실패에 대한 설명은 우리의 심리에서 찾을 수 있다. 이런 비체계적인 협력은 아주 작은 규모(가령 2~3명)를 넘어서면 인간의 뇌가 작동하도록 진화한 방식과 그다지 잘 맞지 않는다. 만약 당신이 속한 조직이 하이브 마인드에 의존하는 경우, 수신함이나 채팅 채널을 오랫동안 살피지 않으면 조직 전체의 운영이 느려진다. 하이브 마인드와 지속적으로 상호작용을 하기 위해서는 주의를 '일'에서 '일에 대한 대화'로, 거기서 다시 '일'로 맥락을 자주 전환해야 한다. 앞으로 자세히 살피겠지만 심리학과 신경과학 분야의 한 선구적인 연구 결과에 따르면 이런 맥락 전환은 잠깐만 일어난다고 해도 정신적 에너지 면에서 상당한 대가를 초래한다. 그에 따라 인지능력과 효능이 저하되고 피로감이 생긴다. 신속하게 업무를 맡기고 피드백을 구하는 능력은 당장은 능률적으로 보일지 모른다. 그러나 장기적으로는 같은 양의 업무를 달성하는 데 더 많은 시간과 비용을 요구하여 생산성을 떨어트릴 가능성이 높다.

이 책의 1부에서는 하이브 마인드 업무 흐름의 사회적 요소가 우리 뇌의 사회적 회로와 충돌하는 양상을 자세히 살필 것이다. 당신은 이성적으로는 수신함에 있는 600통의 읽지 않은 메시지가 중요치 않다는 사실을 안다. 또한 당신은 그 메시지를 보낸 사람들이 답신을 기다리며 화면을 바라보거나 답신이 느린 것을 욕하고 있지 않을 것임을 자신에게 상기시킨다. 그러나 정작 우리 뇌 속은 그렇지 않다. 우리 뇌는 인간이 구석기 이래 눈부시게 번성할 수 있도록 해준 사회적 역학의 세심한 춤을 신경 쓰도록 진화했다. 그래서 사회적 의무로 인식되는 일을 무시하지 못한다. 이 사회적 회로의 관점으로 보면 당신이 속한 부족의 구성원들이 당신의 주의를 끌려고 노력하고 있는데 그것을 당신이 무시하고 있는 것이다. 이는 비상을 선포할 만한 사태다. 여기서 오는 지속적인 걱정은 불안에 따른 희미한 잡음을 만들어낸다. 수신함에 얽매인 많은 지식노동자들은 이런 불안이 불가피한 것이라고 가정하게 되었다. 그러나 실제로 이런 불안은 이 현대적이고 새로운 도구와 우리 뇌의 불일치에 따른 인위적인 산물일 뿐이다.

그렇다면 여기서 의문이 하나 생긴다. 그토록 많은 부정적 속성을 수반하는 업무 흐름을 우리가 왜 받아들였는지다. 1부의 마지막에 설명하겠지만 하이브 마인드 활동과잉이 부상하는 과정의 이면은 복잡하다. 누구도 그것이 좋은 아이디어라고 진정으로 판단하지 않았고, 그것은 어떤 의미에서 자기 의지로 부상했다. 이유는 모르겠지만 부산한 의사소통이 곧 일이라는 우리의 믿음은 대개 복잡한 역학이 이끈 갑작스런 변화를 이해하기 위해 우리가 스스로에게 들려주는 임시방편 같은 이야기일뿐이다.

우리가 현재 일하는 방식 이면에 있는 자의성을 이해하려면 무엇보다 더 나은 대안을 추구하려는 동기가 있어야 한다. 이것이 내가 2부에서 추구하는 목표다. 2부에서는 주의자본이론attention capital theory이라는 토대를 소개한다. 이 이론은 불필요한 고통을 최소화하는 한편 우리의 뇌를 최대한 활용할 수 있도록 설계된 절차를 중심으로 업무 흐름을 창출해야 한다고 주장한다. 뻔한 말처럼 들릴 수 있지만 이는 지식노동 관리에 대한 표준적인 사고방식과 대치된다. 앞으로 보여주겠지만 우리는 피터 드러커Peter Drucker 같은 엄청난 영향력을 지닌 사람들의 사상에 이끌려 지식노동자들을 자율적인 블랙박스처럼 생각하는 경향이 있다. 즉, 그들이 일을 진행하는 세부적인 방식을 무시하고 분명한 목표와 동기를 부여하는 리더십을 제공하는 데 초점을 맞춘다. 이는 실수다. 현재 지식 부문에는 엄청난 생산성이 잠재되어 있다. 이를 활용하려면 근본적인 목표를 최선으로 조직하기 위한 훨씬 체계적인 사고가 필요하다. 그 목표란 바로 복수의 뇌를 네트워크로 통합하여 가장 지속 가능한 방식으로 최대한의 가치를 창출하는 것이다. 힌트를 주자면 6분마다 이메일을 확인하는 일은 아닐 가능성이 높다.

2부에서는 주의자본이론을 활용하여 조직, 팀, 개인의 일을 올바른 방향으로 이끄는 업무 흐름을 만들기 위한 원칙들을 탐구할 것이다. 그 방향은 하이브 마인드 활동과잉에서 벗어나 지속적인 의사소통의 문제를 피하는 체계적인 접근법으로 나아간다. 이 원칙들을 뒷받침하는 일부 아이디어는 무계획적인 의사소통을 최소화하는 방법을 실험하는 조직의 최신 사례에서 나왔다. 다른 아이디어들은 디지털 네트워크 이전의 시대에 복잡한 지식 조직이 효율적으로 작동할 수 있도록 해준 관행에서 나왔다.

2부에서 다루는 원칙들은 이메일이나 인스턴트 메신저 같은 소통 수단을 없애라고 하지 않는다. 그것들은 매우 유용한 의사소통 수단으로 남을 것이다. 또한 단지 주장을 내세우려고 더 오래되고 덜 편리한 기술로 돌아가는 것은 반동적이다. 다만 이 원칙들은 디지털 메시지 교환을 지속적이 아니라 가끔씩만 이뤄지도록 요구할 것이다. 따라서 이메일 없는 세상은 SMTP나 POP3 같은 프로토콜이 사라진 곳이 아니다. 당신이 메시지를 통해 사소한 일을 끝없이 주고받을 필요 없이 실질적으로 확실한 일을 하는 데 대부분의 시간을 쓰는 곳이다.

이 책은 보다 많은 독자들에게 적용할 수 있도록 구성되었다. 회사의 운영을 뜯어고치려는 비즈니스 리더, 더 효율적으로 일하려는 팀, 가치 생산을 극대화하려는 자영업자나 프리랜서 모두에게 적용할 수 있다. 또한 주의자본의 관점에서 개인적인 의사소통 습관을 통해 더 많은 것을 얻으려는 개별 직원들도 마찬가지다. 따라서 내가 제시하는 사례는 회사에 극적인 변화를 일으킨 CEO처럼 큰 규모부터, 소프트웨어 개발 과정에서 빌린 시스템을 활용하여 수신함에 쌓인 학교의 행정 업무를 조직적으로 바꾼 나의 실험처럼 작은 규모까지 폭넓게 걸쳐 있다.

2부에 담긴 제안들이 모든 상황에 적용되는 것은 아니다. 가령 당신이 여전히 하이브 마인드를 숭배하는 회사의 직원이라면 동료들의 심기를 건드리지 않고 스스로 만들 수 있는 변화는 그다지 많지 않다. 따라서 당신이 실행할 전략을 고르고 선택하는 데 약간의 세심함이 필요하다(나는 개별 맥락에서 여러 원칙을 적용한 사례들을 제시하여 당신의 선택을 도울 것이다). 마찬가지로 당신이 스타트업 창업자라면 대기업의 CEO보다 과감하게 획기적이고 새로운 업무 절차를 실험할 수 있다.

하이브 마인드 활동과잉 업무 흐름을 비판적으로 생각하고 우리 뇌와 잘 맞는 절차로 여러 요소들을 체계적으로 바꾸어낸다면, 개인이든 조직이든 상당한 경쟁우위를 창출할 것이라고 확신한다. 일의 미래는 점점 더 무언가를 파악하고 판단하는 인지적인 과정으로 변해간다. 우리의 뇌가 실제로 작동하는 방식을 제대로 받아들이고 그것을 잘 보완하는 전략을 일찍 추구할수록, 하이브 마인드 업무 방식이 편리하기는 하지만 재난과도 같은 비효율적인 방식임을 빨리 깨닫게 될 것이다.

따라서 이 책이 반동적이거나 반기술적이라고 오해해서는 안 된다. 오히려 이 책의 메시지는 매우 미래지향적이다. 업무 환경에서 디지털 네트워크가 가진 잠재력을 완전히 살리려면 그것을 활용하는 방식을 지속적으로, 그리고 적극적으로 최적화해야 한다고 말한다. 하이브 마인드 활동과잉의 결함을 공격하는 것은 절대 신문물을 파괴하자는 러다이트적 행동이 아니다. 오히려 진정한 장애물은 무디고 비효율적인 이 업무 흐름을 다듬을 생각은 하지 않고 당장의 편리함에 굴복하는 것이다.

이런 논점에서 보면 이메일 없는 세상은 결코 후퇴가 아니다. 이제 막 이해하기 시작한 흥미로운 기술적 미래로의 전진이다. 아직 지식노동 분야에는 헨리 포드Henry Ford가 나타나지 않았다. 그러나 조립라인 정도의 영향력이 있는 업무 흐름 혁신은 불가피하다. 내가 미래의 모든 세부적인 내용까지 예측할 수는 없다. 그러나 그것이 6분마다 수신함을 확인하도록 하지는 않을 것임을 확신한다. 이메일 없는 세상은 우리를 향해 다가오고 있다. 그 잠재력에 대해 당신이 나만큼 기대하고 흥분할 수 있기를, 이 책이 당신을 그렇게 만들 수 있기를 바란다.

1부

우리는 어떻게

이메일에 갇히게 되었나

SEND A ⬆ ☺ ★

A World Without Email

01

단톡과 이메일은
끝없는 소통을 부른다

하이브 마인드 활동과잉의
숨겨진 비용

션Sean을 처음 만났을 때 그는 내게 자신의 회사에서 의사소통이 어떻게 이뤄지는지 말해주었다. 그건 낯설지 않은 이야기였다. 션은 대기업의 내부 애플리케이션을 설계하는 작은 기술기업의 공동 설립자였다. 그의 런던 사무실에서는 7명의 직원이 일하고 있었다. 션의 표현에 따르면 그들은 하이브 마인드 활동과잉의 열정적인 실행자들이었다. "우리는 계속 지메일을 열어뒀어요." 그는 내게 말했다. "모든 걸 이메일로 처리했죠." 션은 아침에 일어나자마자 메시지를 주고받기 시작했다. 그건 밤까지 이어졌다. 한 직원은 션에게 너무 밤늦게 이메일을 보내지 말아달라고

했다. 자고 있는 동안 상사가 보낸 메시지가 쌓이고 있다는 사실 때문에 스트레스가 심하다고 했다.

곧 활동파잉은 새로운 기어로 바뀌었다. 션은 "온통 슬랙 이야기 뿐이어서 우리도 시도해보기로 했어요"라고 말했다. 그 결과 의사소통이 오가는 속도가 빨라졌다. 특히 까다로운 고객사가 회사 채널에 접근할 수 있게 된 후로 더욱 심해졌다. 그들은 내킬 때마다 들어와서 질문을 해댔다. 결국 션은 매일 끊임없이 방해를 받아야 했다. 션은 '메시지'에서 '일'로, 다시 '메시지'로 주의를 급격하게 전환할 때마다 명료하게 생각하는 능력이 떨어진다고 느꼈다. 그는 휴대폰 알림음을 혐오하게 되었다. "정말 싫었어요. 지금도 그 소리를 들으면 소름이 끼쳐요." 그는 말했다. 션은 이 모든 의사소통 때문에 쏟아야 하는 정신적 에너지 소비가 회사의 효율성을 떨어트릴까 봐 걱정스러웠다. 그는 이렇게 말했다. "매일 새벽 1시까지 일했어요. 방해받지 않는 유일한 시간이었으니까요." 그는 또한 이 끝없는 수다가 반드시 필요한 것인지 의심하기 시작했다. 그는 팀의 슬랙 이용 현황을 검토하다가 가장 인기 있는 기능이 애니메이션 GIF 파일을 채팅에 넣는 것이라는 사실을 알게 되었다. 션은 두 명의 프로젝트 슈퍼바이저가 갑자기 그만뒀을 때 정말 최저점에 이르렀다. '그들은 탈진해버린' 것이었다.

이 모든 디지털 교류가 우리를 덜 생산적으로 만든다는 션의 생각은 지극히 일반적인 것으로 드러나는 중이다. 나는 2019년 가을에 이 책을 위한 자료조사의 일환으로 독자 대상 설문을 진행했다. 설문의 내용은 이메일(그리고 슬랙 같은 관련 도구)이 직업적 삶에서 어떤 역할을 차지하는지에 대한 것이었다. 1,500여 명이 설문에 응했다. 그중 다수는 션과 같은 불만을 토로했다. 불만의 대상은 놀랍게도 의사소통 도구가 아니라, 그것들이 만들어내는 하이브 마인드 활동과잉 스타일의 업무 흐름이었다. 의사소통 도구 자체는 효율적인 소통 수단임이 자명했기 때문이다.

그중 한 부류의 불만은 이 업무 흐름이 창출하는 엄청난 의사소통의 양과 관련된 것이었다. 아트라는 이름의 변호사는 "매일 일정이나 기한에 대한 이메일이 쏟아졌고, 이 이메일들은 그다지 효율적으로 활용되지 않았어요"라고 썼다. 역시 변호사인 조지는 자신의 수신함이 중요한 것들을 놓치게 만드는 "산더미 같은 메시지"를 담고 있다고 묘사했다.

또 다른 부류는 끝없이 오가는 메시지 교환 때문에 대화가 늘어나는 것으로 인한 비효율성에 초점을 맞췄다. "동시에 일어나지 않는 것을 말하는 비동기적 속성은 축복인 동시에 저주예요"라고 금융 애널리스트 레베카는 썼다. "내가 당사자를 찾을 필요 없이 질문을 하거나 업무를 맡길 수 있다는 측면에서는 축복이지만, 우리가 항상 이메일을 확인하고 신속하게 답신을 보낼 것이라는 암묵적 기대가 있다는 측면에서 봤을 때는 저주예요." 한 IT 프로젝트 매니저도 비슷한 불평을 했다. "(몇 시간 안에 처리할 수 있는) 간단한 대화도 한없이 늘어지면서 갈수록 수신자 명단이 늘어나는 이메일 스레드email thread*가 되고 말아요." 한 공무원은 이런 상호작용을 디지털 메시지로 옮기는 것이 또한 그들을 "과도하게 형식적으로 만들 뿐 아니라 덜 창의적이고 요점을 벗어나게 만든다"고 지적했다. 그녀는 다음과 같이 문제를 자세하게 설명했다. "이메일을 통해 모든 양방향 의사소통을 관리하다 보면 직접 만나서 협력하면 비교적 간단하게 끝낼 수 있는 프로젝트나 업무도 훨씬 복잡해져요."

또 다른 부류는 갑자기 처리해야 하는 부수적 정보의 양이 늘어나는 문제에 초점을 맞췄다. 교사인 제이는 "나의 직위와 아무 관계 없는 업데이트를 너무 많이 받아서 짜증이 나요"라고 썼다. 또한 "이제 사람들은 이메일에 답하는 걸 진짜 일과 혼동해요"라고 편집자 스테퍼니는 썼다. "이메일을 작성하고 모두에게 참조를 거는 게 '나는 이만큼 일하고 있어요'라고 알리는 퍼포먼스처럼 되었어요. 정말 짜증 나요." HR 컨설턴트 안드레아는 이렇게 문제를 정리했다. "적어도 50퍼센트의 메시지에는 여전히 답변하기 힘든 질문들이 있어요. 사람들은 내가 어떻게 답변할 수 있을지는 신경 쓰지 않고 그냥 이메일을 보내버리는 것 같아요."

선의 이야기에서처럼 슬랙 같은 인스턴트 메신저 도구들도 응답자들의 비판을 면하지 못했다. 많은 독자들은 이 도구들을 단순히 반응 예상 시간이 더 빠른 이메일로 간주했다. "슬랙은 그저 메시지가 쭉 늘어선 것일 뿐이에요. 사람들이 거의 아무 제한 없이 글을 올

---

* 같은 주제로 오간 이메일 목록 – 옮긴이.

리도록 유도해요"라고 경영 코치 마크는 썼다. "정말 나쁘죠."

물론 위의 이야기들은 일화에 불과하다. 그러나 관련 연구문헌들을 살펴보면 응답자들이 시사한 문제들이 대다수 사람들이 생각하는 것보다 훨씬 나쁘다는 사실이 분명해진다. 이메일은 특정한 부분에서 훨씬 효율적일지도 모른다. 그러나 이메일이 불러온 하이브 마인드 활동과잉 업무 흐름은 전반적인 생산성에 있어서는 그야말로 재난이었다.

끊임없는,
끊임없는 멀티태스킹 광란

1990년대 말, 글로리아 마크는 누구나 부러워할 만한 직업적 환경을 누렸다. 마크의 연구는 컴퓨터기반협업computer-supported collaborative work(CSCW)으로 알려진 분야에 초점을 맞췄다. 그 이름처럼 신기술을 활용하여 사람들이 더 생산적으로 협력할 수 있도록 돕는 분야였다. CSCW는 최소한 1970년대부터 존재했다. 당시에는 경영정보시스템이나 공정 자동화 같은 건조한 주제에 집중되어 있었다. 그러다가 1990년대에 컴퓨터 네트워크와 인터넷 덕분에 일에 대한 혁신적인 접근법이 가능해지면서 활력을 얻었다.

이 시기에 마크는 본Bonn에 있는 독일정보기술국립연구소German National Research Center for Information에서 연구자로 일했다. 그녀의 말에 따르면 거기서 그녀는 "무엇이든 원하는 것을 연구할 수" 있었다. 그래서 한번에 소수의 프로젝트를 "깊게" 파고들 수 있었다. 프로젝트 중 다수는 새로운 협업 소프트웨어에 초점을 맞춘 것이었다. 회의를 더 효율적으로 만들기 위한 돌핀DOLPHIN이라는 하이퍼미디어 시스템과 정부 부처 내에서 서류작업을 단순화하기 위한 폴리팀PoliTeam이라는 디지털 문서처리 시스템이 있었다. 독일의 관습상 점심식사는 하루 중 가장 중요한 시간이었다. 마크의 설명에 따르면 그녀는 동료들과 천천히 식사를 즐긴 후 캠퍼스 주위를 돌며 긴 산책을 했다. '순회'로 불리는 이 산책을 통해 음식도 소화시키고 서로 흥미로운 생각을 나누기도 했다. "아름다웠어요"라고 그녀는 내게 말했다. "캠퍼스에 성도 있었어요."

1999년, 마크는 고국인 미국으로 돌아갈 때가 되었다고 판단했다. 그녀와 그녀의 남편은 둘 다 캘리포니아대학 어바인캠퍼스에 연구원 자리를 얻었다. 그래서 그들은 이삿짐을 꾸리며 느긋한 식사와 오후의 순회, 깊게 집중해서 일하던 시간과 작별을 고했다. 미국에 도착한 마크는 모두가 너무나 바빠 보인다는 사실을 즉각 깨달았다. "집중하기가 힘들었어요"라고 그녀는 말했다. "해야 할 프로젝트들이 너무 많았어요." 독일에서 즐기던 오랜 점심은 곧바로 추억이 되었다. "샌드위치나 샐러드를 먹을 시간도 부족했어요"라고 그녀는 말했다. "그렇게 점심을 먹고 돌아오면 동료들은 다들 컴퓨터 앞에 앉아서 식사를 하고 있었어요." 마크는 이런 업무 습관이 얼마나 일반적인 것인지 알아보고 싶어서 지역에 있는 지식 부문

기업을 설득했고, 그들이 시간을 어떻게 보내는지 정확하게 기록할 수 있도록 허락받았다. 그녀의 연구팀은 3일에 걸쳐 14명의 직원을 따라다니며 어깨 너머로 그들을 관찰했다. 그 결과, 그것은 지금 명성 높은 논문(혹은 관점에 따라서는 악명 높은)이 되었다. 2004년 컴퓨터-인간 상호작용 컨퍼런스에서 발표된 이 논문은 조사 대상자가 자신의 하루를 묘사한 말을 인용한 도발적인 제목을 달고 있었다. 그것은 바로 '끊임없는, 끊임없는 멀티태스킹 광란'이었다.[1]

"이 연구는 우리가 한동안 비공식적으로 관찰하던 사실을 확증한다. 그것은 바로 정보를 다루는 업무가 심하게 파편화되어 있다는 것이다"라고 마크와 공저자인 빅터 곤잘레즈 Victor González는 논문의 고찰 discussion*란에 썼다. "우리를 놀라게 만든 것은 그 파편화의 정도였다." 이 논문의 핵심 내용은 그들이 추적한 직원들이 정기 회의를 제외하면 평균 3분마다 한 번씩 새로운 과제로 주의를 돌렸다는 것이다. 캘리포니아에 도착했을 때 갑자기 사방으로 끌려다닌 경험은 마크만 겪은 것이 아니었다. 그것은 지식노동 분야에서 부상하기 시작한 보편적인 속성처럼 보였다.

이런 파편화를 초래한 원인에 대해 묻자 마크는 재빨리 대답했다. "이메일"이라고. 그녀는 관련 문헌을 깊이 파고들면서 이런 결론에 이르렀다. 1960년대 이후로 연구자들은 경영자들이 회사에서 시간을 어떻게 보내는지 측정했다. 시간이 지나면서 그들이 추적한

● 논문의 서론 introduction에서 제시한 주제에 대해 연구 결과를 바탕으로 설명하는 부분.

범주가 달라지기는 했지만 지속적으로 나타나는 두 가지 핵심 활동이 있었다. 바로 '정기회의'와 '사무업무desk work'다. 마크는 1965년부터 그녀의 첫 멀티태스킹 광란 연구의 후속 논문이 나온 2006년에 걸쳐 일련의 논문들로부터 이 두 부문에 대한 연구결과를 추출했다.

마크가 이 연구결과들을 하나의 데이터 테이블로 정리하자 분명한 추세가 드러났다. 1965년부터 1984년까지는 일과 중 약 20퍼센트를 사무업무에, 약 40퍼센트를 정기 회의에 할애했다. 그러다가 2002년 이후부터 이 비율이 거의 뒤바뀐다. 이런 변화가 일어난 원인은 무엇일까? 마크가 지적한 대로였다. 1984년부터 2002년 사이에 "이메일이 폭넓게 퍼졌다."[2]

이메일이 점점 더 보급되고 업무에 흔히 이용되면서 더 이상 동료들과 같은 방에 앉아서 업무를 논의할 필요가 없어졌다. 이제는 편리할 때 디지털 메시지를 교환하기만 하면 되기 때문이었다. 이 연구들에서 이메일은 '사무업무'로 간주되었다. 그래서 사무업무에 소요되는 시간이 늘어나고 정기 회의에 소요되는 시간이 줄어든 것이다. 그러나 정기 회의와 달리 이메일로 나누는 대화는 비동기적asynchronous으로 전개된다. 즉, 메시지가 발송되는 시점과 읽히는 시점 사이에 대개 간극이 있다. 이는 과거에는 동기적synchronous 회의에서 압축적으로 이뤄지던 상호작용이 이제는 하루 종일 수신함을 빠르게 자주 확인하는 단발적 리듬으로 늘어지게 되었음을 의미한다. 마크와 곤잘레즈의 논문에서 정기 회의에 소요되는 시간은 평균적으로 거의 42분이었다. 반면 다른 일로 넘어가기 전에 이메일 수신함에서 보내는 시간은 평균적으로 2분 22초에 불과했다. 이처럼 상호작용은 작은 단위로 이뤄지면서 지식노동자의 일과를 구성하는 다른 업무들을 파편화한다.

따라서 우리는 여기 10여 년 전에 발표된 CSCW 논문에 실린 데이터 테이블에서, 앞서 내가 소개한 하이브 마인드 활동과잉에 대한 초기의 경험적 증거들을 찾을 수 있다. 하지만 논문 하나에만 너무 초점을 맞춰서는 안 된다. 다행스럽게도 글로리아 마크가 의사소통 기술이 지식노동을 변화시키는 양상을 연구하기 시작할 무렵 다른 연구자들도 비슷한 질문을 던지기 시작했다.

2011년에 학술지 〈조직학Organization Studies〉에 실린 논문은 마크와 곤잘레즈의 선구적인 연구와 비슷하게 호주의 통신사에서 일하는 14명의 직원을 추적한 연구를 다뤘다. 연구자들은 그들이 추적한 직원들이 평균적으로 일과를 88개의 다른 '일화들episodes'로 나누며, 그중 60개는 의사소통에 할애된다는 사실을 발견했다.[3] 그들이 정리한 바에 따르면 "이 데이터들은 지식노동자들이 대단히 파편화된 일과를 경험한다는 주장을 뒷받침하는 것으로 보인다." 2016년에 글로리아 마크가 공저자로 펴낸 다른 논문은 그녀의 연구팀이 추적 소프트웨어를 활용하여 대기업 연구부서에서 일하는 직원들의 습관을 모니터한 결과를 담았다. 거기에 따르면 조사 대상자들은 하루에 평균 77번 이메일을 확인했다.[4]

하루에 이메일 메시지를 주고받는 평균 횟수를 측정한 논문들 또한 의사소통이 점차 늘어나는 추세를 보여준다. 구체적으로 2005년에는 하루에 50통,[5] 2006년에는 69통,[6] 2011년에는 92통이었다. [7] 래디캐티 그룹Radicati Group이라는 기술 리서치 기업은 근래에 펴낸 보고서에서 내가 이 장을 쓰기 시작한 해인 2019년이 되면 비즈니스 사용자들이 하루에 평균 126개의 메시지를 주고받을 것이라고 예측했다.[8]

종합적으로 이 조사는 지난 15년 동안 지식 부문에서 하이브 마인드 활동과잉 업무 흐름이 형성된 현실과 그 부상을 세심하게 보여준다. 그러나 앞서 인용한 연구들은 일반적으로 며칠 동안 10여 명의 직원들을 관찰하는 실험을 통해 현재 우리가 처한 난관의 단편만을 제공한다. 우리는 네트워크로 연결된 표준적인 사무실에서 일어나는 일을 보다 포괄적으로 파악하기 위해 '레스큐타임'이라는 소규모 생산성 소프트웨어 기업에 초점을 맞출 것이다. 이 회사는 근래에 두 명의 자체 데이터 과학자들의 도움을 받아 현대 지식노동자의 의사소통 습관을 유례없는 수준으로 자세히 들여다볼 수 있는 놀라운 데이터 세트를 조용히 생산해냈다.

레스큐타임의 핵심 제품은 같은 이름을 가진 레스큐타임이라는 시간 추적 도구다. 이 소프트웨어는 기기의 백그라운드에서 작동하면서 당신이 여러 앱과 웹사이트에서 얼마나 많은 시간을 보내는지 기록한다. 이 회사의 창업 이야기는 2006년에 시작된다. 당시 일군의 웹 애플리케이션 개발자들은 종일 열심히 일하고도 그것을 증명할 실질적인 성과를 많이 내지 못하는 것에 염증을 느꼈다. 그들은 자신들의 시간이 어디로 새는지 알아보고 싶어서 자신들의 행동을 모니터할 수 있는 스크립트를 짰다. 현 CEO인 로비 맥도넬Robby Macdonell이 내게 설명한 대로 그들의 실험은 그들이 속한 사회적 관계망 안에서 인기를 끌었다. 그는 "갈수록 많은 사람들로부터 자신들의 앱 사용 실태를 알고 싶다는 말을 들었습니다"라고 말했다. 그 결과 2008년 겨울에 이 아이디어는 미국의 유명한 시드 액셀러레이터인 와이 콤비네이터Y Combinator의 지원 대상으로 선정되었고, 회사가 설립되었다.

레스큐타임의 주된 목표는 개별 사용자가 생산성을 높이는 방법을 찾을 수 있도록 그들의 행동에 대한 자세한 피드백을 제공하는 것이다. 이 도구는 웹 애플리케이션이기 때문에 이 모든 데이터가 중앙 서버에 저장된다. 그래서 수만 명에 이르는 사용자의 시간 활용 습관을 종합하고 분석할 수 있다. 레스큐타임은 초기에 몇 번의 실패 이후 이런 분석을 제대로 하기로 작정했다. 그들은 2016년에 두 명의 데이터 과학자를 정직원으로 채용했다. 이 과학자들은 추세를 연구하고 프라이버시를 적절하게 보호할 수 있도록 해당 데이터를 올바른 형식으로 바꿨다. 그리고 생산성을 중시하는 현대의 지식노동자들이 실제로는 시간을 어떻게 쓰는지 이해하기 위한 시도에 나섰다. 그 결과는 놀라웠다.

2018년 여름에 발표된 보고서에는 이 추적 소프트웨어를 쓰는 5만여 명의 실제 사용자들로부터 얻은 익명화된 행동 데이터를 분석한 내용이 담겨 있다.[9] 거기에 따르면 해당 사용자들 중 절반은 6분 혹은 그보다 짧은 시간마다 이메일이나 슬랙 같은 의사소통 애플리케이션을 확인한다. 또한 3분의 1이 넘는 사람들은 3분 혹은 그보다 짧은 시간마다 수신함을 확인했다. 사실 가장 일반적인 평균 확인 시간은 1분에 한 번이었다. 다만 이 평균들 역시 실상을 제대로 담아내지 못했을 가능성이 높다. 대상자들이 컴퓨터 화면을 보지 않을 점심시간이나 일대일 회의 같은 시간도 포함하기 때문이다(반면 글로리아 마크의 조사는 대상자의 평균 주의 전환 시간을 계산할 때 정식 회의에서 보낸 시간을 포함하지 않았다).

레스큐타임의 데이터 과학자들은 방해받지 않고 일하는 시간이 실로 얼마나 없는지 이해할 수 있도록 각 사용자가 수신함을 확인하거나 인스턴트 메시지를 쓰지 않고 일한 가장 긴 시간도 계산했다. 대상 사용자 중 절반의 경우 방해받지 않는 가장 긴 시간이 40분 이하였다. 또한 평균적으로는 겨우 20분에 불과했다. 조사 기간 동안 사용자 중 3분의 2 이상은 1시간 넘게 방해받지 않은 적이 한 번도 없었다.

이 보고서를 쓴 데이터 과학자 중 한 명인 매디슨 루카치크Madison Lukaczyk는 이 관찰 내용을 보다 확고하게 만들기 위해 일주일 동안 자신의 의사소통 도구 이용 데이터를 담은 차트를 올렸다. 7일간 루카치크가 일한 모든 시간 중에서 30분 넘게 의사소통 관련 확인이 포함되지 않은 시기는 8번뿐이었다. 평균적으로는 이렇게 주의가 분산되지 않는 시기가 하루에 한 번을 약간 넘겼다(기술이 초래하는 주의 분산을 연구하는 것이 생업인 경우에도 이렇다).

레스큐타임의 데이터 과학자들은 관련 보고서에서 의사소통을 생산성과 연계하고자 했다. 그래서 사용자들이 생산적 활동에 쓰는 시간으로 초점을 좁히기로 했다.[10]

그들은 각 사용자를 대상으로 이 생산적인 시간을 5분 단위로 나눈 다음, 이메일 수신함이나 인스턴트 메신저 애플리케이션을 확인하지 않은 시기를 따로 분류했다. 그러면 이렇게 분류된 시기는 주의가 분산되지 않은 생산적 업무가 이뤄진 것으로 볼 수 있었다. 분석 결과 평균적인 사용자의 경우 이처럼 방해받지 않은 시기가 15번에 불과했다. 이를 모두 더하면 하루에 주의가 분산되지 않은 생산적 업무가 이뤄지는 총시간이 1시간 15분을 넘지 않는다. 물론 이 1시간 15분은 연속으로 이어진 것이 아니다. 하루에 걸쳐 주의가 분산되지 않은 생산적 작업이 이뤄진 시간을 모두 합친 것이다.

레스큐타임의 데이터 세트가 말해주는 바는 놀랍다. 현대의 지식노동자는 거의 몇 분마다 일종의 디지털 의사소통을 주고받는다. 우리가 이메일을 '너무 자주' 확인한다고 말하는 것은 과소평가다. 우리는 이런 도구들을 '끊임없이' 사용한다.

방금 살편 데이터 세트에서 유일하게 빠진 부분은 우리가 종일 끊임없이 보내는 그 모든 이메일에 어떤 내용들이 담기는지다. 이 간극을 메우기 위해 나는 독자 대상 설문에 응한 1,500명에게 근래의 대표적인 업무일을 하루 골라서 그날 받은 이메일을 범주별로 나눠달라고 요청했다. 내가 제시한 범주는 7개로, 계획(회의 일정 수립, 통화 예약 등), 정보성(답신을 요구하지 않는 것), 행정적인 것, 업무 논의, 대고객 의사소통, 개인적인 것, 기타였다.

나는 어떤 유형의 이메일이 독자들의 업무를 지배하는지 궁금했다. 놀랍게도 그것은 모든 유형으로 드러났다. 계획, 행정적인 것, 업무 논의, 대고객 의사소통, 기타에 속하는 이메일의 평균 수는 모두 하루에 8통에서 10통이었고, 개인적 이메일의 평균 수만 조금 적었다. 정보성 이메일은 하루에 평균 18통이었다.

이처럼 관찰 내용들을 종합해보면 현대의 사무실 환경에서 이뤄지는 상호작용에 대한 분명하고도 우려스러운 장면이 그려진다. 의사소통 도구들이 '가끔' 일을 방해한다는 인식은 더 이상 정확하지 않다. 지식노동자들은 근본적으로 그들의 주의를 두 개의 평행한 궤도로 나눈다. 두 궤도 중 하나는 업무 과제를 실행하는 것이고, 다른 하나는 이 과제들과 관련하여 언제나 존재하고, 지속적으로 이어지며, 과부하가 걸린 디지털 대화를 관리하는 것이다. 2011년에 호주에서 발표된 논문의 저자들도 이 점을 강조한다. 그들은 이렇게 말한다. "우리의 연구 결과는 (핵심 업무와 의사소통으로 인한 중단 사이의) 이런 구분이 끊임없이 주의를 요구하는 의사소통 매체로 가득한 환경에서는 이뤄지지 않는다는 결론으로 이어진다." 내가 실시한 독자 대상 설문 응답에서 자세히 드러났듯이 우리는 항상 의사소통을 할 뿐 아니라 의사소통 내용의 유형 또한 다양하다. 현대의 지식노동 조직은 실로 하이브 마인드로 작동하는 것처럼 보인다. 즉, 수많은 두뇌들로 구성된 집단지성이 전자적인 수단을 통해 역동적인 정보와 그에 수반되는 대화로 연결된다.

그 심각성은 충격적일지 모르지만, 지식노동에 대한 이 평행 궤도 접근법이 명백히 나쁜 것은 아니다. 가령 이런 지속적인 의사소통이 회의 일정을 조정하는 데 필요한 수고를 제거하고, 필요할 때 필요한 정보를 받을 수 있게 해주므로 효율적이라는 주장이 나올 수 있다. 사회학자인 디어드리 보든Deirdre Boden은 디지털 의사소통 혁명이 시작되던 1994년에 이런 주장을 설득력 있게 제시했다. 그녀는 갈수록 부산해지는 메시지 교환 습관을 근래에 제조업과 양판점 분야에서 상당히 수익성을 높이는 것으로 증명된 '적시just in time' 절차에 비유했다.[11] 또한 우리가 의사소통을 하는 많은 유형의 일들은 적응성을 나타낸다는 주장도 나올 수 있다. 이는 고도로 효율적인 메시지 교환 도구를 통해서만 가능한, 산출량을 더욱 늘리기 위한 업무 접근법이다.

그러나 지금부터 내가 주장할 내용처럼 이런 낙관적 관점은 잘못되었다. 하이브 마인드 활동과잉 업무 흐름의 추상적 가치는 우리가 현실에 직면하고 나면 금세 사라진다. 그 현실이란 디지털 네트워크 및 저마찰성 메시지 교환과 거리가 먼 맥락에서 진화한 우리 뇌가 수많은 대상 사이를 빠르게 오가며 주의를 전환해야 할 때 실제로 작동하는 양상에 대한 것이다.

뇌는 주의 전환에
취약하다

우리는 주의를 기울이는 능력을 당연시한다. 신경과학 분야에서 밝혀낸 근본적인 사실에 따르면, 우리를 영장류 조상과 구분 짓는 요소 중 하나는 전전두엽 피질이 일종의 교통경찰처럼 우리의 주의를 통제하는 능력이다. 즉, 전전두엽 피질은 현재 집중하는 대상과 연관된 뇌의 신경망에서 나오는 신호를 증폭하는 한편 다른 모든 곳에서 나오는 신호를 억제한다. 가령 아래의 고전적 논문은 전전두엽 피질과 주의를 다루고 있으며, 2001년에 발표된 이래 1만 회 넘게 인용되었다.[12] 다른 동물들도 즉각적인 자극제와 관련하여 이런 일을 할 수 있다. 사슴이 나뭇가지가 부러지는 소리를 듣고 놀라서 머리를 드는 것이 한 예다. 그러나 오직 인간만이 맘모스 사냥을 계획하거나 전략 문건을 작성하는 일처럼 현재 실제로 주위에서 일어나지 않는 것에 주의를 집중할 수 있다.

정신없이 일하는 지식노동자의 관점에서 보면 이 과정의 심각한 결점은 전전두엽 피질이 한 번에 하나의 대상에만 주의를 집중할 수 있다는 것이다. 애덤 개절리 Adam Gazzaley와 래리 로즌 Larry Rosen이 2016년에 펴낸《한눈파는 마음 The Distracted Mind》에서 직설적으로 정리한 것처럼 "우리의 뇌는 정보를 병렬 처리하지 않는다".[13] 그래서 보고서를 작성하거나 컴퓨터 프로그램을 짜는 것 같은 주된 과제를 실행하는 동시에 전자적 수단으로 복수의 지속적인 대화를 유지하려고 시도하면 전전두엽 피질이 계속 다른 목표들 사이를 오가야 한다. 문제는 각각의 목표가 다른 뇌 신경망의 증폭과 억제를 요구한다는 것이다. 당연히 이런 신경망 전환은 동시에 진행되지 않으며, 시간과 인지적 자원을 요구한다. 이 일을 빠르게 하려고 시도하면 문제가 생긴다.

주의를 전환하는 일이 정신적 처리 과정의 속도를 늦춘다는 사실은 적어도 20세기 초반부터 관찰되었다. 그때는 전전두엽 피질이 실제로 이런 전환을 이루는 양상에 대한 이해가 이뤄지기 훨씬 전이었다. 이 현상을 기록한 최초의 논문은 1927년에 아서 저실드Arthur Jersild가 펴냈다. 이 논문은 주의 전환의 비용을 탐구하는 기본적인 실험 구조를 선보였다. 바로 피실험자들에게 두 가지 과제를 부여하고 각각의 과제를 따로 수행하는 데 걸리는 시간을 측정한 다음, 두 과제 사이를 오가게 만들면 얼마나 느려지는지 보는 것이다.[14]

예를 들어, 저실드는 한 실험에서 피실험자들에게 한 줄의 두 자릿수 숫자들을 제시했다. 과제 중 하나는 각 숫자에 6을 더하는 것이고, 다른 하나는 3을 빼는 것이었다. 이때 목록에 있는 모든 숫자에 6을 더하는 것처럼 하나의 과제만 수행하도록 요청하면 피실험자들은 더하기와 빼기를 번갈아 할 때보다 훨씬 빠르게 끝마쳤다.[15] 또한 17을 더하고 13을 빼는 식으로 과제를 더 복잡하게 만들면 완료 시간의 차이가 더 커진다. 이는 복잡한 과제일수록 전환도 복잡해진다는 것을 말해준다.

저실드의 고전적 연구가 진행된 이후 수십 년 동안 다른 수많은 연구들이 세부적인 내용을 바꿨지만 본질적으로 같은 결론에 이르렀다. 그것은 바로 신경망 전환이 머리가 돌아가는 속도를 늦춘다는 것이었다. 그러나 이 논문들의 목표는 뇌가 작동하는 양상을 보다 잘 이해하는 것이었다. 2009년이 되어서야 과학자들은 이런 전환 비용이 실질적인 업무 성과에 영향을 미치는 양상에 대한 질문을 진지하게 받아들이기 시작했다. 그 무렵 소피 리로이Sophie Leroy라는 신임 조교수가 이런 생각들을 정리하는 조직행동 논문을 발표했다. '왜 내 일을 하기가 이토록 힘들까?'라는 이 논문의 제목은 협업에 대한 하이브 마인드 활동과잉 접근법이 지닌 문제점의 많은 부분을 직설적으로 담아낸다.[16]

글로리아 마크처럼 리로이도 개인적인 경험 때문에 지식노동의 심리학에 관심을 갖게 되었다. 그녀는 2001년에 뉴욕대학에서 박사학위 연구를 시작하기 전에 뉴욕 기반 브랜드 컨설턴트로 다년간 활동했다. 그때 그녀는 지식 부문의 갈수록 파편화되는 속성을 직접 목격했다. "할 일이 너무 많았어요"라고 그녀는 내게 말했다. "사람들은 여러 (주의의) 대상 사이를 끊임없이 오갔어요." 당시 조직행동을 다루는 전문 분야는 아직 이 모든 중단의 심리적 영향을 고려하지 않았다. 리로이는 이를 바꾸기로 결심했다.

그녀의 실험은 다음과 같이 진행되었다. 피실험자들은 5분 동안 교묘한 낱말 퍼즐을 풀었다. 일부 피실험자에게는 이 시간 안에 쉽게 풀 수 있는 버전이 제시되었다. 반면 다른 피실험자에게는 실제로 풀 수 없는 버전이 제시되었다. 그래서 5분이 지나도 과제가 미완료 상태로 남을 수밖에 없었다. 게다가 일부 피실험자는 카운트다운을 하는 시계를 보여주고 6초마다 시간이 얼마나 남았는지 알려주는 시간 압박까지 받았다. 반면 다른 피실험자들은 이런 단서 없이 어렵지 않게 시간 안에 퍼즐을 풀 수 있을 것이라는 말만 들었다.

이런 구성은 '완료/미완료' 및 '압박/무압박'이라는 4가지 실험 조건의 조합을 만들었다. 리로이는 첫 5분이 지난 후 각 조건에 속하는 피실험자들에게 어휘판단과제lexical decision task라는 심리학 분야의 표준적인 시험을 갑자기 치르게 했다. 이는 그들의 머릿속에 단어 퍼즐이 어느 정도 남았는지 정확하게 정량화하기 위한 것이었다. 그녀는 이 척도를 주의 잔류물attention residue이라 불렀다. 실험 결과, 시간 압박이 약한 경우 과제 완료 여부와 무관하게 주의 잔류물의 양에 차이가 없었다. 즉, 양쪽 모두 퍼즐과 관련된 개념들이 중립적 개념보다 더 많이 피실험자의 머릿속에 남았다.

반면 시간 압박이 강한 조건에서는 일단 과제를 완료하지 않은 피실험자의 경우에는 비슷한 양의 주의 잔류물이 측정되었다. 유일한 예외는 시간 압박이 강한 조건에서 과제를 완료한 경우였다. 이 조합에서는 주의 잔류물이 줄어들었다. 리로이의 가설에 따르면 과제를 수행할 시간이 분명하게 정해져 있고, 그 시간 동안 과제를 완료하면 정신적 측면에서 다른 과제로 넘어가기가 쉽다(하지만 우리의 목적에 비춰보면 안타깝게도 우리는 이메일 수신함이나 인스턴트 메신저 채널을 드나들 때 과제를 수행할 시간이 제한되어 있거나, 전환하기 전에 완료했다는 느낌을 갖는 경우가 드물다).

리로이는 뒤이어 같은 조건을 재현한 다른 실험을 진행했다. 다만 이번에는 피실험자들이 첫 번째 과제를 완료한 후 주의 잔류물을 측정하는 것이 아니라 현실의 일반적인 업무에서처럼 두 번째 과제로 바로 넘어갔다. 구체적으로는 가상의 일자리에 지원한 이력서를 읽고 평가하는 작업이었다. 이 과제에 대한 피실험자의 성과는 5분 동안 이력서를 검토한 후 얼마나 많은 세부사항을 기억하는지로 측정되었다. 주의 잔류물과 두 번째 과제에 대한 성과 사이의 연관성은 명확했다. 주의 잔류물이 많았던 세 가지 조건에 속한 피실험자들은 모두 이력서 평가 과제에서 대개 비슷한 성과를 냈다. 또한 이 성과는 주의 잔류물이 적은 조건에 속한 피실험자의 성과보다 뚜렷하게 낮았다. 첫 번째 과제가 피실험자의 머릿속에 많이 남을수록 뒤이은 과제를 수행하는 능력이 떨어졌다.

리로이는 이 연구에 대한 나의 질문을 받고 "한 과제에서 다른 과제로 주의를 전환할 때마다 기본적으로 뇌에게 모든 인지적 자원을 전환하라고 요구하는 꼴이 됩니다"라고 설명했다. "불행히도 우리는 그런 일을 잘하지 못해요." 그녀는 지식노동자들이 '주의 분할' 상태에서 일하는 현재의 여건을 요약하여 설명한다. 이런 상태에서 우리의 뇌는 다른 과제로 전환하기 전에 이전 과제를 마감하지 못한다. 그래서 활성화와 억제가 상충하고 뒤엉켜서 성과를 저해한다. 다시 말해서 리로이는 논문의 제목에서 제기한 질문에 대한 분명한 답을 찾아냈다. 왜 우리의 일을 하기가 그토록 어려울까? 우리의 뇌는 결코 주의의 평행 궤도를 유지하도록 설계되지 않았기 때문이다.

단톡과 이메일은
일이 아니다

내게는 경영 컨설턴트이자 비즈니스서 애호가인 친구가 있다(그는 그의 회사에서 자기계발서 독서모임을 운영한다). 당연히 우리는 같이 만나면 업무 습관과 생산성에 대한 이야기를 즐겨 나눈다. 이 책을 쓰던 초기에 우리는 그의 워싱턴 DC 집 근처에 있는 락 크릭 파크Rock Creek Park로 등산을 갔다. 그때 나는 이메일에 대한 우려와 함께 문제를 개선하는 방안에 대해 이야기했다. 그러자 그는 믿을 수 없다는 반응을 보였다. 그는 다른 컨설턴트들을 관리하는 사람으로서 잦은 이메일 활용이 해악보다 혜택이 많다고 주장하며 그 이유들을 재빨리 제시했다. 그의 반론은 설득력이 있어 보였다. 그래서 등산이 끝난 후 나는 급히 노트에 그가 말한 요점들을 적었다.

그의 주장은 의사소통의 효율성에 초점이 맞춰져 있었다. 그는 이메일이 "다양한 집단의 사람들을 신속하게 조율하여 일을 진전시키도록" 해준다고 설명했다. 또한 팀원이 일을 하다가 막혔을 때 자신이 짧은 메시지만 보내면 그것을 풀어줄 수 있다고 말했다. 그래서 수신함을 오랫동안 멀리하면 팀으로 일하는 효과를 크게 감소시킬 수 있었다. 그는 자신을 오케스트라 지휘자처럼 모두의 행동을 조율하는 사람으로 보았다. 그는 정신없이 돌아가는 현장의 한복판에 서 있을 때 자신의 가치가 가장 빛난다고 믿었다.

대다수 사람들은 내 친구와 같은 입장을 갖고 있다. 그들은 방해 요소를 크게 줄이면 혜택을 보는 경우도 있겠지만, 자신은 거기에 해당하지 않는다고 생각한다. 그들은 앞서 정리한 연구 결과를 맞닥뜨리면 끊임없는 주의 전환이 당장의 인지 능력을 감소시킨다는 사실을 받아들인다. 그러나 뒤이어 그것은 문제가 아니라고 결론 짓는다. 그들에게는 주의력을 극대화하는 것보다 팀이나 고객에게 신속하게 대응하는 일이 더 중요하기 때문이다. 내 친구가 락 크릭 파크에서 말한 대로 "모두가 항상 집중해서 일하는 것은 아니다".

이 말이 지닌 뜻은 작가, 프로그래머, 과학자처럼 방해받지 않고 깊게 사고하기를 특히 요하는 소수의 직업군이 있지만 대다수는 바쁘게 움직이는 것이 일의 대부분이라는 것이다. 폴 그레이엄 Paul Graham이 2009년에 발표하여 자주 인용된 〈창조자의 스케줄, 관리자의 스케줄 Maker's Schedule, Manager's Schedule〉이라는 에세이에서 이런 구분의 전형적인 예를 찾을 수 있다.[17] 그레이엄은 이 글에서 관리자의 경우 회의가 하루 동안 하는 일의 큰 부분이지만 창조자의 경우 한 번의 회의도 어려운 문제에 계속 매달리는 것을 해치기 때문에 '재난'이 될 수 있다고 지적한다. 그레이엄의 에세이를 읽었든 아니든 간에 많은 지식노동자들은 나의 컨설턴트 친구처럼 주의가 분산되지 않는 것은 소수의 직업에서만 중요하다는 논지를 내면화했다.

나는 이런 구분이 너무 거칠다고 믿게 되었다. 수많은(대다수가 아니라면) 지식노동 직위에서 속도를 늦추고, 순차적으로 일을 처리하고, 각 과제에 중단되지 않는 주의를 기울이는 능력은 매우 중요하다. 설령 꾸준히 몇 시간 동안 계속 깊은 사고를 해야 하는 일이 아니라고 해도 말이다. 이 주장의 이면은 대다수 직위에서 명료한 인지를 위한 시도와 노력을 좌절시키는 하이브 마인드 활동과잉 업무 흐름이 당신을 덜 생산적으로 만든다는 것이다. 끊임없는 주의 전환이 그레이엄이 말한 창조자에게 나쁜 것은 명백하다. 그러나 관리자에게도 나쁠 수 있다.

관리직에 있는 사람들이 자신들의 일에서 지속적인 의사소통의 중요성을 강조하는 것은 옳다. 지금과 같은 상태라면 그렇다는 말이다. 당신의 팀이 현재 하이브 마인드 활동과잉 업무 흐름을 활용하여 돌아간다면 의사소통 채널을 긴밀하게 살피는 일이 매우 중요하다. 하이브 마인드 속에서 관리자는 종종 즉흥적인 연결망의 중심에 있다. 그들이 뒤로 물러나 앉으면 삐걱대며 돌아가는 기계장치 전체가 멈추게 된다. 그러나 일을 하는 수많은 방식들을 감안할 때 이 끊임없는 메시지 교환이 정말로 팀이나 부서 혹은 조직 전체를 관리하는 최선의 방식일까? 누군가가 그 답이 '예스'라고 주장할 때마다 나는 이런 믿음을 무너뜨리는 접근법으로 리더십을 발휘했던 전설적인 인물을 떠올리지 않을 수 없다.

조지 마셜George Marshall은 2차대전 때 미 육군 참모총장이었다. 즉, 근본적으로 전체 군사행동을 이끌었다는 뜻이다. 그의 이름은 (그가 직접 진급시킨) 드와이트 아이젠하워Dwight Eisenhower만큼 잘 알려지지 않았을지 모른다. 그러나 전쟁에 참여한 사람들은 마셜을 연합군의 승리를 이끌어낸 핵심적인 인물(가장 핵심적인 인물이 아니라면)로 꼽는다. 해리 트루먼Harry Truman은 이렇게 말한 적이 있다. "수백만 미국인이 우리나라에 탁월한 기여를 했다. (그러나) 우리나라에 승리를 안긴 것은 조지 마셜 장군이다."[18] 1943년에 마셜은 〈타임〉지의 올해의 인물로 선정된 후 얼마 지나지 않아 미국 최초의 5성장군이 되었다.[19]

내가 여기서 마셜을 언급하는 이유는 1990년대 초에 한 육군 중령이 쓴 계몽적인 사례연구를 우연히 읽었기 때문이다. 이 논문은 복수의 출처로부터 얻은 자료를 종합하여 마셜이 어떻게 전쟁부를 조직하고 승리로 이끌었는지 설명한다.[20] 여기에 담긴 기록들에서 두드러지는 핵심적인 사실은 마셜이 역사상 그 어떤 관리자보다 많은 인력을 관리하고, 더 많은 예산을 운용하며, 더 많은 복잡성과 시급성 그리고 더 큰 대가에 직면했지만 하이브 마인드 활동과잉 접근법의 인력威力을 거부했다는 것이다.

마셜은 육군 참모총장에 올랐을 때 30개의 주요 사령부와 350개의 군소 사령부를 거느리고 60여 명의 장교로부터 직접 보고를 받는 조직구조에 직면했다. 마셜은 이런 구조가 "관료적이고 형식적인 절차로 가득하다"고 평가했다. 이런 구조에 따른 수많은 크고 작은 사안들을 관리하면서 전쟁에서 승리할 길은 없었다. 서신과 급한 전화에 파묻힐 것이 분명했다. 그래서 그는 행동에 나섰다. 마셜은 루스벨트 대통령이 근래에 부여한 전시 권한을 이용하여 전쟁부를 획기적으로 뜯어고치는 데 "가차없는" 효율성을 발휘했다.

수많은 기관과 사령부가 각각 한 명의 장성이 이끄는 3개의 주요 부서로 통합되었다. 마셜은 300여 명의 인사, 작전, 보급 장교들로 구성된 과잉 보좌진을 12명으로 줄였다. 일부 주요 부서는 아예 없어졌다. 앞서 말한 보고서는 다음과 같이 결과를 정리했다.

> (조직 개편은) 더 작고 보다 효율적인 보좌진을 제공했으며, 서류 작업을 최소화했다. 또한 명확한 명령계통을 수립했다. 끝으로 훈련이나 보급과 관련된 세부적인 문제로부터 마셜을 해방시켰다. 마셜은 다른 사람들에게 책임을 위임하는 한편 자유로운 입장에서 전략과 주요 작전에 집중했다.

마셜에게 계속 직접 보고할 수 있었던 참모들에게는 상호작용을 위한 명확한 구조가 제공되었다. 그에 따라 마셜에 대한 브리핑은 통제된 효율성 하에 이뤄졌다. 가령 참모들은 사무실로 들어온 다음에는 (시간을 아끼기 위해) 경례 없이 자리에 앉도록 지시받았다. 또한 마셜의 신호에 따라 브리핑이 시작되었으며, 마셜은 "완전히 집중한" 상태로 들었다. 그는 결함이나 결점을 발견하면 해당 사안을 인지하고 해결하지 못해서 자신의 시간을 낭비했다며 화를 냈다. 브리핑이 끝나면 그는 권고를 요청하고 잠깐 생각한 후 결정을 내렸다. 그리고 후속 조치를 위한 권한을 참모에게 위임했다.

마셜이 지녔던 가장 인상적인 습관은 매일 오후 5시 30분 퇴근을 고집한 것이었다. 휴대폰과 이메일이 아직 나오지 않은 시대에 마셜은 집에 돌아온 후에는 밤늦도록 야근을 하지 않았다. 이전에 탈진을 경험한 적이 있는 그는 저녁에 휴식을 취하는 일이 중요하다고 생각했다. 그래서 "사소한 세부사항에 얽매이는 사람은 전쟁의 중요한 사안을 다룰 능력이 없다"고 말하기도 했다.

마셜은 관리자로서 전쟁의 결과에 영향을 미칠 핵심적인 결정을 내리는 데 기운을 집중했다. 이는 그에게 적합한 과제였다. 뒤이어 그는 세부사항에 관여하지 않고 후속 조치를 참모진에게 믿고 맡겼다. 아이젠하워의 회고에 따르면 마셜은 그에게 이런 말을 한 적이 있다. "(전쟁부는) 문제를 잘 분석하는 유능한 사람들로 가득하지만 그들은 그 문제의 최종적인 해결책을 항상 나한테서 구해야 한다고 생각하지. 나는 자기 문제를 알아서 해결하고 나중에 자신이 한 일을 말하는 보좌진이 필요해."

마셜은 분명 관리자에게 숙고보다 회신이 더 중요하다는 주장에 반발했을 것이다. 마셜의 리더십 스타일에 대한 보고서는 특히 중요한 결정을 내릴 때 집중을 중시하는 그의 자세를 여러 차례에 걸쳐 강조한다. 그는 "뛰어난 분석력과 함께 놀라운 속도로 생각하는 능력"을 드러냈다. 이 보고서는 또한 마셜이 성찰과 큰 그림을 보는 계획에 기울인 주의를 강조한다. 그는 전 세계로 확산된 전쟁의 복잡한 전황을 한발 앞서 대응하려 애썼다.

마셜은 중요한 사안에 집중하는 능력, 다음 사안으로 넘어가기 전에 각 사안에 완전히 주의를 기울이는 능력 덕분에 효과적으로 일할 수 있었다. 그가 전쟁부의 운영 실태를 그대로 유지했다면 어떻게 되었을까? 60명의 참모들이 그들의 의사결정에 그를 끌어들이고, 100여 개의 사령부가 일상적인 활동에 그의 승인을 받으려 하는 상황을 그냥 놔뒀다면 어떻게 되었을까? 아마 대다수 관리자들에게 익숙한 정신없고 분주한 일과에 매몰되었을 것이다. 그래서 분명히 그의 성과가 타격을 입었을 것이다. 실로 1940년대의 전쟁부에 하이브 마인드 활동과잉 업무 흐름 같은 것이 계속 유지되었다면 우리는 심지어 전쟁에서 졌을지도 모른다.

당신이 관리자로서 팀 운영방식에 마셜 스타일의 변화를 일으킬 권한이 있다고 느끼는지 여부는 잠시 제쳐두도록 하자. 이 문제는 2부에서 다른 문제들과 함께 다룰 것이다(힌트: 세부사항을 점검하는 당신의 역할을 줄이는 일에 있어서 아마도 당신은 생각보다 많은 자유를 갖고 있을 것이다). 내가 마셜의 이야기에서 뽑아내고 싶은 핵심은 경영이 응답 이상의 의미를 지닌다는 것이다. 실로 앞서 자세히 설명한 대로 응답에 대한 헌신은 현명한 결정을 내리고 미래의 도전에 대비하는 능력(마셜의 핵심적인 성공 요소)을 떨어트리고, 많은 상황에서 큰 그림에 해당하는 경영 목표에 대한 성과를 저해할 가능성이 높다. 단기적으로는 하이브 마인드 업무 흐름에 따라 팀을 운영하는 것이 유연하고 편리해 보일지 모른다. 그러나 장기적으로는 중요한 목표를 향한 진전이 느려질 것이다.

2019년에 〈응용심리학저널The Journal of Applied Psycholgy〉에 발표된 '수신함에 갇히다Boxed In by Your Inbox'라는 논문은 이 주장을 뒷받침한다.[21] 이 논문은 복수의 일일 설문을 활용하여 이메일이 다양한 산업에 속한 48명의 관리자들의 성과에 미치는 영향을 조사했다. 이 논문의 저자 중 한 명은 연구결과를 다음과 같이 정리한다. "관리자들은 이메일의 간섭에 시달릴 때 목표를 달성하지 못하고 직무를 간과한다. 그에 따라 직원들이 일을 잘하는 데 필요한 리더십을 발휘하지 못한다." 처리할 메시지가 늘어나면 관리자는 "전술적" 행동으로 후퇴할 가능성이 높다. 즉, 사소한 과제를 처리하고 문의에 응답하면서 단기적으로 생산성을 올리는 듯한 느낌을 유지한다. 반면 더 큰 그림은 외면한다. 즉, 조직이 목표를 향해 나아가도록 돕는 마셜 스타일의 "리더십"을 발휘하지 않는다. 이 논문은 다음과 같은 결론을 내린다. "우리의 연구는 이메일 송수신에 따른 요구의 악영향이 과소평가되었음을 시사한다. 그 요구가 리더 자신의 행동에 미치는 부정적인 영향에 더하여 리더의 효과적인 행동이 감소하게 되면서, 별다른 생각 없이 추종하는 사람들에게도 부정적인 영향이 미친다."

이런 통찰로 무장한 상태에서 내 친구가 등산로에서 한 말, 즉 "모두가 항상 집중해서 일하는 것은 아니라는" 말로 돌아가보자. 이 주장은 마셜에게도 적용된다. 그는 비행기나 기차를 오래 탈 때를 제외하고는 몇 시간 동안 앉아서 한 가지 문제에 대해 원대한 생각을 한 적이 드물었다. 하지만 동시에 그는 응답의 함정에 빠지는 일도 피했다. 그는 불을 끄느라 사방으로 뛰어다니지 않았다. 대신 실로 중요한 사안들을 체계적으로 해결하면서 다음 사안으로 넘어가기 전에 각 사안에 마땅한 주의를 기울였다. 이제 확인하겠지만 관리자들만 명료한 사고가 중요한 지식노동자가 아니다.

지금부터 '관리자'에서 '보조자minder'로 시선을 옮겨보자. 보조자는 내가 지식노동 조직에서 행정적, 절차적 지원을 제공하는 다양한 역할을 가리키는 말이다. 보조자 직위는 관리자보다 한층 더 응답이 직무의 핵심 부분이 되어야 하는 명백한 사례처럼 보인다. 하지만 정말 그럴까?

내가 속한 업계에서 친숙한 사례를 들어보도록 하자. 어떤 학과에 속한 교수들을 보조하는 한 행정직원이 있다고 치자. 이 사람은 시급한 이메일이 종일 수시로 들어오는 하이브 마인드 활동과잉 업무 흐름 안에서 일할 가능성이 높다. 이 가상의 학과에 속한 교수들을 상대로 설문을 해보면 그들은 이런 업무 흐름이 좋은 것이라고 주장할 것이다. 질의에 신속하게 응답하는 행정직원의 능력이 유용성을 증명하는 핵심이기 때문이다!

그러나 자세히 살펴보면 과제에 대한 의사소통과 실제 수행 사이에서 차이가 드러난다. 사실 이 두 가지 행동은 종종 상충한다. 오래전에 이런 충돌을 인식한 보조자 역할 중 하나가 바로 IT 지원이다. 1980년대와 1990년대에 데스크톱 컴퓨터가 사무실에 보급되면서 해당 조직에 새로운 종류의 인력이 필요해졌다. 바로 고장 난 컴퓨터를 고치는 정보기술 전문 인력이었다. 시스템이 더욱 복잡해지면서 IT 부서에 대한 요구도 더욱 지속적으로 변했다. 짜증 난 사용자들은 새로운 시급한 문제를 해결해 달라거나 앞서 요청한 사안이 어떻게 진행되는지 확인하려고 전화를 하거나 이메일을 보냈다. 그에 따라 진퇴양난의 상황이 발생했다. IT 직원이 이런 전화나 이메일에 대한 응답을 보류하면 그들이 지원하는 직원들이 화를 냈다. 반대로 제때 응답하는 일에 전적으로 매달리면 사안을 실제로 해결하는 데 필요한 방해받지 않는 시간을 확보할 수 없었다.

이 문제를 해결하기 위해 IT 부서는 티켓팅 시스템으로 알려진 맞춤형 소프트웨어 도구를 만들어내기 시작했다. 이 시스템은 고객이 고장 난 기계를 수리하러 가져오면 접수표를 내주는 과거의 물리적 지원 창구로부터 약간의 영감을 얻은 것으로서, IT 문제의 통보, 점검, 해결과 관련된 대다수 의사소통 과제를 자동화했다.[22]

현대적 형태로 진화한 이 시스템은 대략 다음과 같이 돌아간다. 당신에게 해결할 문제가 생기면 'helpdesk@company.com' 같은 주소로 이메일을 보낸다. 그러면 티켓팅 소프트웨어가 이 주소를 점검하다가 문의가 들어온 것을 확인한 후, 문제와 당신의 연락처를 추출한다. 그리고 고유 번호를 부여한 다음, 이 데이터를 시스템에 하나의 '접수표'로 제출한다. 동시에 이 시스템은 당신의 이메일에 답신을 보내서 해당 사안을 접수했다는 사실을 알리고 진행 상황을 확인하는 방법을 알려준다.

티켓팅 시스템 안에서 문제는 범주별로 분류된 후 대개 우선순위를 부여받는다. 이 작업은 자동으로 이뤄지거나 접수되는 사안을 관리하는 직원이 실행한다. 당신이 이런 시스템을 활용하는 IT팀의 일원이라면 로그인을 했을 때 당신의 전문 분야에 해당하는 접수표만 보여진다. 그러면 당신은 가장 시급한 건을 선택할 수 있다. 이때부터 당신은 작업 완료 시점, 혹은 추가적인 도움이 필요한 자연스런 중단 지점까지 당신이 선택한 사안에 집중한다. 그리고 이 단계가 끝나야만 다시 대기 목록으로 돌아가서 다음 접수표를 선택한다. 진전이 이뤄지는 동안 현황을 알리는 이메일이 처음 사안을 제시한 사람에게 자동으로 보내진다. 다른 직원들은 진전된 상황을 점검하다가 당신이 가로막혔을 때 도움을 줄 수 있다.

티켓팅 시스템은 대규모 비즈니스가 되었다. 그 이유는 기술자들이 일에 집중할 수 있게 되면서 문제를 더 빨리 해결함에 따라 IT 인력 비용을 줄여준다는 사실을 꾸준하게 증명했기 때문이다. 또한 기술적 사안을 해결하는 과정에 체계와 명확성을 부여하여 만족도를 높여주었다. 이 유효성의 토대가 되는 전제는, 과제에 대한 의사소통이 종종 실행을 방해한다는 것이다. 즉, 직원의 인지 공간에서 의사소통의 부피를 줄일수록 실제로 작업을 완료하는 능력이 향상된다.

이 사실은 학과 행정직원의 사례로 다시 우리를 데려간다. 의사소통과 실행 사이의 상충은 이제 IT 환경에서는 잘 알려져 있다. 그러나 다른 보조자 직위에서는 여전히 대부분 간과되고 있다. 그래서 앞서 제시한 가상 행정직원은 초기의 IT 담당직원들처럼 수많은 메시지에 압도당한다. 그는 곤란을 겪는 교수들과 교환하는 이메일 스레드로부터 거리를 두면 그들의 분노를 불러올 것이라고 두려워한다. 결국 그에 따른 하이브 마인드 활동과잉 의사소통은 애초에 그가 교수들을 위해 해결해주려는 미묘하고 복잡한 사안에 대해 명료하게 생각하는 능력을 감소시킨다.

이 문제를 보다 분명하게 살펴보자. 예를 들면, 이 장의 초고를 쓰던 주에 나는 우리 학과의 행정직원에게 연구 보조금으로 채용하려던 박사후 연구원에 대한 업무서신을 보냈다. 이 연구원은 원래 늦여름부터 일을 시작하기로 예정되어 있었다. 그러나 비자 문제로 1월까지 업무 시작일을 늦춰야 했다. 메시지의 내용은 간단했지만 인사, 예산, 사무실 공간 배정을 비롯한 다른 문제에 미묘한 영향을 미쳤다. 업무 시작일 조정에 적절하게 대응하는 계획을 세우려면 어느 정도 세심한 생각이 필요했다. 그러나 그날 아침 행정직원은 수시로 이어지는 다른 많은 이메일 때문에 그런 사고를 하기가 어려울 수밖에 없었다.

우리는 이런 보조자 역할을 하는 사람들을 종종 자동화된 인형처럼 생각한다. 그래서 종일 수신함이나 채팅 채널을 통해 들어오는 과제들을 하나씩 해결하면서 나날을 보낸다고 가정한다. 그러나 이런 관점은 해당 업무에 인지적 노력이 요구된다는 사실을 무시하는 것이다. 박사후 연구원의 업무 시작일 문제를 해결하는 일은 명민한 전략 메모, 혹은 총명한 컴퓨터 코드를 작성하는 일만큼 복잡하다. 그래서 집중력을 저해하는 하이브 마인드 활동과잉 업무 흐름에 보조자들을 매몰시키면 그들과 소통하는 사람들에게 당장은 인위적인 편리함을 제공할 수 있다. 그러나 결국에는 일을 잘하는 능력을 약화시킨다. IT 티켓팅 시스템의 사례에서 확인한 대로 의사소통과 실행 사이에 빈 공간, 화이트 스페이스를 만들면 보조자 역할을 하는 사람들이 당면한 과제를 보다 쉽게 처리할 수 있다.

보조자에 대한 논의는 중요하다. 그들의 역할은 오후 내내 하나의 까다로운 문제를 해결하는 창조자에 대한 폴 그레이엄의 비전과 상당히 거리가 멀다. 그러나 보조자들이 행하는 훨씬 다양한 행정적 업무의 경우에도 하이브 마인드 활동과잉은 여전히 문제를 초래한다. 다만 지금부터는 하이브 마인드와 유효성에 대한 탐구를 마무리하기 위해 집중력과 관련된 논의로 다시 돌아가보도록 하자. 그리고 지속적인 의사소통이 가치 있는 것들을 창조하는 사람들의 세계로 침입할 때 실제로 어떤 문제가 생기는지 자세히 살펴보도록 하자.

나는 2016년에 《딥 워크》를 펴낸 후로 사람들이 특정한 이야기를 좋아한다는 사실을 알게 되었다. 그것은 대단히 창조적인 유형의 사람들이 방해받지 않는 고립 상태에서 탁월한 성과를 내는 이야기다. 사람들이 특히 좋아한 이야기 중 하나는 마야 안젤루Maya Angelou의 습관에 대한 것이다. 그녀는 1983년에 가진 인터뷰에서 자신이 글을 쓸 때는 5시 30분에 일어나 곧바로 호텔방에 틀어박혀 방해받지 않고 일을 한다고 밝혔다. "침대 하나에 세면대만 있는 작고 초라한 방이었어요"라고 그녀는 설명했다. "거기에 사전과 성경, 카드 한 벌 그리고 셰리주 한 병을 두었죠."[23] 그녀는 이렇게 고립된 상태로 오후 2시까지 글을 썼다. 글이 잘 쓰일 때는 기운이 소진할 때까지 멈추지 않았다. 그리고 작업을 끝낸 후에는 쓴 글을 다시 읽어보고, 머리를 비우고, 샤워를 한 다음 저녁을 먹기 전에 남편과 술을 마셨다.

사람들은 이런 이야기를 접하면 방해받지 않고 집중하는 것이 어려운 창조적 활동을 뒷받침한다는 사실을 바로 받아들인다. 그러나 그런 활동을 사무실 환경으로 옮기면 인식이 달라진다. 아무리 생산성을 헌신적으로 추구하는 사람이라도 셰리주를 들고 지저분한 호텔방으로 틀어박히는 것은 못마땅해할 가능성이 높다. 사무실 환경에서는 집중과 가치 사이에 존재하는 상관관계의 중요성이 희미해지기 시작한다.

예를 들어, 얼마 전에 나는 실리콘밸리의 한 스타트업을 위해 기술 백서를 작성하는 엔지니어와 대화를 나눴다. 이 백서들을 정리하는 일은 복잡하지만 회사의 마케팅 활동에 중요하다. 그의 설명에 따르면 그는 해당 스타트업이 하이브 마인드 활동과잉 업무 흐름을 받아들이는 바람에 일을 하는 데 어려움을 겪었다. 그는 "슬랙 메시지에 신속하게 답변하지 않으면 아이러니하게도 농땡이를 치는slacking off 걸로 간주되었다"고 말했다.

이 엔지니어는 이 사안에 대해 내가 쓴 글에 용기를 얻어서 CEO

와의 면담을 요청했다. 그는 주의 전환이 인지적 성과를 감소시키는 양상에 대한 연구결과를 제시한 후, 지속적인 방해가 업무에 지장을 준다고 설명했다. 또한 그는 안젤루 스타일의 고립 상태로 완전히 들어가는 것도 문제가 있음을 인정했다. 다른 팀원들이 그와 자주 소통해야 하기 때문이었다. 그는 회사가 창출하는 가치를 극대화하려면 어떻게 해야 하는지에 대해 CEO의 조언을 구했다. 그는 "이 질문을 하고 보니 단지 특정한 업무를 더 쉽게 만든다는 이유로 (응답 대기상태에서) 나의 모든 시간을 써야 한다고 말하는 게 불합리하다는 사실이 명백해졌습니다"라고 내게 말했다.

그들은 그가 업무시간의 50퍼센트인 하루 4시간을 방해요소가 없는 상태로 일하고, 나머지 50퍼센트를 하이브 마인드 업무 흐름에 쓰는 데 합의했다. 그들은 이 목표를 실행에 옮기기 위해 매일 오전과 오후에 2시간씩 그에게 연락하지 않는 시기를 별도로 정했다. CEO는 이 새로운 방식을 엔지니어가 속한 팀에게 설명했다. 그는 "팀원들이 거기에 적응하는 데 일주일 정도가 걸렸지만 그 후에는 아무 문제가 없었습니다"라고 내게 말했다. 그 결과 엔지니어의 생산성은 크게 높아졌다. 반면 부정적인 영향은 거의 없었다. 이 모든 변화에서 가장 놀라운 부분은 엔지니어가 이 문제를 공론화하기 전에는 누구도 그들이 일하는 방식이 실제로 효과적인지 의문을 갖지 않았다는 것이다.

이 책의 머리글에 나온 니시 아차리아의 이야기는 집중적인 사고가 중요하지만 이미 자리 잡은 업무 흐름 때문에 그런 노력이 거의 불가능한 직위에 대한 또 다른 사례를 제공한다. 그는 이메일 서버가 일시적으로 폐쇄된 후에야 팀의 전략을 실질적으로 구상하는 데 필요한 화이트 스페이스를 가질 수 있었다. 저널리스트들도 이러한 불일치에 시달린다. 얼마 전에 나는 자신의 미디어 회사를 시작한 유명 리포터와 이야기를 나눴다. 그는 속보를 놓치지 않기 위해 끊임없이 트위터를 확인"해야 한다"고 푸념했다. 이런 행동은 좋은 기사를 효율적으로 쓰는 능력을 떨어트렸다. 나는 저널리즘 분야에 발을 들이려는 젊고 기술적 지식이 풍부한 인턴들이 그의 사무실에 많다는 사실을 지적했다. 나는 "그중 한 명에게 트위터를 확인하는 일을 맡기고 중요한 일이 생기면 당신에게 알리도록 하는 게 낫지 않을까요?"라고 말했다. 그는 이런 생각을 해본 적이 없었다. 그저 어느 정도의 주의 분산은 일을 하는 데 필요한 비용이라고 가정했을 뿐이었다.

　대다수 사람들은 하이브 마인드 활동과잉 업무 흐름이 창조자의 생산성을 떨어뜨린다는 전제를 받아들인다. 그러나 동시에 이 업무 흐름은 편리하다. 그래서 집중의 혜택이 명확하지 않은 이상 이 상쇄관계는 별것 아닌 것으로 보인다. 즉, 약간의 생산성 감소는 관리 측면의 유연성 증가로 보완된다. 그러나 창조자들을 의사소통 과잉으로부터 빼내면 얻을 수 있는 효과를 구체적으로 살펴보면 이야기는 달라진다. 이 상쇄관계는 갑자기 한쪽으로 심하게 기울어진 것으로 드러난다. 창조자와 관련하여 백서 담당 엔지니어나 아차리아의 경우처럼 하이브 마인드 업무 흐름으로부터 벗어나는 일은 단순히 생산성 습관을 조정하는 문제가 아니라 유효성을 크게 높이는 문제다. 이런 이점이 명확해지면 그저 응답의 편의성이 높아진다는 이유로 그에 따른 손실을 정당화하지 않게 된다.

하이브 마인드를 넘어서

나는 하이브 마인드 활동과잉에 따른 요구 때문에 탈진한 팀에서 일한 션의 이야기로 이 장을 열었다. 그는 모든 의사소통이 왠지 생산성을 떨어뜨리는 것 같다고 의심했다. 이제 우리가 알게 되었듯 그의 생각이 맞았다. 이런 업무 흐름은 우리의 뇌와 충돌하여 대다수의 지식노동 과제를 완료하기 더욱 어렵게 만든다. 션은 비슷한 의심을 품었던 많은 사람들과 달리 조치를 취하기로 결심했다.

션이 내게 말한 대로 두 명의 프로젝트 슈퍼바이저가 갑자기 회사를 떠난 일은 그를 흔들어놓았다. "그 일 때문에 한발 물러서서 우리가 실제로 하고 있는 일이 무엇인지 살피게 되었습니다"라고 그는 말했다. "우리의 의사소통이 이익보다 해악을 더 많이 안기는 건지 질문하게 되었죠." 션과 그의 동업자는 획기적인 변화를 일으키기로 결정했다. 그들은 슬랙 서버를 완전히 폐쇄하고 이메일을 주로 외부와의 업무를 조율하는 도구로 격하시켰다. 나는 그의 말에 흥미를 느꼈다. 그래서 전화로 인터뷰를 하던 도중에 그에게 이메일 수신함을 열어서 무엇이 있는지 알려달라고 요청했다. 그는 기꺼이 나의 요청을 들어주었다. 그의 수신함에는 회사의 회계사가 보낸 메시지, 그들이 일부 프로젝트를 위해 활용하던 웹 호스팅 회사의 지원 티켓, 두어 개의 하청업체 청구서, 그리고 신규 프로젝트에 협력하던 프리랜서의 메시지가 들어 있었다. 내부적인 의사소통은 하나도 없었다. 시급한 답신을 요청하는 이메일도 없었다. 션은 과거 매일 새벽 1시까지 메시지를 보내곤 했다. 그러나 이제는 "일반적인 날에는 한 번만 이메일을 확인한다"고 밝혔다. 심지어 아예 수신함을 확인하지 않는 날도 있다.

이메일과 슬랙은 션의 회사에서 중요한 역할을 했다. 그것들은 팀이 협력하고 고객과 상호작용하는 수단이었다. 션이 이런 기능을 대체하는 대안을 마련하지 않고 그냥 이 도구들을 없애버렸다면 그의 회사는 제대로 돌아가지 않았을 것이다. 그는 앞으로 탐구할 원칙들을 따라서 대안을 마련했으며, 그 대안들은 잘 통하는 것처럼 보였다.

션은 일과를 오전 단위와 오후 단위로 나눴다. 각 단위를 시작할 때 그의 팀은 한자리에 모여서 해당 단위에 대해 논의했다. 가끔 외부에서 일하는 직원은 화상회의 소프트웨어를 활용하여 회의에 참석했다. "각 팀원은 어제 한 일, 오늘 할 일, 이슈 내지 문제점이라는 3가지 사항을 제시합니다"라고 션은 내게 말했다. "회의는 최대 15분밖에 걸리지 않습니다." 뒤이어 모든 팀원은 요즘 같은 연결성의 시대에 엄청나게 드문 행동을 한다. 바로 해당 단위가 끝날 때까지 수신함이나 채팅 채널을 확인하지 않고 몇 시간 동안 연속으로 일하는 것이다.

션의 회사는 고객 측면에서는 계약서에 고객과 어떻게 소통할(그리고 암묵적으로는 소통하지 않을) 것인지 구체적으로 밝히는 조항을 넣는다. 대다수 고객의 경우 정기 통화를 통해 업데이트와 질문에 대한 답변을 제공한다. 또한 통화에 뒤이어 즉시 고객과 논의한 모든 사항을 담은 문서가 작성된다. 대고객 관계를 관리하는 션의 동업자는 연락 횟수가 줄어서 고객들이 화내지 않을지 많이 걱정했다. 그러나 이는 쓸데없는 걱정이었다. 오히려 고객들은 기대할 서비스가 명확해진 것을 마음에 들어했다. 션은 "그들은 훨씬 더 흡족해했습니다"라고 말했다.[24]

내가 션이 이룬 변화를 소개한 이유는 오랫동안 이 주제를 논의하면서 알게 된 사실 때문이다. 그것은 해악에 대한 증거가 제시된 후에도 많은 사람들이 하이브 마인드 활동과잉 업무 흐름을 계속 변호할 것이라는 사실이다. 그들의 반론은 이 업무 흐름이 어쨌든 근본적이라는 주장을 토대로 삼는다. 즉, 그들은 과다한 의사소통이 뇌가 돌아가는 속도를 늦출 수 있다고 인정하면서도 일을 진행하는 다른 타당한 방식을 상상하지 못한다. 션은 어떤 고통을 피하려 하는지 그리고 어떤 혜택을 키우려 하는지 알면 다른 접근법이 나온다는 것을 증명한다.

2부에서는 이 대안들을 설계하는 원칙들을 깊이 파고들 것이다. 다만 하이브 마인드를 넘어선 세계로 나아가기 전에 먼저 그에 맞서는 마찬가지로 중요한 주장을 살펴야 한다. 그것은 이 접근법이 덜 생산적일 뿐 아니라 동시에 우리를 불행하게 만든다는 것이다. 이런 현실은 개인과 조직의 안정에 심대한 영향을 미친다. 그러면 지금부터 우리의 주의를 이 주장으로 돌려보자.

2

이메일은
우리를 불행하게 만든다

고통스러운
침묵의 유행병

2017년 초, 프랑스에서는 이른바 '단절권'을 보존하기 위한 새로운 법이 발효되었다. 이 법에 따르면 50인 이상 기업은 업무시간 외 이메일에 대해 구체적인 정책을 협상해야 한다. 그 목적은 노동자들이 밤이나 주말에 수신함을 확인하느라 보내는 시간을 크게 줄이는 데 있다. 노동부 장관인 미리암 엘 콤리 Myriam El Khomri는 부분적으로 탈진을 줄이는 데 필요한 하나의 단계로서 새로운 법을 정당화했다. 비즈니스 활동이 정부의 규제 대상이 되어야 하는지에 대한 이야기는 일단 제쳐두고, 프랑스가 애초에 이 법을 통과시킬 필요성을 느꼈다는 사실은 보다 보편적인 문제를 시사한다. 국경을 넘어서 확산되는 이 문제는 바로 이메일이 우리를 불행하게 만든다는 것이다.[1]

관련 문헌을 살펴보면 이 주장은 더욱 확고해진다. 앞서 소개한 글로리아 마크가 공저자로 참여한 2016년 논문에서 연구팀은 12일 동안 40명의 지식노동자들에게 무선 심박계를 연결시켰다. 그들은 정신적 스트레스를 측정하는 일반적인 기법으로서 피실험자의 심박변이도heart rate variability를 기록했다. 또한 그들은 피실험자의 컴퓨터 사용실태를 관찰했다. 그래서 이메일 확인과 스트레스 수치 사이의 관계를 파악할 수 있었다. 그들이 발견한 사실은 프랑스 사람들에게는 그다지 놀라운 것이 아니었다. 거기에 따르면 "특정 시간에 오래 이메일을 할수록 스트레스 수치가 높았다."[2]

2019년에 실행된 후속 연구에서 다시 마크가 이끈 연구팀은 피실험자의 컴퓨터 모니터 아래에 열화상 카메라를 설치했다. 이는 피실험자의 얼굴에 나타나는 열기를 측정하여 신체적 고통을 측정하기 위한 것이었다. 그들은 수신함을 한번에 확인하는 방법(이메일을 관리하는 경험을 개선하기 위해 흔히 제시되는 '해결책')도 반드시 만능통치약은 아님을 발견했다. 실제로 신경증 성향이 강한 사람의 경우 이메일 일괄 처리는 오히려 스트레스를 악화시킬 수 있었다 (아마도 지금 무시하고 있는 시급한 메시지들 때문일 것이다). 연구자들은 또한 사람들은 스트레스를 받았을 때 회신을 더 빨리 하지만 더 잘 쓰지는 못한다는 사실을 발견했다. 링귀스틱 인콰이어리Linguistic Inquiry와 워드 카운트Word Count라는 텍스트 분석 프로그램은 이처럼 초조하게 쓴 이메일은 분노를 표현하는 단어를 포함할 가능성이 높음을 드러낸다.[3] 2016년 논문의 저자들은 이렇게 결론짓는다. "이메일을 활용하면 분명 의사소통을 위한 시간과 노력이 줄어든다. 하지만 거기에는 비용도 따른다." 그래서 그들은 "이메일의 양을 줄이기 위한 체계적인 노력을 기울일 것을 권고"한다.[4]

다른 연구자들도 이메일과 불행 사이의 연관성을 찾아냈다. 2019년에 〈국제 직업환경건강 아카이브The International Archives of Occupational and Environmental Health〉에 실린 다른 논문은 거의 5,000명에 달하는 스웨덴 노동자들이 스스로 보고한 건강 상태를 토대로 장기적인 추세를 살폈다. 연구자들은 "정보기술 및 커뮤니케이션 기술에 따른 높은 수요"(즉, 계속 네트워크에 연결되어 있어야 할 필요)에 반복적으로 노출되는 것이 "최적이 아닌" 건강 상태와 연관된다는 사실을 발견했다. 이 추세는 연령, 성별, 사회경제적 상태, 건강 행태, 체질량지수, 직업 스트레스, 사회적 지원을 비롯한 수많은 잠재적 교란변수를 감안하여 통계치를 조정한 후에도 계속 유지되었다.[5]

이메일이 초래하는 해악을 측정하는 또 다른 방법은 이메일의 존재감을 줄였을 때 어떤 일이 일어나는지 살피는 것이다. 하버드 경영대학원 교수인 레슬리 펄로Leslie Perlow는 보스턴 컨설팅 그룹Boston Consulting Group의 컨설턴트들을 대상으로 한 실험에서 바로 이런 방법을 썼다. 펄로는 '예측가능단절시간predictable time off(PTO)'이라는 기법을 도입했다. 이 기법은 컨설턴트들이 매주 (동료들의 전폭적인 지원과 함께) 이메일 및 휴대폰으로부터 완전히 단절되는 시간을 정하도록 하는 것이었다. 그 결과 그들의 행복도가 확연히 높아졌다. PTO가 도입되기 전에는 아침에 일을 시작하는 것이 흥분된다고 말한 컨설턴트의 비중이 27퍼센트에 불과했다. 반면 의사소통을 줄인 후에는 이 수치가 50퍼센트 이상으로 급증했다. 마찬가지로 직업에 만족하는 비중도 50퍼센트 이하에서 70퍼센트 이상으로 급증했다. 또한 예상과 달리 전자적 수단에 따른 접근성을 약간 줄인다고 해서 생산성이 떨어졌다는 느낌을 받은 것도 아니었다. 오히려 자신이 "효율적이고 효과적"이라고 느낀 비중이 20퍼센트포인트 넘게 늘었다.[6] 펄로는 2012년에 이런 내용을 담아 책《스마트폰과 함께 잠들다Sleeping with Your Smartphone》를 펴냈다. 그녀는 이 책에서 애초에 끊임없는 연결성의 문화를 왜 받아들였는지 의문을 제기했다.[7]

　물론 너무나 많은 사람들이 이미 직관적으로 느끼는 사실을 포착하기 위해 굳이 데이터가 필요한 것은 아니다. 1장에서 언급한 대로 나는 1,500여 명의 독자를 대상으로 이메일 같은 의사소통 도구와의 관계를 보다 잘 파악하기 위한 설문을 실시했다. 나는 사람들이 이런 기술에 대한 감상을 서술할 때 대단히 강렬하고 감정적인 단어를 쓰는 것에 놀랐다.

　워드프로세서나 커피메이커처럼 직장에서 접하는 다른 기술에 대해 물었다면 사람들의 언어가 훨씬 중립적이었을 것이다. 디지털 메시지 기술은 마음을 불편하게 만드는 특유의 요소가 있다. 비판

론자인 존 프리먼John Freeman은 이메일과 우리의 관계를 이렇게 효과적으로 정리한다. "우리는 컴퓨터를 따라잡으려다가 과제에 얽매이고, 성마르고, 남의 말을 잘 듣지 못하게 되었다."[8] 미디어 이론가인 더글러스 러시코프Douglas Rushkoff는 이런 한탄과 함께 요점을 짚어냈다. "우리는 더 많은 이메일을 처리하려고 경쟁한다. 마치 컴퓨터로 더 많은 일을 하는 것이 이득인 것처럼 말이다. 우리는 이전에 그랬던 것처럼 기계 안에서 일하는 것이 아니라 기계가 되어야 한다."[9] 우리는 이메일에 의존하지만 동시에 약간 싫어하기도 한다.

이런 현실은 실질적인 이유로 중요한 의미를 지닌다. 직원들이 불행하면 업무 성과가 나빠진다. 또한 프랑스 노동부 장관이 경고한 대로 탈진할 가능성이 높아져서 의료비 증가와 값비싼 이직률로 이어진다. 이를 말해주는 사실이 있다. 레슬리 펄로는 이메일로부터의 예측 가능한 단절 시간은 회사에서 '오랫동안' 일하려는 직원들의 비중을 40퍼센트에서 58퍼센트로 늘린다는 사실을 발견했다. 다시 말해서 직원들이 불행하면 수익성이 나빠진다.

한편 이메일이 우리를 불행하게 만드는 현실은 큰 철학적 의미를 지니기도 한다. 맥킨지McKinsey는 전 세계적으로 지식노동자의 수를 2억 3,000만 명 이상으로 추정한다.[10] 연준에 따르면 여기에는 미국 노동인구의 3분의 1 이상이 포함된다.[11] 이처럼 엄청난 인구가 수신함과 채팅 채널에 얽매일 수밖에 없어서 불행해진다면 이는 완전히 세계적인 비극이 아닐 수 없다! 실용적 관점에서 이런 수준의 고통을 간과할 수는 없다. 특히 우리가 그 고통을 완화하기 위해 할 수 있는 일이 있다면 더욱 그렇다.

1장에서는 하이브 마인드 활동과잉이 생산성에 미치는 영향에 초점을 맞췄다. 이 장은 그것이 우리의 영혼에 미치는 영향에 초점을 맞춘다. 이 장에서 내가 추구하는 목적은 이런 업무 흐름이 우리를 그토록 불행하게 만드는 이유를 이해하는 것이다. 이 현실은 수신함 필터나 더 나은 업무 관행으로 바로잡을 수 있는 정도의 우연한 부작용이 아니다. 그보다는 고도로 인위적인 업무 흐름이 우리 뇌의 자연스러운 작동 방식과 충돌하는 다양한 양상에 근본적인 문제가 있다.

인간의 뇌는
사회적 요구를 무시하지 못한다

음벤젤레 바야카Mbendjele BaYaka 족
은 콩고공화국과 중앙아프리카공화국의 삼림지대에 흩어져 사는
수렵채집 부족이다. 그들은 대개 10명에서 16명 정도가 속한 랑고
스langos라는 캠프에서 살아간다. 캠프에 속한 각 핵가족은 푸마fuma
라는 오두막에서 생활한다. 그들은 식량 저장 기술을 갖고 있지 않
다. 그래서 식량 공유가 부족의 생존에 필수적인 활동이다. 그 결과
이전에 연구된 수많은 수렵채집 부족처럼 그들도 매우 협력적이다.

과학적 관점에서 음벤젤레 바야카 족이 흥미로운 이유는 수렵채
집 부족의 사회적 역학을 이해하는 데 도움을 주기 때문이다. 이 역
학은 지금도 의미를 지닌다. 우리가 신석기 혁명 이전의 전체 역사
동안 그런 방식으로 살았기 때문이다. 그래서 우리는 (적절한 주의와
함께)[12] 이런 부족들을 연구함으로써 우리 종이 진화적 압력을 통해
서로 소통하도록 만들어진 양상에 대해 뭔가를 배울 수 있을지도
모른다. 또한 그렇게 함으로써 우리의 현대적 수신함이 우리의 '고
대적인' 뇌에 스트레스를 가하는 이유에 대한 이해를 도울 수 있을
지도 모른다.

유니버시티 칼리지 런던University College London의 연구진은 2016년

에 〈네이처 사이언티픽 리포트Nature Scietific Reports〉에 발표한 논문에서 콩고의 은도키Ndoki 삼림지대에 속한 리쿨라Likoula와 상가Sangha 지역에 사는 3곳의 음벤젤레 바야카 캠프를 연구한 내용을 소개했다.[13] 그들의 목표는 부족 내의 인기도를 가리키는 전문용어로서 각 개인의 "관계적 부relational wealth"를 측정하는 것이었다. 이를 위해 그들은 하니 스틱honey stick• 선물 게임이라는 기성 기법을 활용했다. 이 게임에서 참가자들은 각자 3개의 하니 스틱(선망의 대상이 되는 음식)을 받아서 다른 부족원에게 나눠줘야 했다. 연구진은 각 참가자가 최종적으로 받은 하니 스틱의 숫자를 통해 부족에서 차지하는 상대적 지위를 추정할 수 있다.

그들은 관계적 부가 분배되는 양상에서 뚜렷한 차이를 발견했다. 일부 부족원은 다른 부족원보다 훨씬 많은 하니 스틱을 받았다. 보다 중요한 점은 이런 차이가 체질량지수나 여성 생식력 같은 요소와 강한 연관성을 지닌다는 것이었다. 이 요소들은 수렵채집 부족에서 유전자를 다음 세대로 전달할 수 있는지 여부를 좌우하는 데 중대한 역할을 했다. 이전의 많은 연구들은 이른바 "사회적 관계의 형성과 유지를 촉진하는 심리적, 생리적 강화 기제"를 보여주었다. 이 연구는 애초에 이런 기제가 진화한 이유를 설명하는 데 도움을 준다. 즉, 우리의 구석기적 과거를 정의한 사회적 환경과 같은 유형의 환경에서 인기는 혈통을 이어갈 가능성을 높여준다.

• 가늘고 긴 플라스틱 튜브에 꿀을 채운 것 - 옮긴이.

자연스런 다음 단계는 수렵채집 부족에서 누군가가 어떻게 인기를 얻는지 질문하는 것이다. 2017년에 같은 학술지에 발표된 후속 연구결과는 이 질문에 대한 약간의 통찰을 제공한다.[14] 이 연구에서 연구진은 바야카 캠프에 사는 132명의 성인에게 일주일 동안 목에 소형 무선 센서를 걸도록 했다. 이 장치는 2분마다 근거리 신호를 내보내서 누가 누구와 같이 있는지 기록했다. 그래서 피실험자들의 일대일 상호작용을 포착하고 나열할 수 있었다.

연구진은 이 방대한 상호작용 기록을 활용하여 이른바 '소셜 그래프social graph'를 만들었다. 이 그래프를 만드는 과정은 단순하다. 벽에 걸린 커다란 백지가 있다고 상상해보라. 당신은 먼저 센서를 걸고 다닌 모든 피실험자를 나타내는 원을 백지 전체에 걸쳐 균등하게 흩어지도록 그린다. 그 다음 로그log에 기록된 모든 상호작용에 대해 해당하는 두 피실험자를 잇는 선을 그린다. 그들 사이에 이미 선이 그려져 있다면 약간 더 두껍게 칠한다. 이렇게 모든 상호작용을 표시하면 다양한 두께로 종이 위의 원들을 잇는 스파게티 같은 복잡한 그림이 나온다. 어떤 원들은 붐비는 교통 허브처럼 사방으로 두꺼운 선들을 내보내는 반면, 어떤 원들은 다른 원과 드물게 연결된다. 또한 어떤 원들은 서로 연결되는 선이 드문 반면 다른 원들은 긴밀하게 연결되어 있다.

일반인이 보기에 이런 소셜 그래프는 복잡한 낙서 같다. 그러나 네트워크 과학이라는 신생 학문 분야에 속한 과학자들에게는 다른 의미를 지닌다. 이런 그래프는 디지털 비트로 코딩하여 컴퓨터에 입력한 다음 알고리듬으로 분석하면 해당 집단의 사회적 역학에 대한 깊은 통찰을 제공한다. 2017년 연구 논문의 저자들이 음벤젤레 바야카 부족원들에게 굳이 무선 센서를 착용하게 만든 이유가 거기에 있다.

그들은 이 로그들이 생성한 소셜 그래프를 분석하면 연구 대상이 된 바야카 여성들이 낳을 자손의 수를 정확하게 예측할 수 있다는 사실을 발견했다. 즉, 네트워크와의 연결성이 로버스트robust[15] 할수록 생식에 성공할 가능성이 높다. 이전 연구에서 확인한 대로 수렵 채집 부족에서 인기도는 유전적 적합성의 차이를 만든다. 인기 많은 부족원은 더 많은 음식과 지원을 얻어서 더 건강해진다. 그에 따라 건강한 아이를 낳을 가능성이 높아진다. 새로운 연구는 일대일 대화 기록을 통해 이 인기도를 포착했다. 직접적인 소통을 관리한 사람들은 적절하게 번성한 반면 그렇지 못한 사람들은 유전자를 남기는 데 어려움을 겪었다.

일대일 대화는 음벤젤레 바야카 사람들에게 대단히 중요하다. 따라서 진화적 관점에서 작은 이론적 도약을 해보면 우리 모두가 이런 사회적 활동에 상당한 심리적 시급성을 부여하도록 만들어졌을 것으로 예상할 수 있다. 주위 사람들과 소통을 게을리하면 그들은 '하니 스틱'을 다른 사람에게 줄 것이다. 이런 도약이 작게 보이는 부분적인 이유는 우리가 이미 분명하게 느끼는 것을 설명하기 때문이다. 다른 사람과 소통하려는 욕구는 인간이 경험하는 가장 강력한 동기 중 하나다. 실제로 심리학자인 매튜 리버먼Matthew Lieberman

은 2013년에 펴낸《사회적 뇌: 인류 성공의 비밀Social: Why Our Brains Are Wired to Connect》에서 우리 뇌의 사회적 신경망은 통증 계통과 연결되어 있다고 설명한다. 우리는 가까운 사람이 죽을 때 심한 비통함을 느끼고, 너무 오랫동안 인간적 소통으로부터 고립되면 완전한 고독을 경험한다. 리버먼은 "이런 사회적 적응은 우리를 지구에서 가장 성공한 종으로 만드는 데 핵심적 역할을 한다"고 말한다.[16]

과학자들이 우리가 지닌 사회성의 이면에 놓인 구조를 탐구하기 오래 전부터 우리는 이미 상호작용을 적절하게 관리하려는 강렬한 욕구를 분명하게 인식하고 성찰했다. 유대경Torah은 리힐루트rechi-lut(험담)를 명시적으로 금지한다. 그래서 "너는 네 백성 중에 돌아다니며 사람을 비방하지 말며. 네 이웃의 피를 흘려 이익을 도모하지 말라. 나는 여호와이니라"라고 말한다.[17] 이는 어떤 집단의 소셜 그래프 속에서 이동하는 정보에 내재된 힘에 대한 성경적 인지다. 셰익스피어도 우정을 인간 경험의 핵심으로 여겼다. 그는 다음과 같은 리처드 2세의 유명한 한탄을 썼다. "난 자네처럼 빵을 먹고 살며 욕구를 느끼지. 또한 슬픔을 맛보고, 친구를 원해. 이처럼 얽매여 있는데, 어찌 자네는 내가 왕이라 일컫는가?"[18]

이 사실은 우리를 다시 이메일 문제로 데려간다. 대다수 본능적 욕구와 마찬가지로 일대일 소통에 대한 깊은 진화적 욕구의 이면은 그것이 좌절되었을 때 그에 상응하는 고통을 느낀다는 것이다. 우리가 음식에 이끌리는 것이 음식을 먹지 못했을 때 생기는 성가신 허기와 결부된 것처럼 연결에 대한 우리의 본능은 소통을 무시했을 때 느끼는 초조한 불안을 수반한다. 이런 양상은 사무실에서 문제가 된다. 앞서 확인한 대로 하이브 마인드 활동과잉 업무 흐름의 불행한 부작용은 바로 이런 형태의 고통에 끊임없이 우리를 노출시키는 것이기 때문이다. 직업적 협력에 대한 이 부산한 접근법은 우리가 따라잡을 수 있는 수준보다 빠르게 메시지를 생성한다. 그래서 하나의 메시지에 응답하는 사이에 3개의 메시지가 도착한다. 또한 우리는 밤이나 주말 혹은 휴가 기간에 집에 있을 때도 수신함에 이메일이 갈수록 많이 쌓여간다는 생각에서 벗어나지 못한다. 당연히 나의 독자 설문에서 이런 형태의 스트레스를 토로하는 목소리가 많았다.

독자들의 스트레스 유형 · · ·

- "계속 뭔가를 놓치고 있는 것 같은 느낌이 들어요."
- "심리적으로 아무리 사소한 것이라도 이메일을 읽지 않은 채로 남두지 못해요."
- "일이 쌓여간다는 느낌이 들면 스트레스를 받게 돼요."
- "이메일을 통해 적절하게 소통하는 데 얼마나 많은 노력이 들어가는지 알기 때문에 수신함을 보면 스트레스를 받아요."

그러나 이메일을 무시하는 것과 수렵채집을 하는 같은 부족원을 무시하는 것 사이에는 큰 차이가 있다는 반론이 제기될 수 있다. 전

자의 경우 최악의 결과는 회계부서의 밥Bob을 화나게 만드는 것이다. 반면 후자의 경우 최악의 결과는 굶어죽는 것이다. 실제로 당신의 회사는 용인되는 이메일 회신 시간에 대한 명확한 관행을 가졌을지도 모른다. 그래서 밥은 당신이 회신을 조금 늦게 해도 전혀 신경 쓰지 않을 것이다. 물론 문제는 깊이 자리 잡은 인간적 욕구가 합리성에 잘 호응하지 않는다는 것이다.

끼니를 거르면 꼬르륵거리는 위장에게 나중에 음식을 넣어줄 테니 기아를 두려워할 필요가 없다고 말해도 강렬한 허기를 줄일 수 없다. 뇌에게 넘치는 수신함에서 소통을 게을리해도 생존과 무관하다고 설명하는 일도 마찬가지다. 이 경우에도 마음 한구석에서 느껴지는 불안감을 잠재울 수 없다. 우리의 머릿속 깊이 자리 잡은 사회적 회로는 수천 년 동안 전략적 연합을 통해 식량 부족 문제를 완화하면서 진화했다. 그래서 메시지에 응답하지 않는 것은 다음 가뭄 때 생존의 열쇠가 될 부족원을 무시하는 것과 같은 일이 된다. 이런 관점에서 붐비는 이메일 수신함은 짜증의 원천에서 그치지 않고 삶과 죽음의 기로가 된다.

우리는 오랜 사회적 욕구가 합리성을 추구하는 현대적 뇌를 상대로 거둔 승리를 실험실에서 실제로 측정할 수 있다. 2015년에 〈컴퓨터매개커뮤니케이션저널The Journal of Computer-Mediated Communicatin〉에 관련 논문을 실은 연구진은 교묘한 실험을 진행했다.[19] 그들은 디지털 연결이 좌절된 데 대한 심리적 반응을 은밀하게 평가하는 방법을 고안했다. 이 실험에서 피실험자들은 한 방에서 낱말 퍼즐을 푸는 과제를 받았다. 그들은 실험의 일환으로 무선 혈압계도 테스트해야 한다는 말을 들었다. 피실험자들이 몇 분 동안 퍼즐을 푼 후 연구진은 다시 방으로 들어가 스마트폰이 무선 신호와 "간섭"을 일으키니 테이블에서 약 3.6미터 떨어트려야 한다고 설명했다. 이는 소리를 들을 수 있지만 손에 닿지 않는 거리였다. 피실험자들이 몇 분 더 퍼즐을 푼 후 연구진은 몰래 피실험자의 휴대폰에 전화를 걸었다. 피실험자들은 낱말 퍼즐을 풀려고 애쓰는 와중에 방 건너편에서 휴대폰이 울리는 소리가 들리는데도 전화를 받지 못했다. 연구진이 앞서 "어떤 이유로든" 일어서지 않는 것이 중요하다고 주의를 주었기 때문이다.

이런 사기극이 진행되는 내내 무선 모니터는 혈압과 심박수를 측정하여 피실험자의 생리적 상태 변화를 추적했다. 그래서 연구진은 휴대폰 분리에 따른 효과를 관찰할 수 있었다. 그 결과는 예측을 벗어나지 않았다. 휴대폰이 방 건너편에서 울리는 동안 스트레스와 불안을 나타내는 지표가 급등했다. 마찬가지로 피실험자들이 스스로 알린 결과에서도 스트레스는 늘어나고 즐거움은 줄어들었다. 낱말 퍼즐을 푸는 능력도 휴대폰이 울리는 동안에는 더 나빠졌다.

합리적으로 말해서 피실험자들은 전화를 받지 못하는 것이 중대한 사태는 아니라는 사실을 알았다. 자주 있는 일이기 때문이다. 또한 명백히 그들은 그 순간에 더 중요한 일을 하고 있었다. 실제로 많은 경우에 피실험자의 휴대폰은 이미 방해금지모드로 맞춰져 있었다. 그래서 연구진은 휴대폰을 방 건너편으로 가져갈 때 몰래 방해금지모드를 해제했다. 이 사실은 피실험자들이 실험이 진행되는 동안 몇 건의 전화나 메시지를 놓칠 것을 이미 계획하고 있었음을 뜻한다. 그러나 이런 합리적 이해는 '잠재적 연결을 무시하는 것은 정말 나쁘다'는 생각을 심어주는 진화적 압력에 상대가 되지 않았다. 피실험자들은 불안에 휩싸였다. 그들의 합리적 뇌는 질문을 받으면 그 실험실에서 정말로 걱정할 가치가 있는 일은 일어나지 않는다고 인정할 것인데도 말이다.

우리가 놓친 연결은 불가피하게 하이브 마인드 활동과잉을 수반하여 동일한 구석기적 경종을 울린다. 우리가 답하지 못한 의사소통이 중요치 않다는 사실을 우리 자신에게 설득하려고 최선을 다해도 소용없다. 이 효과는 너무나 강력하다. 한 예로 아리아나 허핑턴 Arianna Huffington의 회사인 쓰라이브 글로벌 Thrive Global은(메시지가 쌓여간다는 사실에 대한 인식이 특히 강해지는) 휴가기간 동안 직원들을 이런 불안에서 해방시킬 방법을 탐구했다. 결국 그들은 쓰라이브 어웨이 Thrive Away라는 극단적인 해결책을 쓰기에 이르렀다. 이는 어떤 직원이 휴가 중인 동료에게 이메일을 보내면 자동으로 삭제하고 이 사실을 알리는 것이었다. 이메일은 동료가 복귀한 후 다시 보낼 수 있었다.

이론적으로는 휴가 기간에 간단한 자동응답기능을 활용하는 것으로 충분해야 마땅하다. 메시지를 보내는 사람에게 당신이 돌아올 때까지 답신을 기대하지 말라고 알려주기 때문이다. 하지만 이런 상황에서 논리는 부차적이다. 어떤 기대를 심어주든 간에 메시지가 당신을 기다린다는 인식은 불안을 촉발한다. 결국 휴식을 통한 잠재적 긴장 완화는 실패한다. 유일한 해법은 아예 메시지가 도착하지 못하게 막는 것이다. 허핑턴은 이렇게 설명한다. "핵심은 이 도구가 단지 당신과 이메일 사이에 장벽을 만들 뿐 아니라 회사로 돌아가면 산처럼 쌓인 이메일이 기다리고 있을 것이라는 불안으로부터 해방시켜준다는 것이다. 애초에 이런 불안에 따른 스트레스는 단절이 안기는 혜택을 감소시킨다."[20]

쓰라이브 어웨이 같은 도구는 하이브 마인드 활동과잉이 안기는 사회적 스트레스를 일시적으로 완화한다. 그러나 1년 중에서 휴가 기간이 아닌 50여 주를 간과할 수 없다. 지속적이고 즉흥적인 메시지 교환에 기초한 업무 흐름을 고수하는 한 우리의 구석기적 뇌는 계속 낮은 수준의 불안 상태를 유지한다.

디지털 메시지 소통은 왜 비효과적인가

케냐의 음팔라 연구센터Mpala Research Centre에 있는 야생 올리브개코원숭이는 대다수의 개코원숭이처럼 매우 사회적인 무리 속에서 산다. 이 무리는 매일 먹이를 찾아 장거리를 이동해도 상당히 안정적으로 유지된다. 이런 동물들을 연구하는 과학자들에게 핵심적인 문제는 그들이 어느 방향으로 갈지를 어떻게 합의하는지 그 방식을 파악하는 것이다. 이 문제의 답을 찾는 일은 복잡하다. 무리가 최대 100마리 규모로 커질 수 있고, 그들이 이동 방향을 결정하는 방식을 추론하려면 대다수의 개체를 동시에 관찰해야 하기 때문이다. 해당 분야의 유명 연구자는 이를 "감당하기 힘든 규모"의 문제라고 말했다.[21]

그러나 얼마 전에 프린스턴대학의 아리아나 스트랜드버그 페시킨Ariana Strandburg-Peshkin이 이끌고 생물학자, 인류학자, 동물학자로 구성된 다국적 연구진이 이 난관을 극복하는 일에 나섰다.[22] 그들의 비밀무기는 1초에 한 번씩 정확한 위치를 기록하는 고해상도 맞춤 설계 GPS 목걸이였다. 연구팀은 같은 무리에 속한 85퍼센트에 육박하는 개체에 이 목걸이를 채웠다. 그에 따라 종일 무리의 정확한 움직임을 자세히 관찰할 수 있게 되었다. 첨단 데이터마이닝 알고리듬과 통계적 분석 기법으로 무장한 연구팀은 개코원숭이들이 어느 방향으로 갈지 결정하는 과정을 추출할 수 있었다. 알고 보니 그 과정은 근본적으로 공간적 구도에 따라 진행되었다.

무리에 속한 개코원숭이들은 이동을 준비할 때 서로의 움직임을 세심하게 관찰한다. 특히 앞장서서 일정한 방향으로 나아가기 시작하는 '개시자들initiators'을 주시한다. 개시자들에 대한 반응은 그들이 공간적으로 어떻게 배치됐는지에 많이 좌우된다. 두 개시자가 이루는 각도가 90도 이상인 경우, 즉 상당히 다른 방향으로 나아가는 경우 남은 개코원숭이들은 한 개체를 따르면서 해당 개체의 제안을 뒷받침한다. 반면 두 개시자가 비슷한 방향으로 나아가면 남은 개코원숭이들은 중간을 택하여 절충한다. 또한 너무 많은 개시자가 동시에 나아가면 남은 개코원숭이들은 그 자리에 멈출 가능성이 높다. 그래서 선택지가 수렴할 때까지 결정 과정을 늦춘다. 그러다가 특정한 개시자가 충분한 추종자를 모으면 전체 무리가 뒤따른다.

이 아이디어를 이메일 문제에 적용하기 위해 우리의 주의를 야생의 올리브개코원숭이로부터 그들과 가까운 유인원 사촌인 우리에게 돌려보자. 그래서 케냐의 삼림지대에서 개코원숭이들이 먹이를 구하러 갈 방향을 결정하는 방식을 연구하는 대신, 지식노동자로 구성된 팀이 사업계획을 평가하는 상황을 가정해보자. 무대를 숲에서 사무실로 옮기면 결정 과정도 물리적 세계에 내재된 것에서 순전히 서신에 기반한 것으로 바뀐다. 하이브 마인드 활동과잉의 시대에는 대다수 결정이 디지털 메시지 교환을 통해 전개되기 때문이다.

우리의 현대적 접근법을 우월한 것으로 찬양하기 전에 문자 언어의 역사는 기껏해야 5,000년밖에 되지 않았다는 사실을 기억할 필요가 있다.[23] 이는 진화적 시간 척도로 보면 아주 짧은 것이다. 고대의 협력 과정은 수백만 년에 걸친 진화를 통해 우리의 신경 회로에 새겨졌다. 또한 올리브개코원숭이들이 보이는 행동에서도 그 단서를 찾을 수 있다. 이런 협력 과정은 분명 지금도 존재하며, 아마도 단순히 컴퓨터 화면으로 서신을 교환하는 우리의 소통과는 상당히 다른 것을 기대할 것이다. 우리가 의사소통을 하도록 만들어진 양상과 현대 기술로 의사소통을 하도록 유도된 양상 사이의 불일치는 깊은 좌절감을 낳는다.

연구진이 개코원숭이들에게 GPS 목걸이를 채울 무렵 알렉스 펜틀런드Alex Pentland라는 MIT 교수는 훨씬 정교한 센서들을 MIT 캠퍼스의 컨퍼런스룸에 모인 경영인들에게 채웠다. 소시오미터sociometers로 불리는 이 센서들은 대략 카드 한 벌 크기로서 목에 거는 것이다. 거기에는 피실험자의 움직임을 추적하는 가속계, 말을 녹음하는 마이크, 근처에 있는 사람을 파악하는 무선 블루투스 칩, 끝으로 피실험자가 상호작용에서 다른 피실험자의 얼굴을 바라보는지 감지하는 적외선 센서가 포함된다.[24]

이 경영인들은 각자 사업계획을 발표했다. 뒤이은 그들의 목표는 서로 의논하여 어느 계획이 가장 좋은지 합의하는 것이었다. 이런 협력을 연구하는 표준 기법은 모든 발언을 기록하는 것이다. 그러나 펜틀런드가 피실험자들에게 첨단 센서들을 장착시키는 수고를 들인 이유는 이런 언어적 정보 채널이 컨퍼런스에서 이뤄지는 상호작용을 이해하는 데 중요한 맥락에서 단지 작은 부분만 포착한다고 믿었기 때문이다. 피실험자들이 하는 말과 동시에 무의식적 차원에서 사회적 채널이 형성되었다. 이 채널은 그 자리에서 피실험자들이 결정에 이르는 과정을 보다 풍부한 그림으로 그려내는 신체언어와 말투 속에 미묘하게 존재하는 신체적 단서로 구성되었다. 이런 "오랜 유인원 신호 기제"는 이전에 원숭이들을 대상으로 연구된 적이 있었다. 그러나 펜틀런드의 소시오미터는 이런 기제가 인간 사이의 협력에서 여전히 중대한 역할을 한다는 사실을 증명하기 위해 설계되었다.[25]

이 사회적 채널에서 작동하는 많은 신호들이 있다. 펜틀런드가 해당 주제를 다룬《정직한 신호들: 이 신호들은 어떻게 우리의 세계를 만들었나Honest Signals: How They Shape Our World》에서 설명한 대로 이 정보는 종종 신경계의 저급한 회로를 활용하여 대개 무의식적으로 처리된다. 그래서 우리가 인지하는 현실을 피해간다. 그러나 그 영향력을 과소평가해서는 안 된다. 펜틀런드는 이렇게 쓴다. "이런 사회적 신호는 단순한 후방 채널 혹은 의식적 언어의 보완재가 아니다. 그들은 우리의 행동에 강력한 영향을 미치는 별개의 의사소통 네트워크를 형성한다."[26]

이 무의식적 네트워크를 통해 전달되는 한 가지 신호는 적절하게도 '감화influence'라 불린다. 감화는 다른 사람들이 자신의 발화 패턴에 맞추도록 만드는 정도를 가리킨다. 이 정보는 시개tectum의 중심에 있는 겉질밑subcortical• 구조를 통해 우리의 뇌에서 처리된다. 또한 특정한 공간에서 이뤄지는 권력의 역학을 빠르고 정확하게 포착한다. 또 다른 신호는 '활동activity'이다. 이는 대화를 나누는 도중에 보이는 신체적 움직임을 가리킨다. 의자에서 뒤척이거나, 몸을 앞으로 기울이거나, 감정을 드러내는 몸짓을 하는 행동들은 대개 자율신경계("극도로 오래된 신경 구조")를 통해 이뤄진다. 그래서 같이 소통하는 상대의 진정한 의도를 놀랍도록 정확하게 말해준다.[27]

우리는 이런 신호가 중요하다는 사실을 안다. 펜틀런드가 연구를 통해 증명한 대로 소시오미터를 활용하여 이 신호들을 측정하면 실

• 대뇌 피질의 아랫부분 – 옮긴이.

제로 말한 내용을 전혀 참고하지 않아도 대면 상황의 결과를 정확하게 예측할 수 있기 때문이다. 거기에는 데이트, 연봉 협상, 구직 면접 등이 포함된다. 실제로 펜틀런드는 MIT 컨퍼런스룸에 모인 경영인을 대상으로 한 실험에서 나중에 새로운 집단에게 문서로 작성된 사업계획을 제시했다. 그리고 각 구성원들에게 어느 것이 가장 나은지 결정해달라고 요청했다. 그들의 결정은 직접 발표를 들은 집단의 결정과 크게 달랐다. 펜틀런드는 이렇게 설명한다. "(집단 환경에서) 경영인들은 합리적 척도를 기반으로 사업계획을 평가한다고 생각했다. 그러나 그들 뇌의 어떤 부위는 다른 중요한 정보들을 파악하고 있었다. 가령 '이 사람은 이 아이디어에 어느 정도의 확신을 갖고 있나?', '말할 때 얼마나 자신감을 보이는가?', '실행 의지는 어느 정도인가?' 같은 것들 말이다."[28] 사업계획을 읽기만 한 경영인들은 자신이 얼마나 많은 것을 놓치고 있는지 몰랐다. 두 집단은 같은 내용을 검토했지만 상당히 다른 정보를 토대로 삼았다.

우리는 1990년대와 2000년대 초에 하이브 마인드 활동과잉 업무 흐름으로 옮겨갈 때 단지 회의실이나 전화선에서 이뤄지는 대화를 새로운 메시지 교환 매체로 옮겨갈 뿐, 소통의 내용은 크게 변하지 않았다고 생각했다. 그러나 알렉스 펜틀런드 같은 연구자들이 실시한 연구는 대면 의사소통보다 추상적인 서면 의사소통을 우선시하는 것이 엄청나게 복잡하고 정교하게 조정된 사회적 회로를 무시하는 결과로 이어진다는 사실을 강조한다. 이 회로는 우리 종이 서로 협력하는 능력을 최적화하기 위해 진화시킨 것이다. 우리는 이메일을 받아들임으로써 우리가 협력을 아주 잘하게 만드는 시스템을 의도치 않게 망가뜨렸다. 펜틀런트는 "메모와 이메일은 대면 의사소통과 같은 방식으로 작동하지 않는다"라고 단호하게 결론을 내린다.[29] 그러니 우리의 수신함이 이유를 알 수 없지만 성가신 짜증을 안기는 것이 놀라운 일이 아니다.

이 짜증은 우리가 우리의 메시지를 이해하는 상대의 능력을 종종 과대평가한다는 사실 때문에 더욱 심해진다. 엘리자베스 뉴턴Eliza-beth Newton은 스탠퍼드에서 심리학 박사과정을 밟던 1990년에 지금은 고전이 된 실험 결과를 담은 박사논문을 발표했다. 그녀는 이 실험에서 피실험자들을 두 명씩 짝지어서 서로 테이블을 사이에 두고 앉게 했다. 그다음 한 명은 잘 알려진 노래가락에 따라 손가락 관절로 테이블을 두드리게 하고, 다른 한 명은 어떤 노래인지 알아맞히게 했다. 두드리는 사람은 듣는 사람의 약 50퍼센트는 노래를 알아맞힐 것이라고 추정했다. 그러나 현실은 달랐다. 노래가락을 듣고 곡명을 제대로 댄 비율은 3퍼센트도 되지 않았다.[30]

뉴턴이 주장한 대로 두드리는 사람은 테이블을 두드리면서 머릿속으로 해당 노래를 부른 가수의 목소리와 반주까지 듣는다. 하지만 자신을 듣는 사람의 정신적 상태로 대입하는 데는 어려움을 겪는다. 듣는 사람은 가수의 목소리와 반주 같은 정보에 전혀 접근할 수 없기 때문에 산발적으로 테이블을 두드리는 혼란스런 소리와 씨름해야 한다. 사회심리학자들은 이 효과를 '자기중심성egocentrism'이라 부른다. 뉴욕대학의 저스틴 크루거Justin Kruger가 이끄는 연구팀은 2005년에 〈성격사회심리학저널The Journal of Personality and Social Psychology〉에 이와 관련된 놀랍도록 흥미로운 논문을 실었다.[31] 그들은 해당 연구를 통해 이메일이 우리를 미치게 만드는 이유를 설명하는 데 자기중심성이 큰 역할을 한다는 사실을 증명하는 일에 나섰다.

크루거와 동료들은 냉소에 먼저 초점을 맞췄다. 그들은 첫 번째 실험에서 피실험자들에게 주제의 목록을 제시했다. 피실험자들은 각 주제에 대해 평이한 문장과 냉소적인 문장을 하나씩 써야 했다. 이 문장들은 다른 집단에 속한 피실험자들에게 이메일로 전달되었다. 그들은 어느 문장이 냉소를 담고 있는지 파악해야 했다. 논문은 "예상대로 피실험자들은 과도한 자신감을 보였다"고 설명한다. 문장을 쓴 사람들은 읽는 사람들이 근본적으로 모든 문장을 제대로 골라낼 것이라고 예측했다. 그러나 현실에서는 거의 20퍼센트의 실패율을 보였다.

후속 실험에서는 문장을 쓰는 사람들 중 절반은 그 내용을 읽어서 녹음하게 했고, 나머지 절반은 계속 이메일로 보냈다. 그러자 예상대로 녹음한 내용을 듣는 방식은 냉소인지 아닌지 판별하는 일을 쉽게 해주었다. 놀라운 사실은 문장을 쓰는 사람들은 아무 차이가 없을 것이라고 예측했다는 것이다. 그들은 수신자들이 글로 쓰였거나 녹음된 문장 모두에서 냉소를 쉽게 감지할 수 있을 것이라고 생각했다.

연구진은 '자기중심성'이 피실험자의 과신을 초래하는 원천이라는 주장을 검증하기 위해 이번에는 유머로 주의를 돌렸다. 그들은 각 발신자에게 우스운 내용이 담긴 짧은 구절을 제시했다. 구체적으로 말하자면 유머 작가인 잭 핸디Jack Handey가 쓴 《깊은 생각들Deep Thoughts》에서 발췌한 부조리한 짧은 독백들을 나레이터가 진지하게 읽는 가운데, 차분한 배경을 바탕으로 화면 아래로 흘러가는 텍스트를 통해 그 내용을 보여주었다. 이는 1990년대와 2000년대 초에 〈새터데이 나이트 라이브Saturday Night Live〉의 정규 코너에서 활용한 방식이었다. 실험의 내용을 보다 확실하게 전달하기 위해 (그리고 내가 피어 리뷰peer-reviewed 논문에서 읽은 가장 웃기는 구절을 그대로 옮기는 핑계로서) 당시 연구진이 실제로 활용한 구절을 사례로 소개한다.

나는 모든 삼촌들 중에서 동굴맨caveman 삼촌을 제일 좋아했다. 우리가 그를 동굴맨 삼촌이라고 부르는 이유는 그가 동굴에서 살았고, 가끔 우리를 먹었기 때문이다. 나중에 알고 보니 그는 곰이었다.

연구진은 자기중심성을 검증하기 위해 수신자들을 임의로 두 집단으로 나눴다. 첫 번째 집단에 속한 피실험자들은 그냥 《깊은 생각들》을 보고 그 내용을 이메일로 적어서 보냈다. 두 번째 집단에 속한 피실험자들은 너무나 완벽한 차분한 음악, 진지한 나레이션, 관중들의 폭소가 담긴 〈새터데이 나이트 라이브〉 방송분을 시청했다. 그리고 시청을 끝낸 후 그 내용을 이메일로 적어서 보냈다. 두 집단은 해당 부분이 얼마나 우스웠는지, 수신자가 얼마나 우스워할지에 대한 질문을 받았다.

논문에 따르면 "영상을 본 피실험자들은 통제집단에 속한 피실험자들보다 해당 부분이 더 웃기다고 생각했다. 또한 수신자가 유머를 어떻게 평가할지에 대한 피실험자의 예측도 같은 결과를 보였다." 영상 시청은 피실험자가 이메일에 웃기는 부분을 작성할 때 머릿속에서 재현할 풍부한 맥락을 같이 제공했다. 영상 시청 집단은 엘리자베스 뉴턴의 실험에서 노래가락을 두드리면서 머릿속에서 음악을 들은 사람들과 다를 바 없었다. 즉, 자신의 이메일이 얼마나 잘 이해될지 판단할 때 우스운 영상과 관중의 폭소를 머릿속에서 떨쳐내지 못했다. 발신자가 전달하려는 주관적 경험이 풍부할수록 발신자와 수신자의 이해 사이에 존재하는 간극이 커졌다. 이는 자기중심성이 실험에서 관측된 과신의 핵심에 있다는 증거다.

이 논문의 결론은 이메일이 흔히 잘못 이해되는 이유는 "자극제에 대한 주관적인 경험을 넘어서, 같은 관점을 공유하지 않는 사람이 그 자극제를 어떻게 평가할지 상상하는 일에 내재된 어려움" 때문이라는 것이다. 게다가 연구진이 발견한 내용에 따르면 이런 모호한 메시지를 받는 수신자도 발신자만큼 과도한 자신감을 가진다. 그들은 사실과는 전혀 달라도 정확하게 냉소를 감지하거나 유머를 파악했다고 믿었다. 이 사실은 이메일이 가져오는 수많은 혼란에 대한 우리의 이해에 특히 교묘한 왜곡을 더한다. 우리는 우리가 생각하는 만큼 분명하지 않을 뿐 아니라 종종 완전히 오해받을 수 있다. 당신은 분명히 친절하게 이메일을 보냈다고 믿지만, 수신자도 분명히 그 내용이 날카로운 비판이라고 믿는다. 이처럼 모호하고 오해받기 쉬운 의사소통 방식을 토대로 구축한 업무 흐름은 알렉스 펜틀런드 같은 연구자들이 성공적인 인간적 소통에 필수 요소라고 말한 모든 풍부한 비언어적, 사회적 도구를 우회하게 된다. 그러니 일과 관련된 메시지 교환이 우리를 불행하게 만들 수밖에 없다.

수많은 사람들이 이미 일상적으로 경험하는 일을 강조하기 위해 굳이 연구결과를 살필 필요는 없다. MIT의 사회학자인 셰리 터클Sherry Turkle은 《대화를 잃어버린 사람들Reclaiming Conversation》에서 갈수록 많은 업무 관련 소통이 텍스트를 통해 이뤄지는 데 따른 문제들을 나열한다. 그중 한 사례는 대형 금융서비스기업에서 팀장으로 일하는 빅터Victor라는 기술 디렉터가 시도한 변화에 초점을 맞춘다. 그는 터클에게 "이메일로 너무 많은 일을 처리하려 들면 문제가 생깁니다"라고 말한다. 그는 팀원들에게 고객과 문제가 생기면 직접 가서 대화해야 한다고 계속 설득해야 했다. 그는 "팀원들은 스스로 이런 생각을 하지 못해요. 그래서 어떤 문제를 해결하려고 29통의 이메일을 보내려 합니다"라고 설명한다. 그의 해결책은 간단하다. 바로 "직접 가서 대화하는 것"이다. 빅터가 말한 대로 젊은 팀원들은 디지털 의사소통이 보다 효율적인 소통을 가능케 하는 "보편적 언어"라고 생각한다. 그는 그런 생각이 전혀 옳지 않다는 사실, 이메일은 보편적인 소통 방식이 아니라는 사실을 설득하는 것이 앞으로 갈수록 커질 자신의 역할이라고 여긴다. 그는 인류사 대부분에 걸쳐 우리의 의사소통을 정의한 복잡하고 미묘한 행동을 이메일이 부실하게 모방한 것에 불과하다고 계속 설명하려 애쓴다. 우리 모두는 이런 불일치의 효과를 갈수록 강하게 느끼고 있다.[32]

이메일은 오히려 일을 늘린다

2012년에 글로리아 마크가 이끄는 연구팀은 이메일의 영향을 다룬 것 중에, 내가 가장 좋아하는 논문 중 하나를 발표했다.[33] 그들의 실험은 단순성 측면에서 매우 뛰어났다. 그들은 대형 과학연구기업에서 일하는 13명의 직원을 선정한 후 5일 동안 이메일을 쓰지 못하게 했다. 그들은 실험하기 전에 상세한 임시 대책이나 대안적인 업무 흐름을 수립하지 않았다. 그냥 피실험자의 이메일 주소를 차단하고 어떤 일이 생기는지 지켜보았다.

그들이 발표한 논문은 여러 흥미로운 연구 결과를 담고 있다. 하지만 나는 논문에 실리지 않았지만 최근에 글로리아 마크와 대화를 나누면서 알게 된 사실에 초점을 맞추고 싶다. 그녀의 설명에 따르면 한 피실험자는 연구자로서 매일 2시간 정도를 실험 준비에 썼다. 그는 상사가 이 준비 시간에 이메일을 보내서 뭔가를 묻거나 일을 맡기는 습관이 있어서 자주 짜증이 난다고 밝혔다. 하던 일을 중단하고 상사의 요구에 응해야 하기 때문이었다. 그 결과 준비 속도가 상당히 느려졌다. 마크가 이 연구자의 고통을 기억하는 이유는 이메일 없이 일한 5일 동안 그의 상사가 준비 시간에 그를 귀찮게 하지 않았기 때문이다. 이 사실을 특기할 만하게 만드는 것은 상사의 사무실이 실험실에서 겨우 두 칸 떨어져 있다는 점이다. 상사가 몇 걸음을 걸어서 실험실을 찾아가는 약간의 수고만 들이면 연구자에게 추가적인 일을 주는 것을 방지할 수 있었다. 마크가 기억하기로 "그 연구자는 아주 기뻐했다".

짜증난 연구자와 성가신 상사의 이야기는 우리가 종종 간과하는 이메일의 중대한 비용을 말해준다. 이메일 같은 도구는 질문을 하거나 과제를 맡기는 데 필요한 (시간과 사회적 자본 측면의) 노력을 거의 완전히 제거한다. 객관적으로 보면 이는 좋은 일처럼 보인다. 노력이 덜 들어가는 만큼 효율성이 높아지니까 말이다. 그러나 지금부터 보여주겠지만 이 전환은 부작용을 수반한다. 즉, 지식노동자들이 이전보다 질문을 많이 하고 과제를 많이 맡기기 시작하면서 우리를 절망으로 이끄는 지속적인 과부하 상태가 이어졌다.

업무 과부하의 변화를 확인하는 한 가지 방법은 측정 시스템을 살피는 것이다. 생산성 전문가인 데이비드 앨런David Allen이 2001년에 펴낸 베스트셀러, 《쏟아지는 일 완벽하게 해내는 법 Getting Things Done》에서 주장한 대로 이메일이 보급된 시기의 특징은 시간 관리 접근법이 크게 변했다는 것이다. 1980년대 말까지만 해도 "체계적으로 일하는 것의 핵심"은 작은 크기의 데이 타이머 Day-Timer(종이 달력)에 매일 과제 목록을 적어두고 약속이 없는 시간에 할 일을 파악하는 것이었다. 보다 체계적인 사람들은 앨런 라킨 Alan Lakein의

ABC 방식이나 스티븐 코비Stephen Covey의 4분위법 같은 우선순위 선정 방식을 활용했다. 이 방식들은 당일의 주요 과제들을 완수할 순서를 정하는 데 도움을 주었다.

앨런은 "시간 관리와 개인적 업무 체계화에 대한 전통적 접근법은 당대에는 유용했다"고 지적한다. 그러나 1980년대가 지나고 1990년대가 되자 일과를 코드화된 과제로 구성된 짧은 목록으로 정리한다는 생각은 낡은 것이 되었다. 앨런은 이 변화에 대해 이렇게 쓴다. "갈수록 많은 사람의 업무가 하루 수십 통, 심지어 수백 통의 이메일로 구성되었다. 게다가 단 하나의 요구나 불평 혹은 명령을 간과할 여지조차 없었다. 상사의 간섭 때문에 계획이 완전히 어그러지지 않고 미리 정해진 과제 목록대로 일할 수 있는 사람은 거의 없다."[34]

앨런은 하이브 마인드 활동과잉이 보편화되던 시기에 시간 관리 부문에서 명성을 얻었다. 그의 책이 150만 권 넘게 팔린 주요한 이유는 그가 이 새로운 업무 흐름이 쏟아지는 일의 양을 늘린다는 사실을 진지하게 받아들인 최초의 비즈니스 사상가 중 한 명이었기 때문이다. 그는 전에 없이 일에 압도당한 독자들에게 새로 생기는 모든 일을 "검증된 시스템"으로 처리해야 한다고 말했다. 이 시스템은 새로운 일들을 명확하게 정의하고 체계적으로 조직한다. 그래서 새로운 일이 생기는 것보다 빠르게 기존 항목부터 처리하려고 시도하는 부산한 업무 스타일을 위한 토대를 제공한다.

이런 방식을 시도하는 초보자들은 과제 목록이 너무나 길다는 것에 종종 충격을 받는다. 앨런이 회고한 바에 따르면 컨설팅을 해줄 때 경영인들이 해야 한다고 생각하는 모든 일을 살피고 명시하는 데 꼬박 이틀이 걸렸다. 단순히 그들의 책임에 해당하는 과제를 나열하는 데도 "6시간 넘게" 걸리는 경우가 많았다.[35] "생산적으로 일하는" 경영인이 데이 타이머를 참고하여 그날 마무리하려는 6가지 일을 세심하게 나열하던 시절은 갔다. 현대 세계에서 지식노동자들은 일에 포위당한 느낌에 시달린다.

이 문제와 관련된 다른 논문도 과부하에 대한 느낌을 분명하게 파악하는 데 도움을 준다. 빅터 곤잘레즈와 글로리아 마크는 주의 파편화와 관련하여 2004년에 실시한 초기 연구에서 관찰 대상자들이 하는 일을 각각 다른 프로젝트나 목적을 나타내는 별개의 업무 영역working spheres으로 나눴다. 그들은 관찰 대상자들이 하루에 평균 10가지 영역에 속하는 일을 하며, 12분이 채 지나기 전에 다른 영역으로 넘어간다는 사실을 발견했다.[36] 또한 2005년에 실시한 후속 연구에서 관찰 대상자들은 하루에 평균 11가지에서 12가지 다른 영역을 건드렸다.[37] 이 대상자들이 하루에 많은 수의 영역을 다룬다는 사실은 각 영역이 수많은 작은 과제와 10여 통의 이메일을 불러온다는 현실과 더불어 현대 지식노동의 곤란한 실상을 그려낸다. 저널리스트인 브리지드 슐트Brigid Schulte는 2014년에 바쁜 생활의 유행을 다룬 《타임 푸어Overwhelmed》에서 이렇게 쓴다. "밤에 나는 종종 내가 해야 할, 혹은 끝내지 못한 모든 일들 때문에 패닉 상태로 깬다. 나중에 죽음에 직면했을 때 마구 밀려오는 일상의 부유물 속에서 내 삶을 잃었음을 깨닫는 건 아닐까 걱정된다."[38]

이런 내용들은 우리가 과부하로 떠밀려가는 이유의 상당 부분이 이메일, 보다 정확하게는 이메일이 가능케 하는 하이브 마인드 활동과잉 업무 흐름에 있다는 나의 앞선 주장을 다시 상기하게 만든다. 이 주장을 뒷받침하는 증거 중 하나는 시기다. 바쁜 일과가 부상한 시기는 1980년대 말부터 2000년대 초까지다. 이는 이메일이 업무 세계 전반에 퍼진 시기와 같다. 또 다른 증거는 전문가들 자신에게서 나온다. 데이비드 앨런과 글로리아 마크는 다른 관련 발언자들과 더불어 이메일과 현재의 부산한 업무 실태를 구체적으로 연관 짓는다.

우리는 또한 이메일이 업무부하를 불러온 양상을 설명하는 타당한 기제를 파악할 수 있다. 나는 앞서 상사의 요청을 막아낸 연구자의 이야기를 소개했다. 상사는 이 연구자의 이메일이 일시적으로 차단되자 추가적인 요구를 건네는 일을 멈췄다. 그의 사무실에서 방 두 칸만 지나면 연구자의 실험실인데도 말이다. 그저 약간의 마찰을 더하는 것만으로도 연구자에게로 향하는 요구를 크게 줄일 수 있었다. 많은 지식노동자는 아마 이 이야기가 합당하다고 생각할 것이다. 당신이 일과 중에 이메일로 다른 사람의 시간과 주의를 요했던 일들을 생각해보자. 그중에서 이메일을 보내지 않고 대신 직접 걸어가서 그 사람의 업무를 방해해야 할 경우, 여전히 요청할 수 있는 일은 얼마나 될까?

이 점은 우리가 직장에서 인지적 자원을 배정하는 데 활용하는 시스템에 비합리적인 요소가 도사리고 있음을 시사한다. 마찰을 약간만 늘려도 당신의 시간과 주의를 요하는 일이 크게 줄어든다면, 그것은 애초에 대다수의 요구가 조직의 운영에 있어서 그다지 중요하지 않은 것이라는 말이 된다. 이 요구들은 디지털 의사소통 도구가 인위적으로 낮춘 저항의 부작용일 뿐이다. 마찰을 제거하면 문제가 생긴다는 말은 이상하게 들릴 수 있다. 우리는 효율성을 높이면 유효성도 높아진다는 착각에 사로잡혀 있다. 그러나 나와 같은 엔지니어들은 이 개념을 두루 이해한다. 너무 적은 마찰은 통제를 벗어난 피드백 고리로 이어질 수 있다. 예를 들어, 마이크를 스피커에 너무 가까이 놓으면 반복적인 자가 증폭 때문에 귀가 먹먹한 소음이 터져 나올 수 있다.

이런 마이크 소음에 해당하는 업무부하가 현대의 지식노동에서 발생하고 있다. 누군가에게 어떤 일을 요청하는 데 수반되는 마찰이 제거되었을 때 이런 요구의 수가 걷잡을 수 없이 늘어났다. 나는 그들이 이미 나한테서 가져간 시간과 주의를 보충하기 위해 다른 사람의 시간과 주의를 취하려고 분주히 애쓴다. 곧 모두가 브리지드 슐트처럼 "마구 밀려오는 일상의 부유물"에 파묻혀서 밤늦도록 잠을 이루지 못한다.

(글로리아 마크의 이메일 차단 실험처럼) 약간의 마찰을 시스템에 다시 도입한다면 이 "일상"에 어떤 일이 생길까? 내 생각에 시급한 과제 중 다수는 그냥 사라질 것이다. 내가 슬랙 메시지로 급히 제기한 중요한 질문은 내가 직접 가서 당신이 하는 일을 방해해야 하고, 당

신의 짜증난 표정을 마주해야 한다면 그 과제는 갑자기 덜 중요해질 것이다. 그래서 그냥 포기하거나 내가 직접 해결할 것이다. 다른 많은 과제도 더 합리적인 단위로 묶일 것이다. 수십 개의 즉흥적인 메시지로 이어지던 문제는 정기 현황 점검 회의에서 한결 큰 논의를 통해 다뤄질 것이다. 이런 변화는 당장은 약간 짜증스러울 수 있다. 다음 회의 때까지 도움이 필요한 일들을 관리해야 하기 때문이다. 그러나 결국은 모두가 훨씬 덜 방해받을 것이다.

마찰은 또한 일을 처리하는 데 있어 더욱 현명한 여러 방법들의 개발을 촉진할 것이다. 내가 특정 청구서에 당신의 서명을 자주 요청할 일이 있다고 가정해보자. 이메일 같은 저마찰 의사소통 도구가 있으면 나는 아마 필요할 때마다 당신에게 청구서 양식을 보낼 것이다. 그러면 최소한의 노력으로 책임을 덜 수 있기 때문이다. 그러나 이메일이 없으면 당신을 찾아서 일일이 서명을 받아야 하는 고충 때문에 더 나은 시스템을 개발하려는 동기가 생길 것이다. 가령 내가 금요일 아침에 당신의 우편함에 양식을 넣어두고, 당신은 거기에 서명해서 월요일 아침까지 나한테 보낼 수 있다. 이 시스템은 내가 당신의 시간과 주의를 아무 때고 요청하는 경우를 없애주므로 당신에게 훨씬 낫다. 그러나 그냥 이메일로 양식을 보내는 일이 사실상 아무런 비용이 들지 않는 조건에서는 이 시스템이 생길 가능성이 낮다.

요약하자면 우리는 종종 우리가 감당해야 하는 업무부하를 합리화한다. 우리는 어떤 과제가 우리에게 주어진 이유는 그것이 중요하며, 직무의 일환이기 때문이라고 믿는다. 그러나 앞서 주장한 대로 우리의 일과를 구성하는 업무의 유형과 양은 덜 합리적인 요소에 강한 영향을 받는다. 다른 사람의 시간과 주의를 요청하는 상대적 비용 같은 것 말이다. 우리는 의사소통을 자유롭게 만든 대신, 뜻하지 않게 상대적 업무부하를 엄청나게 늘리고 말았다. 이렇게 새로 늘어난 업무부하는 근본적인 것이 아니다. 그것은 그저 의도치 않은 부작용으로서 스트레스와 불안의 원천일 뿐이다. 하이브 마인드 활동과잉 업무 흐름을 정의하는 부산한 의사소통으로부터 물러설 의지가 있으면 이 스트레스와 불안을 줄일 수 있다.

불행의 메커니즘을
파헤치다

대다수 지식노동자들은 넘치는 수신함에서 흘러나오는 불행을 직관적으로 느낀다. 그러나 이런 현실이 반발을 불러일으키지 않는 이유는 그것이 종종 불가피한 것으로 그려지기 때문이다. 즉, 초연결 하이테크 시대에 일을 하기 위한 필수요소라는 것이다. 2018년에 〈MIT 슬론 매니지먼트 리뷰MIT Sloan Management Review〉에 실린 논문이 설명한 대로 "'모두를 바쁘게 만든다'는 이론은 지식노동에서 여전히 활발하게 적용된다(이 논문은 반면에 제조 부문은 1980년대에 쉼 없이 바쁜 것이 일을 하는 최적의 방식이 아니라는 사실을 파악했다고 명시한다)."[39]

나는 이 장에서 이처럼 보편화된 운명론에 맞서려고 시도했다. 그 방법은 하이브 마인드 활동과잉 업무 흐름이 우리를 불행하게 만드는 3가지 요소를 구체적으로 제시하는 것이었다. 그것은 바로 우리가 처리할 수 있는 속도보다 빠르게 채워지는 수신함이 안기는 심리적 불안, 텍스트로만 나누는 의사소통의 짜증스런 비효과성, 업무 관련 소통에서 마찰을 제거했을 때 발생하는 걷잡을 수 없는 과부하다. 이렇게 근심의 원천을 따로 떼어놓으면 더 이상 불가피하게 보이지 않는다. 오히려 이런 요소들은 우리가 일하는 특정한 방식과 우리의 뇌가 작동하는 자연스런 방식 사이의 예기치 못한 충돌에서 기인한다. 그러니 어깨를 으쓱하고 말 것이 아니라 명백한 해결책을 추구해야 한다. 즉, 하이브 마인드 활동과잉을 대안적인 업무 흐름으로 대체해야 한다. 이 업무 흐름은 여전히 성과를 내면서도 불행을 초래하는 최악의 부작용을 피할 수 있어야 한다. 2부에서 탐구할 이메일 없는 세상은 대체로 더 행복한 세상이다. 다만 더 나은 방식이 무엇인지 논의를 시작하기 전에 마지막으로 살펴야 할 문제가 있다. 1부의 마지막 장에서 해결할 과제는 우리가 애초에 이토록 비생산적이고 불행을 낳는 접근법에 얽매이게 된 경위를 파악하는 것이다.

3
이메일은 어떻게
하이브 마인드를 불러왔는가

이메일이
빠르게 부상하다

왜 이메일은 이토록 큰 인기를 얻었을까? 뜻밖의 장소에서 한 가지 단서를 찾을 수 있다. 그곳은 버지니아 주 랭글리Langley에 있는 중앙정보국 구 본부 건물의 벽 뒤에 숨겨져 있다. 거기에는 1960년대 초에 진공관을 이용한 정교한 부서 간 우편 시스템의 일부로 설치된 48킬로미터가 넘는 10센티미터 구경의 강철 튜브가 있다. 유리섬유 용기에 담긴 서신은 초당 9미터의 속도로 8개층에 나눠진 약 150개의 부서로 쏜살같이 날아갔다. 발신자는 바닥에 있는 황동 고리를 조작하여 각 캡슐의 목적지를 특정했다. 그러면 튜브에 장착된 전기기계식 장치가 그 설

정을 읽어서 캡슐을 유도했다. 한창때 이 시스템은 매일 7,500통의 서신을 배달했다.[1]

CIA가 보관하고 있는 구술 자료에 따르면 직원들은 1980년대 말에 본부를 확장하는 동안 이 스팀펑크steampunk 기계의 메시지 교환 시스템이 폐쇄된 것을 슬퍼했다. 그들 중 일부는 캡슐이 부서로 들어오는 '슝, 슝' 소리가 마음을 편하게 해주었다고 회고했다. 다른 사람들은 부서 간 의사소통이 용납할 수 없을 정도로 느려지거나, 사환들이 걸어서 서신을 배달하느라 탈진할 것이라고 걱정했다. 중앙정보국 자료실에는 '튜브를 구하라'라고 적힌 브로치의 사진도 있다.

왜 CIA는 이토록 거추장스러운 시스템을 구축하고 유지하기 위해 엄청난 자원을 투자했을까? 20세기 중반에는 부서 간 의사소통을 위한 훨씬 일반적이고 저렴한 수단들이 이미 표준으로 자리 잡았다. 예를 들어, 이 본부가 지어질 때 세상에 나온 지 수십 년 된 사내 전화 교환기가 있었다. 그냥 바로 전화를 걸면 되는데 굳이 공압 튜브로 서신을 보낼 필요가 있었을까?

그러나 전화기는 만병통치약이 아니었다. 전화기는 커뮤니케이션 전문가들이 말하는 '동기적 메시지 교환'의 사례다. 즉, 모든 관계자가 동시에 소통에 참여해야 한다. 내가 당신의 내선번호로 전화를 걸었을 때 당신이 자리에 없거나 통화 중이면 소통이 무산된다. 작은 조직에서는 전화로 사람을 찾기가 어렵지 않다. 그러나 19세기가 저물고 20세기가 되자, 단칸의 경리실과 공장 뒤쪽에 자리 잡은 작은 사무실은 CIA 본부처럼 수천 명의 사무 인력을 수용할 수 있는 거대한 건물로 커졌다. 이런 규모에서는 동기적 의사소통을 조정하기 위한 수고가 부담스러워진다. 즉, 비서들이 전화로 술래잡기를 하고 놓친 통화를 기록한 메모가 쌓여가는 지루한 게임으로 이어진다.

이런 수고를 피하는 소통 형태의 대안은 '비동기적 메시지 교환'이다. 이 방식은 메시지를 보낼 때 수신자가 자리에 없어도 된다. 부서 간 우편 카트가 이 의사소통 방식의 전형적인 사례다. 예를 들어, 내가 당신에게 서신을 보내고 싶다면 편할 때 발송 우편함에 넣기만 하면 된다. 또한 당신은 그 서신이 수신 우편함으로 배달되면 편할 때 꺼내서 읽을 수 있다. 이 모든 과정에서 우리 사이의 조정은 필요 없다. 물론 우편 카트의 문제점은 느리다는 것이다. 나의 서신이 발송 우편함에서 분류실을 거쳐 당신의 사무실이 있는 층으로 가는 카트에 실리고, 마침내 당신의 책상으로 직접 배달되기까지 거의 하루가 걸릴 수 있다. 정적인 정보를 전달할 때는 그래도 괜찮다. 그러나 분초를 다투는 뉴스를 효율적으로 조정하거나 공유하기에는 분명히 비실용적이다.

대규모 사무실의 부상에 정말로 필요했던 것(생산성을 올리는 일종의 비책)은 동기적 의사소통의 속도를 비동기적 의사소통의 적은 수고와 결합하는 수단이었다. 이는 우리를 다시 CIA의 사례로 데려간다. 그들이 공압 튜브 시스템으로 달성하려 한 것이 바로 그것이었다. 전기기계식으로 유도되고, 진공으로 추진되는 캡슐은 터보차저가 달린 우편 카트와 같았다. 이제 나는 메시지를 몇 시간이 아니라 몇 분 만에 비동기적으로 당신에게 전달할 수 있다. 따라서 1980년대에 본부 건물을 확장하면서 튜브 시스템이 폐쇄되었을 때 CIA 직원들이 절망한 것은 놀랄 일이 아니다. 하지만 이 절망은 오래가지 않았다. 이 시기에 실용적인 비동기적 메시지 교환을 위한 더 새롭고, 더 저렴하고, 더 빠른 수단이 도래했기 때문이다. 그것은 바로 전자메일electronic mail이었다.[2]

대다수 조직은 CIA의 튜브와 비슷한 시스템을 구축할 자원이 없다. 그래서 이메일의 도래로 인해 그들은 처음으로 고속 비동기성을 누릴 수 있었다. 오늘날 우리는 이런 기술이 너무 익숙해 당연하게 여긴다. 그러나 이메일이 폭넓게 퍼지기 시작한 1980년대와 1990년대에는 그 영향력이 심대했다.

이 시기에 나온 〈뉴욕타임스〉의 지난 기사들에서 이메일의 빠른 부상을 포착한 좋은 사례들을 찾을 수 있다. 비즈니스적 맥락에서 이 기술을 초기에 언급한 것은 '이메일'이라는 단어에 내내 따옴표를 붙인 1987년의 기사다.[3] 이 기사는 다음과 같이 설명한다. "이른바 '이메일'은 지지자들이 예측한 만큼 빠르게 퍼지지 않았다. 그러나 나름의 틈새시장을 구축했으며, 기업계에서 적지만 갈수록 늘어나는 추종자들을 확보했다." 이 기사가 밝힌 대로 당시 기업용 이메일은 여전히 서버로 연결되어 메시지를 송수신한 다음 연결을 끊는 전용 애플리케이션을 요구했다. 나중에 메시지에 담긴 정보를 참고하려면 디스크에 저장하기 위해 힘든 과정을 거쳐야 했다. 초기에 이 기술의 복잡성을 감안할 때 그 중요성에 대한 기사의 신중한 관점은 이해할 만하다. 그러나 이런 양상은 곧 바뀌었다.

몇 년 후에 변화를 알려주는 또 다른 기사가 나왔다. 이번에는 '이메일'에 따옴표가 붙지 않았다.[4] 이 기사는 엔터테인먼트 업계에서 이 기술을 수용한 양상을 묘사한다. 거기에 따르면 1989년에 윌리엄 모리스 에이전시William Morris Agency의 강력한 영화부서 공동 책임자인 마이크 심슨Mike Simpson이 비벌리힐스 사무실과 뉴욕 사무실에 있는 300대의 컴퓨터를 초기 컴퓨터 네트워크 기술로 연결했다. 이 기술은 스티브 잡스가 애플을 그만둔 후 만든 스타트업인 넥스트NeXT에서 제공한 것이었다. 기사에서 심슨은 이렇게 말한다. "우리 사업의 토대는 정보를 빨리 얻을수록 더 빨리 활용할 수 있다는 점에 있습니다. 이메일은 이미 우리에게 우위를 제공했어요."

이 기사는 이메일의 잠재력을 일찍이 알아본 다른 사례도 담고 있다. 한 에이전트는 "이메일은 정보 전달이 빠르고, 전화 통화를 대체하며, 환경에 도움을 주고, 더 많은 사람들이 동시에 어떤 일을 알도록 해줘요"라고 설명한다. 또 다른 에이전트는 경쟁사인 크리에이티브 아티스트 에이전시Creative Artists Agency로 옮겼다가 "끔찍하게도" 거기서는 아직 사환을 시켜서 서신을 배달한다는 사실을 발견한 경험에 대해 이야기한다. 그는 새로운 동료들도 이메일을 받아들여야 한다고 주장했다. 우리는 또한 디즈니에서는 제프리 카젠버그Jeffrey Katzenberg가 20명의 고위 임원에게 연결되는 개인 이메일 네트워크를 구축했다는 사실을 알게 된다. 디즈니 영화 홍보 부사장은 "제프리가 이메일을 좋아하기 때문에 우리도 좋아해야 했어요"라고 설명한다. 그리고 친절하게도 "전화기가 아니라 컴퓨터로 소통하는 거죠"라고 덧붙인다.

이메일은 1992년에도 여전히 새로운 것이었다. 그래서 모두가 그 잠재력을 이해하지 못했다. 컬럼비아 영화사의 스토리 애널리스트는 "이메일은 재미있긴 한데 그냥 장난감일 뿐"이라며 아마도 지금은 취소하고 싶어할 만한 발언을 한다. 그리고 이렇게 덧붙인다. "이메일은 사람들이 수다를 떨고 말할 필요가 없는 걸 말하게 만들어요." 이 기사는 또한 이 시점에서 대다수 영화사들은 여전히 앰텔Amtel이라는 원시적인 통신 기기에 의존하고 있다고 지적한다. 앰텔은 스크린과 단문 메시지 입력용 키보드를 합친 것이었다(할리우드에서 앰텔의 흔한 용도는 비서가 회의 중인 임원을 방해하지 않고 누가 통화 대기 중인지 알리는 것이었다).

1989년 기사에서 〈뉴욕타임스〉의 기술 칼럼니스트인 존 마코프John Markoff는 이메일의 성장을 가속하는 데 도움을 준 역학에 대해 더 많은 통찰을 제공한다.[5] 그는 "1980년대의 개인용 컴퓨터 붐을 통해 팩스에 이어 2위 자리를 차지한 전자메일은 마침내 역량을 발휘하고 있다"라고 쓴다. 마코프의 기사가 밝힌 바에 따르면 1980년대 말에 이메일은 대개 같은 기업에서 일하는 사람들을 연결하는 데 활용되었다. 그러다가 1989년에 항공우주산업협회 Aerospace Industries Association(총 60만여 명의 임직원을 둔 50개 항공우주기업의 모임)의 압박에 못 이겨서 주요 이메일 네트워크 제공사들은 "마지못해" X.400으로 불리는 초기 이메일 프로토콜을 활용하여 그들의 네트워크를 연결하는 데 동의했다. 그에 따라 처음으로 한 네트워크에 속한 사용자가 다른 네트워크에 속한 사용자와 소통할 수 있게 되었다.

마코프는 이메일이 세계화되면 팩스가 거의 필요 없어질 것이고, 따라서 빠르게 퍼질 것이라고 주장한다. 마코프만 이런 잠재력을 본 것은 아니었다. 이 기사에서 그는 "스티븐 P. 잡스"라는 이름으로 스티브 잡스의 말을 인용한다. 정확한 예측으로 드러난 잡스의 말은 이랬다. "1990년대에 개인용 컴퓨터는 대개 1980년대에 스프레드시트가 사업 분석과 데스크톱 출판을 변화시킨 것과 같은 규모로 개인적 의사소통을 변화시킬 것이다."

마코프가 쓴 장문의 기사에 담긴 사례연구들은 새롭게 부상하는 기술의 미래를 그린다. 한 병원 임원은 "전자메일이 소통 방식을 극적으로 개선했다"고 설명한다. 마코프는 나중에 이렇게 밝힌다. "(이메일은) 인기를 얻어서 우리의 조직에 스며들었다. 그래서 전국의 크고 작은 사무실에서 전화보다 효율적인 소통 수단으로 활용되고 있다."

1992년에 〈타임스〉는 이메일이 연 1억 3,000만 달러 규모의 비즈니스가 되었다고 보도했다. 또한 IBM과 마이크로소프트를 비롯한 여러 소프트웨어 대기업들이 시장에 진입할 준비를 시작함에 따라 1990년대 중반이 되면 5억 달러 규모의 비즈니스가 될 것이라고 내다봤다.[6] 그로부터 두어 해가 지난 후 이메일의 지배는 의문의 여지없이 확고해졌다. 피터 루이스Peter Lewis는 1994년에 쓴 기사에서 이렇게 쓴다. "10년 전에 로터스 1-2-3 스프레드시트가 최초의 킬러앱으로 인정받은 이후… 사람들은 '다음 킬러앱은 무엇일까?' 라고 질문했다. 내 생각에 그 답은 명백하다. 전자메일이 1990년대의 킬러앱이다."[7]

이 기사들에서 그려진 대로 이메일이 기업 부문에서 확산된 속도는 놀랍다. 1987년에 이메일은 "틈새시장"에서만 유용한 거추장스러운 도구였다. 그러나 1994년에는 10년을 대표하는 "킬러앱"이자 5억 달러 규모를 자랑하는 소프트웨어 산업의 토대가 되었다. 이는 상업적 기술 수용의 역사에서 거의 하룻밤 사이에 일어난 변화나 마찬가지였다.

이 도구가 그토록 빠르게 확산된 것에 놀라서는 안 된다. 앞서 설명한 대로 이메일은 진정한 문제, 즉 비동기적 고속 의사소통에 대한 필요를 충족했다. 또한 그 방식도 비교적 저렴하고 익히기 쉬웠다.[8] 그러나 이메일이 도구로서 상시적인 사용을 요구하는 근본적인 측면은 없다는 사실을 기억하는 것이 중요하다. 이메일이 음성 메시지와 서신을 통해 이뤄지던 기존의 의사소통을 단순화하지만, 다른 사무실 업무는 1980년대 중반과 크게 변하지 않은 채 유지되는 대안적인 역사도 얼마든지 상상할 수 있다. 다시 말해서 하이브 마인드 활동과잉 업무 흐름까지 받아들이지 않아도 이메일의 실용적인 혜택은 누릴 수 있다. 그렇다면 이 부산한 행동은 앞서 주장한 대로 생산성을 떨어트리고 불행을 초래하는데도 왜 보편화되었을까? 이 질문을 자세히 들여다보면 미묘하고 흥미로운 답변들이 떠오른다. 이 답변들은 모두 놀라운 결론을 가리킨다. 바로 어쩌면 오늘날 우리가 일하는 방식이 생각보다 훨씬 자의적일지 모른다는 것이다.

기술은 무엇을 원하는가

에이드리언 스톤Adrian Stone이 1980년대 초에 대학을 졸업하고 들어간 첫 직장은 뉴욕 주 아몽크Armonk에 있는 IBM 본사였다. 당시 IBM은 사내 의사소통으로 손으로 쓴 서신에 크게 의존했다. 스톤은 2014년에 이 시기를 회고하는 에세이를 썼다. 그 내용을 보면 누군가와 할 말이 있으면 전화를 걸지만 막상 통화를 못하는 경우가 많았다. 그래서 그 사람이 일하는 자리까지 걸어가서 나중에 읽을 수 있도록 메모를 남기는 것이 기본적인 접근법이었다. 스톤은 "그들은 이 메모를 읽은 후에는 '술래'가 될 기회를 얻어서 이 게임을 반대로 진행했다. 이런 일은 며칠 동안 이어질 수 있었다"고 썼다.[9]

이메일 이전의 세계가 천국이 아니었다는 것은 중요한 사실이다. 이 시기에 대규모 조직의 의사소통은 실로 성가신 일이었다. 그런 면에서 이메일은 처음 등장했을 때 간단한 해결책이 되었다. 그래서 IBM이 1980년대에 운영을 네트워크화하기 시작했을 때 사내 이메일 서비스를 신속하게 전개한 것은 놀랄 일이 아니다. 스톤이 처음 맡은 업무 중 하나는 이런 노력을 지원하기 위해 아몽크 본사에서 일하는 직원들이 현재 음성메시지, 수기 서신, 메모 등으로 얼마나 많은 의사소통을 하는지 조사하는 것이었다. 그들은 이런 의사소통 중 대다수가 이메일로 옮겨갈 것이라고 가정했다. 그래서 업무부하를 처리할 만큼 충분히 큰 메인프레임을 준비하고 싶어했다(스톤이 내게 설명한 대로 이런 기계들은 당시 매우 비쌌다. 스톤의 말에 따르면 "가격이 수백만 달러 수준"이었다. 그래서 정확히 어느 정도의 처리 능력이 실제로 필요한지 파악하는 일이 중요했다).

스톤은 곧 사무실에서 이미 이뤄지고 있는 모든 아날로그 의사소통을 쉽게 처리할 수 있는 서버에 대한 추정치를 합산했다. 그에 따라 시스템이 구성되고 설치되었다. 이 시스템은 가동에 들어간 후 직원들 사이에서 인기를 끌었다. 알고 보니 인기가 너무 많았다. 며칠 만에 서버가 과부하로 "터져버릴" 정도였다. 스톤이 내게 말한 바에 따르면 추정치보다 5배에서 6배 많은 트래픽이 발생했다. 다시 말해 IBM에 이메일이 도입되자마자 사내 의사소통의 양이 폭증했다.

원인을 자세히 살핀 결과 사람들은 이메일 도입 이전보다 훨씬 많은 메시지를 보냈을 뿐 아니라 메시지에 훨씬 많은 사람을 참조인으로 넣기 시작했다. 스톤은 내게 "이메일 도입 이전에는 간단한 의사소통은 대개 일대일로 이뤄졌습니다"라고 말했다. 그러나 이메일이 도입되자 이제는 많은 사람을 포함한 채 양쪽을 오가는 기나긴 스레드로 대화가 전개되었다. 그는 "그래서 겨우 일주일 만에 이메일로 인한 잠재적 생산성 증가가 실현되었다가 무산되었습니다"라고 농담했다.

이 이야기가 중요한 이유는 종종 간과되곤 하는 사람과 기술 사이의 역학을 조명하기 때문이다. 우리는 도구를 합리적으로 활용하여 특정한 문제를 해결한다고 믿고 싶어한다. 그러나 IBM의 서버 마비 같은 사례는 이런 스토리 라인을 복잡하게 만든다. IBM의 어떤 관리자 집단도 사내 의사소통을 크게 늘리면 생산성이 개선될 것이라고 판단하지 않았다. 또한 이 메시지 홍수에 갑자기 휩쓸린 직원들도 별로 달가워하지 않았다. 스톤이 회고한 대로 새로운 시스템을 도입한 의도는 단순히 사무실에서 이미 이뤄지고 있는 의사소통을 보다 효율적인 매체로 옮기는 것이었다. 즉, 사람들이 이미 하고 있는 일을 더 쉽게 만드는 것이었다. 그렇다면 정상적인 수준보다 5배에서 6배 더 많이 소통해야 한다는 궁극적인 결정을 내린 것은 대체 누구일까? 이 문제를 면밀히 살핀 사람들이 얻은 답은 근원적인 것이었다. 그것은 바로 기술 그 자체였다.

기술사를 연구하는 사람들과 대화해보면 아마 그들이 다소 뜬금없는 주제에 매료되어 있다는 사실을 알게 될 것이다. 그 주제는 바로 카롤링거 제국Carolingian Empire 초기에 나타난 중세 봉건제의 부상이다. 역사학자들은 이런 통치 스타일의 기원을 샤를마뉴Charlemagne

의 조부인 카를 마르텔Charles Martel의 통치기에서 찾는다. 마르텔은 8세기에 교회의 땅을 몰수하여 봉신들에게 분배함으로써 봉건제를 촉발했다.

마르텔은 왜 교회의 땅을 빼앗았을까? 이 질문은 독일 역사학자인 하인리히 브루너Heinrich Brunner가 1887년에 펴낸 권위 있는 책에서 답을 얻었다. 그는 마르텔이 충신들에게 땅을 하사한 이유는 기병 부대를 유지하기 위한 것이라고 주장했다.[10] 역사의 후반기에 통치자들은 그냥 피지배자들에게 세금을 부과하여 군대를 유지할 재원을 마련했다. 그러나 중세 초기에는 자본의 주된 원천이 땅이었다. 기병 부대를 유지하려면 땅이 필요했다. 브루너는 사료를 정리했고 반짝이는 갑옷을 입은 기사들을 계속 거느리는 것이 마르텔이 왕국 전체에 영지를 세운 주된 동기 중 하나임을 설득력 있게 증명했다.

역사 분야에서 흔히 그렇듯이 이 답은 또 다른 질문으로 이어진다. 마르텔은 왜 갑작스레 대규모 기병 부대를 모집할 필요를 느꼈을까? 브루너는 간단한 답을 제시했다. 마르텔이 이끄는 프랑크 군대는 732년에 푸아티에Poitiers 인근에서 스페인에서 온 이슬람 군대와 맞부딪혔다. 프랑크 군대는 보병이 주력이었던 데 반해 이슬람 군대는 기병이 주력이었다. 브루너에 따르면 마르텔은 바로 불리함을 깨달았다. 그는 이 전쟁이 끝난 직후, 그러니까 그해 말에 교회 소유의 땅을 갑자기 압수하기 시작했다. 역사학자인 린 화이트 주니어Lynn White Jr.는 이렇게 정리한다. "이처럼 브루너는 봉건제를 창출한 위기, 8세기 중반을 향해 거의 폭발적으로 봉건제가 진전된 이유를 말해주는 사건이 아랍의 침략이었다고 결론 짓는다." 이 이론은 처음 제기된 이후 수십 년이 지나도 끈질긴 생명력을 증명했다. 화이트는 이 이론이 "모든 방향에서 가해진 공격을 상당히 잘 버텨냈다"고 평가했다.[11]

그러나 20세기 중반이 되면서 브루너의 이론은 타격을 입었다. 새로운 연구는 브루너가 말한 중요한 푸아티에 전투의 시기가 틀렸음을 밝혀냈다. 이 전투는 사실 마르텔이 교회의 땅을 빼앗기 시작하고 1년 후에 벌어졌다. 화이트는 "우리는 마르텔(그리고 그의 후계자들)의 통치에서 동기가 결여된 특별한 드라마에 직면했다"고 썼다.[12] 봉건제가 기병 부대를 유지하기 위한 필요성에서 촉발되었다는 것은 여전히 일반적으로 받아들여진 가설로 남았다. 그러나 기병 체제로 전환한 이유는 또 다시 수수께끼에 휩싸였다. 당시 중년의 나이로 UCLA의 역사학 교수였던 화이트가 "산만한 각주"를 우연히 접하기 전까지는 말이다. 독일 고대사를 연구하던 학자가 1923년에 쓴 이 각주는 결론에서 다음과 같은 주장을 무심코 제기했다. "8세기에 새로운 시대가 열렸음을 알린 것은 등자의 발굴이었다."[13]

이 각주는 카를 마르텔이 봉건제를 개발하게 만든 힘은 서유럽에 들어온 기초적인 기술인 등자임을 시사했다. 화이트는 1962년에 이 가설을 보충하여 지금은 고전으로 자리 잡은 《중세 기술과 사회 변화Medieval Technology and Social Change》를 썼다. 그는 고고학과 언어학 분야의 논거들을 꼼꼼하게 모아서 등자의 도입이 실제로 마르텔이

기병 부대로 갑자기 이동한 이유를 잘 설명한다고 말한다.[14]

등자가 도입되기 이전에 말에 탄 전사들은 "어깨와 이두근의 힘"으로 창이나 칼을 휘둘러야 했다.[15] 등자는 "훨씬 효과적인 공격 방식"을 가능하게 했다. 기사는 창을 상완과 상체 사이에 끼운 채 금속 등자에 발을 걸고 몸을 앞으로 기울일 수 있었다. 그러면 자신의 체중과 말의 체중이 합쳐진 힘으로 타격을 입힐 수 있었다. 이 두 공격 방식 사이의 차이는 엄청났다. 8세기에 창과 등자를 갖춘 전사는 일종의 "충격 전술"로 적을 무너뜨렸다. 그에 따라 1,000여 년 후 시작될 핵무기 경쟁의 중세 버전이 전개되었다. 카를 마르텔은 등자가 제공하는 우위가 너무나 "막대해서" 무슨 수를 써서라도 적보다 먼저 손에 넣어야 한다는 사실을 깨달았다. 설령 수세기에 걸친 전통을 뒤엎고 새로운 형태의 통치체제를 만들어야 한다고 해도 말이다.

등자에 대한 화이트의 연구에서 단순한 이유(승마를 쉽게 만듦)로 도입된 기술이 발명가들이 전혀 상상치 못한 방대하고 복잡한 결과 (중세 봉건제의 부상)로 이어지는 전형적인 예를 찾을 수 있다. 20세기 후반에 기술철학 분야의 많은 학자들은 예기치 못한 결과가 나온 비슷한 사례를 연구하기 시작했다. 시간이 지나면서 도구가 때로 인간의 행동을 이끈다는 생각은 '기술결정론technological determinism'으로 불리게 되었다.

이 철학에 대한 문헌들은 흥미로운 사례로 가득하다. 결정론을 다룬 유명한 책 중 하나는 닐 포스트먼 Neil Postman이 1985년에 쓴 고전, 《죽도록 즐기기Amusing Ourselves to Death》다. 포스트먼은 이 짧은 책에서 매스 미디어가 전달되는 형식이 어떤 문화가 세상을 생각하는 방식에 영향을 미칠 수 있다고 주장한다(이 말이 마샬 맥루한Mar-shall McLuhan의 "미디어는 마사지다"라는 유명한 주장을 연상시킨다면 포스트먼이 맥루한 밑에서 수학했다는 사실에 놀라지 않을 것이다).

포스트먼은 이 개념을 활용하여 인쇄기의 영향력이 우리가 생각하는 것보다 더 깊다고 주장한다. 이 발명품에 대한 표준적인 내러티브가 있다. 거기에 따르면 인쇄기가 소책자와 서적을 대량생산하여 정보를 더 빠르고 멀리 확산시킨 덕분에 지식의 진화가 촉진되어 이성의 시대가 도래했다. 포스트먼은 그에 따른 "인쇄" 문화가 정보 흐름을 가속하는 것보다 많은 영향을 미쳤다고 주장한다. 즉, 우리의 뇌가 세상을 처리하는 방식을 바꾸었다는 것이다. 그는 이렇게 쓴다. "인쇄는 정신의 객관적, 합리적 활용을 우선시한 지성에 대한 정의를 제시하는 동시에 진지하고 논리정연한 콘텐츠를 수반한 공적 담론의 형태를 촉진한다."[16] 단지 새롭게 주어진 정보가 아니라 이런 새로운 사고방식이 갑자기 계몽철학이나 과학적 방법론 같은 지적 혁신을 자연스레 다음 단계로 만들었다. 다시 말해서 구텐베르크는 자신이 정보를 자유롭게 만든다고 생각했지만 현실적으로는 우리가 중요하게 대하는 정보를 근본적으로 바꾸었다.

기술결정론의 현대적인 사례는 페이스북이 '좋아요' 버튼을 도입한 것이다. 디자인팀이 당시에 쓴 블로그 포스트에서 알 수 있듯이 이 기능의 원래 목적은 사용자가 올린 포스트 아래에 붙는 댓글을 정리하는 것이었다. 페이스북 엔지니어들은 많은 댓글이 "멋지다"나 "좋다" 같은 단순한 감탄이라는 사실을 파악했다. 그들은 이런 감탄을 '좋아요'를 누르는 것으로 대체할 수 있다면 댓글란에는 보다 실질적인 내용이 담길 것이라고 생각했다. 다시 말해서 이 조정의 목표는 적당한 개선이었다. 그러나 그들은 곧 예상치 못했던 부수적 효과를 확인했다. 그것은 바로 사용자들이 페이스북에서 더 오랜 시간을 보내기 시작한 것이었다.

이제 와서 명확해진 사실이지만 '좋아요'는 사용자들에게 '사회적 인정 지표social approval indicators', 즉 다른 사람들이 자신을 생각하고 있다는 증거를 불규칙한 흐름으로 제공한다. 페이스북 앱을 누를 때마다 이 지표에 대한 새로운 정보를 얻는다는 생각은 뇌에 숨겨진 오래된 사회적 욕구를 자극한다. 그래서 페이스북이라는 플랫폼을 갑자기 훨씬 매력적으로 만들어준다. 사람들은 과거에 친구들이 어떻게 지내는지 보려고 가끔 페이스북에 접속했다. 그러나 지금은 마지막으로 올린 포스트가 얼마나 많은 인정을 받았는지 보려고 계속 접속해 확인할 가능성이 높다. 곧 다른 모든 주요 플랫폼들도 비슷한 인정 지표를 도입했다. 선호, 리트윗, 이미지 오토태깅auto-tagging, 스트릭streaks 같은 지표들은 주의 공학attention engineering으로 알려진 분야에서 벌어지는 기술적 경쟁의 일환이었다. 이 경쟁은 소수의 대단히 강력한 기술 플랫폼 독점기업과, 갈수록 휴대용 기기의 화면에 지배당하는 삶과 그것에 지친 피곤한 대중을 남겼다. 이 모든 일들이 소셜 미디어에 달리는 댓글을 덜 난잡하게 만

들고 싶었던 소수의 엔지니어들 때문에 일어났다.[17]

기술결정론의 핵심 요소는 해당 도구를 먼저 수용한 사람들이 의도하지 않았고, 예측하지도 못한 방식으로 혁신이 우리의 행동을 바꾼다는 것이다. 이런 생각은 불편하게 느껴질 수 있다. 무생물에게 일정한 자율성을 부여하는 것처럼 보이기 때문이다. 마치 기술 자체가 자신이 어떻게 활용될지 결정하는 것처럼 말이다. 당신만 거북해하는 것이 아니다. 현재 결정론적 분석을 멀리하는 학자들이 많다. 이 분석은 근래에 학계에서 인기를 잃었다. 학계는 지금 도구를 사회적 권력의 벡터vector*로 이해하는 이론에 매료되어 있다. 그러나 나는 기술과 사무실 문화의 교차점을 더 오래 연구할수록 이 특별한 환경에서는 결정론자들이 우리에게 유용한 가르침을 줄 수 있다고 확신하게 되었다.

이 주장을 뒷받침하기 위해 먼저 이 철학에서 자의식을 가진 도구라는 섬뜩한 함의부터 제거하자. 자세히 살펴보면 기술결정론과 관련된 사례의 예기치 않은 결과는 거의 언제나 실용적인 원인을 지닌다. 새로운 도구는 새로운 행동의 선택지를 열어주는 한편으로 다른 선택지를 닫는다. 이런 변화가 우리의 불가해한 뇌 그리고 우리가 활동하는 복잡한 사회적 체제와 상호작용을 일으키면 중대하면서도 예측할 수 없는 결과가 나온다. 이런 연구들에서 살핀 기술은 말 그대로 인간이 어떻게 행동해야 하는지 결정하지 않는다. 그

---

* 크기와 방향을 가지고 있는 양 - 옮긴이.

러나 그 영향은 당사자들에게 너무나 놀랍고 갑작스러워서 도구가 행동을 결정한다는 스토리 라인이 해당 현상에 대한 어떤 설명만큼이나 타당해 보인다(기술학자인 더그 힐Doug Hill은 '사실상의 자율성de facto autonomy'이라는 말로 이 효과를 설명한다).

당신이 세심하다면 어떤 새로운 도구가 큰 변화를 만들어낸 뒤 지난 과정을 돌이켜보고 거기에 작용한 힘들을 분석할 수 있다. 가령 말 등자의 경우 학자들은 카를 마르텔이 등자를 접한 구체적인 맥락을 찾아내고 분석한다. 즉, 그의 정치적 세계에서 어떤 일이 일어나고 있었는지, 이전에는 기병전에서 어떤 경험을 했는지 등을 살핀다. 이렇게 돌이켜보면 등자가 봉건제를 촉발했다는 생각은 합리성을 지닌다. 그러나 누구도 미리 그것을 계획했거나 예측하지 않았다.

이는 우리를 다시 이메일로 데려간다. 에이드리언 스톤과 IBM의 이야기는 순전한 기술결정론의 사례다. 즉, 어떤 도구가 단순한 목적(기존의 의사소통 관행을 더 효율적으로 만드는 것)을 위해 도입되었다가 예기치 못한 결과(하이브 마인드 활동과잉 스타일의 협업으로 이동하는 것)를 낳는다. 시작되는 데 일주일도 안 걸리는 이런 전환은 이 힘들이 일단 풀려나면 얼마나 강력한지 말해준다.

1990년대에 이메일이 확산되면서 에이드리언 스톤이 IBM에서 관찰한 것과 비슷한 결정론적 역학이 전 세계의 사무실에서 전개되었다. 그에 따라 이 획기적인 새로운 업무 방식이 합리적인지 누구도 따지지 않는 가운데 하이브 마인드 활동과잉이 일반적으로 수용되었다. 우리는 대규모 사무실에서 실용적인 비동기적 의사소통을 위한 합리적인 해결책이기 때문에 이메일을 선택했다. 어떤 의미에서 하이브 마인드 활동과잉은 이 도구가 확산된 후 우리를 선택했다. 이 시점에서 우리는 모두 새롭게 힘을 얻은 수신함에서 고개를 들고 어깨를 으쓱한 후 이렇게 자조한 것처럼 보인다. "이제는 이렇게 일하는 게 맞는 것 같군."

하이브 마인드와의 조우

말의 등자는 카롤링거 제국이 생존하는 데 반드시 필요한 새로운 특공대를 뒷받침했다. 이 점은 토지 수용을 거쳐 통치의 성격 자체를 뒤집었다. 그에 따라 금속과 가죽으로 된 도구를 도입한 일은 전면적인 봉건제로 이어졌다. 앞서 나는 그로부터 1,000여 년 후에 또 다른 혁신인 전자적 메시지 교환이 도입되었으며, 그로 인해 현대의 사무실은 하이브 마인드 활동과잉 업무 흐름을 받아들이게 되었다고 주장했다. 이 주장을 증명하기 위해 이메일을 받아들이는 '합리적인' 결정에서 일에 대한 하이브 마인드적 접근법을 받아들이는 '덜 합리적인' 결정으로 우리를 이끈 이면의 복잡한 힘들을 자세히 살펴보자. 적어도 세 가지 하이브 마인드 동인이 사무실에서 일어난 이 의도치 않은 전환에 작용했을 가능성이 높다.

하이브 마인드 동인 #1: 비동기성의 숨겨진 비용

앞서 주장한 대로 이메일은 사무실의 규모가 커지는 데 따른 현실적인 문제, 즉 효율적인 비동기적 의사소통에 대한 필요를 충족한다. 이메일은 발신자와 수신자가 동시에 의사소통을 하지 않아도 메시지를 신속하게 주고받을 수 있도록 해준다. 그래서 회사 건물 맞은편에 있는 동료와 전화로 술래잡기를 할 필요가 없다. 이메일을 활용하면 실시간 대화를 발신자가 편할 때 보내고 수신자가 편할 때 읽을 수 있는 짧은 메시지로 대체할 수 있다.

많은 사람들에게 의사소통에 대한 이런 비동기적 접근법은 확실히 더 효율적으로 보였다. 내가 자료조사를 하면서 접한 글에서 한 기술 전문가는 동기적 의사소통(실제 대화를 필요로 하는 유형)을 팩스 같은 오래된 사무용 기술에 비유한다. 그는 이런 의사소통이 과거에 일하던 방식을 말할 때 "손주들을 어리둥절하게 만들" 유물이라고 쓴다.[18]

물론 문제는 이메일이 생산성을 높이는 마법의 도구로서 역할을 다하지 못했다는 것이다. 알고 보니 짧은 메시지가 짧은 통화를 언제나 대체할 수 있는 것은 아니었다. 오히려 대화의 상호작용적 속성을 모방하려면 10여 통의 모호한 디지털 메모를 교환해야 하는 경우가 많았다. 이전에는 실시간으로 이뤄지던 많은 대화가 지금은 훨씬 많은 메시지 교환을 통해 처리된다는 점을 감안하면 지식노동자들이 평균적으로 하루에 126통의 이메일을 송수신하는 이유를 알 수 있다.[19]

그러나 모두가 길게 늘어지는 의사소통 때문에 오히려 더 복잡해졌다는 것에 놀란 것은 아니다. 이메일이 현대의 사무실을 장악해갈 때 분산 시스템 이론(내가 연구하는 컴퓨터공학의 하위 분야) 연구자들은 동기성과 비동기성 사이의 상쇄관계를 분석했다. 공교롭게도 그들이 이른 결론은 직장에서 우세였던 합의와 정반대였다.

동기성 대 비동기성 문제는 컴퓨터공학의 역사에서 근본적인 성격을 지닌다. 디지털 혁명 초기에 프로그램은 개별 기기에서 따로 작동되도록 설계되었다. 그러다가 컴퓨터 네트워크가 개발되면서 프로그램은 네트워크를 통해 같이 작동하는 복수의 기기에 설치되도록 제작되었다. 그렇게 해서 이른바 '분산 시스템distributed systems'이 만들어진다. 이 시스템을 구성하는 기기들을 조율하기 위해 컴퓨터공학자들은 여러 커뮤니케이션 모드의 장점과 단점을 파악해야 했다.

일련의 컴퓨터를 하나의 네트워크로 연결하면 그들 사이의 커뮤니케이션은 기본적으로 비동기적이다. A 기기는 결국에는 전달되고 처리되기를 바라며 B 기기에 메시지를 송신한다. 그러나 B 기기가 그 메시지를 읽기까지 얼마나 걸릴지 확실히 모른다. 이 불확실성은 여러 요소에서 기인한다. 거기에는 저마다 다른 기기 작동 속도(B 기기가 다른 많은 무관한 프로세스도 돌리고 있다면 수신 메시지의 대기 행렬을 확인하기까지 시간이 걸릴 수 있다), 예측할 수 없는 네트워크 지연, 장비 고장 등이 포함된다.

이런 비동기성을 처리할 수 있는 분산 시스템 알고리듬을 작성하는 일은 많은 엔지니어들이 처음에 생각한 수준보다 훨씬 어려운 것으로 드러났다. 가령 이 시기에 컴퓨터공학 분야에서 이뤄진 두드러진 발견은 이른바 '합의 문제consensus problem'라는 것이다. 분산 시스템에 속한 각 기기가 데이터베이스에 거래내역을 입력하는 것 같은 작업을 시작한다고 가정해보라. 이때 초기 설정은 실행 혹은 중단이다. 목표는 이 기기들이 합의에 이르도록 만드는 것, 즉 실행하거나 중단하는 데 모두 동의하게 만드는 것이다.

가장 단순한 해결책은 각 기기가 다른 기기의 설정을 모은 다음 일정한 규칙을 적용하는 것이다. 가령 투표 방식으로 계산하여 승자를 가려내면 어떤 설정을 택할지 결정할 수 있다. 모든 기기가 같은 투표 결과를 모으면 같은 결론을 취할 수 있다. 문제는 일부 기기가 투표하기 전에 정지할 수 있다는 것이다. 이 경우 나머지 기기는 더 이상 작동하지 않는 기기의 의견을 들으려고 영원히 기다리게 된다. 비동기적 시스템에서는 이런 지연을 예측할 수 없다. 그래서 대기 중인 기기는 언제 기다리는 것을 포기하고 이미 수집된 투표 결과로 진행해야 할지 알 수 없다.

처음에 이 문제를 연구한 엔지니어들에게는 모든 기기의 설정을 파악하려고 기다릴 것이 아니라 대다수 기기의 의견만 듣는 것이 명백히 옳게 보였다. 가령 다음 규칙을 상상해보라. 내가 대다수 기기의 의견을 듣고, 그들이 모두 실행하기를 원한다면 나도 실행하기로 결정할 것이다. 그렇지 않다면 나는 안전을 기하기 위해 기본적으로 설정된 중단을 결정할 것이다. 이 규칙은 언뜻 합의로 이어질 것처럼 보인다. 소수의 기기만 정지된다면 말이다. 그러나 1985년에 이 분야에 속한 많은 사람들을 놀라게 한 논문이 발표되었다. 컴퓨터공학자인 마이클 피셔Michael Fischer, 낸시 린치Nancy Lynch(나의 박사학위 지도교수), 마이클 패터슨Michael Paterson은 이 논문에서 능숙한 수학적 논리를 통해 비동기적 시스템에서는 어떤 분산 알고리듬도 언제나 합의에 이른다고 보장할 수 없다는 사실을 증명했다.[20] 설령 최대 1대의 컴퓨터만 정지하는 것이 확실하다고 해도 말이다.

이 연구결과는 여기서 세부적으로 다루기에는 너무 기술적이다.[21] 하지만 분산 시스템에 대해 시사하는 바는 명확하다. 즉, 비동기적 의사소통은 조율을 위한 시도를 복잡하게 만든다. 따라서 동기성을 늘리는 데 필요한 추가 비용은 거의 언제나 합당한 가치를 지닌다. 이 유명한 논문의 여파로 분산 시스템의 맥락에서 다양한 형태로 동기성을 추가할 수 있는 방법이 탐구되었다. 일부 초기 전자식 제어 시스템과 장애 방지 신용카드 거래 처리 기기에 활용된 엄격한 해결책은 기기를 일반 전자회로에 연결하여 동일한 보조에 맞춰서 작동하게 만드는 것이었다. 이 접근법은 예측 불가능한 통신 지연을 방지하고 한 기기가 정지하면 애플리케이션이 즉시 감지할 수 있게 해주었다.

이런 회로는 때로 실행하기가 복잡했다. 그래서 소프트웨어 측면에서 동기성을 더하는 접근법도 인기를 끌었다. 메시지 지연과 프로세서 속도에 대한 지식을 통해 통신을 정연하게 라운드별로 구조화하거나, 시스템에 참여하는 불안정한 실제 기기들을 동기화하는 안정된 기기를 모사하는 프로그램을 만드는 일이 가능한 것으로 드러났다.

비동기성에 맞선 이 투쟁은 결국 인터넷 시대가 부상하는 데 핵심적인 역할을 했다. 다른 무엇보다 중요한 혁신은 아마존, 페이스북, 구글 같은 기업들이 운영하는 대규모 데이터 센터를 가동하는 소프트웨어를 만든 것이었다. 2013년에 분산 시스템 분야의 주요 인사인 레슬리 램포트Leslie Lamport는 분산 시스템을 동기화하는 알고리듬에 기여한 공로로 A. M. 튜링 상A. M. Turing Award(컴퓨터공학 분야의 최고 영예)을 받았다.[22]

비동기성 대 동기성에 대한 기술적 결과와 관련하여 인상적인 점은 기업계에서 같은 문제를 다루는 비즈니스 사상가들이 내린 결론과 상당히 거리가 멀다는 것이다. 앞서 확인한 대로 사무실 환경에 속한 관리자들은 동기적 의사소통에 따른 수고를 제거하는 데 집착했다. 거기에는 전화로 술래잡기를 하거나 다른 층에서 일하는 사람과 직접 대화하기 위해 엘리베이터를 타는 일 등이 포함되었다. 그들은 이메일 같은 도구를 활용하여 이런 수고를 제거하면 협력이 보다 효율적으로 이뤄질 것이라고 믿었다. 하지만 컴퓨터공학자들은 상반되는 결론에 이르렀다. 그들은 알고리듬 이론의 관점에서 비동기적 소통을 탐구한 후 예측할 수 없는 지연 때문에 소통이 늘어지면 대처하기 까다로운 새로운 복잡성이 발생한다는 사실을 발견했다. 기업계는 동기성을 극복해야 할 난관으로 본 반면, 컴퓨터

이론가들은 동기성이 효율적인 협력의 토대라는 사실을 깨닫기 시작했다.

　사람은 컴퓨터와 다르다. 그러나 비동기적인 분산 시스템의 설계를 복잡하게 만드는 많은 힘들은 사무실에서 협력하려는 인간에게도 느슨하게 적용된다. 사무실 환경과 컴퓨터 시스템 모두에서 동기성을 확보하려면 비용이 많이 든다. 그러나 동기성이 결여된 채로 조율을 시도하는 일 역시 비용이 많이 든다. 이 현실은 사무실에서 이뤄지는 의사소통이 이메일로 옮겨간 후 많은 사람들이 경험한 것을 잘 말해준다. 즉, 그들은 전화 술래잡기, 휘갈겨 쓴 메모, 끝없는 회의가 주는 고통을 놀랍도록 많은 분량의 모호한 전자적 메시지가 종일 오가는 고통과 맞바꾸었다. 엔지니어들이 네트워크로 연결된 컴퓨터들이 합의에 이르도록 유도하는 과정에서 깨달은 것처럼 비동기성은 단지 동기성이 분산된 상태가 아니다. 비동기성은 어떤 어려움들을 불러온다. 회의실에서 혹은 전화상으로 몇 분만 실시간 소통을 하면 해결할 수 있었던 문제가 이제는 10여 통의 메시지를 만들어낸다. 그러고도 만족스런 결론으로 수렴하지 못할 수 있다. 다시 말해서 일단 이런 스타일의 의사소통으로 옮겨가면 하이브 마인드 활동과잉 업무 흐름의 활동과잉적 속성이 불가피해질 수 있다.

하이브 마인드 동인 #2: 응답성 주기

하버드대 경영대학원 교수인 레슬리 펄로는 현대의 업무 현장을 지배하는 끊임없는 연결성 문화의 전문가다. 2012년에 발간된 《스마트폰과 함께 잠들다》에서 말한 바에 따르면 그녀는 2006년과 2012년 사이에 실시한 일련의 설문조사를 통해 이 문제의 심각성을 인지하게 되었다. 이 시기는 스마트폰이 흔해지면서 하이브 마인드 업무 흐름이 새로운 활동과잉 단계로 접어든 때다. 그녀는 "압박을 많이 받는 힘든 직업"에 종사하는 2,500여 명의 관리자와 전문가 들을 대상으로 설문조사를 실시했다.[23] 설문 내용은 업무 습관과 관련된 것이었다. 가령 매주 몇 시간씩 일하는지, 업무시간이 아닐 때 업무용 이메일을 얼마나 자주 확인하는지, 휴대폰을 가까운 곳에 두고 잠드는지 등을 물었다. 그 결과는 심각했다. 대상자들은 거의 언제나 "접속on" 상태였다.

우리의 논의와 관련하여 펄로의 연구 결과가 특히 밀접한 의미를 갖게 된 것은 그녀가 문제를 더 깊이 파고들었기 때문이다. 그녀는 대상자들이 어떻게 이처럼 끊임없는 의사소통 상태에 처하게 되었는지 더 잘 이해하기 위해 대화를 나눴다. 그 결과 사회적 피드백 고리에 문제가 생겼다는 사실이 드러났다. 그녀는 이 과정을 '응답성 주기cycle of responsiveness'라 불렀다. 이 주기는 당신의 시간에 대한 합당한 요구로 시작된다. 가령 2010년에 당신은 스마트폰을 막 쓰기 시작했다. 당신은 퇴근 후에 들어오는 고객의 문의에 답변하거나, 시간대가 다른 곳에 있는 동료들에게 신속하게 응답할 수 있다는 사실을 깨닫는다. 또한 고객과 동료 들은 이제 새로운 시간에 당신과 연락할 수 있다는 사실을 알게 된다. 그래서 더 많은 요청사항을 보내고 더 빠른 응답을 기대한다. 이렇게 늘어난 유입량에 직면한 당신은 수신되는 메시지를 따라잡으려고 휴대폰을 더 자주 확인한다. 그러나 이제는 당신의 가용성과 응답성에 대한 기대치가 더욱 높아져서 더 빨리 응답해야 한다는 압박이 가해진다. 펄로는 이 문제를 다음과 같이 정리한다.

> 그렇게 주기가 돌아간다. 팀원, 상사, 부하직원 들은 계속 더 많은 요청을 하고 양심적인 직원은 자신의 시간에 비해 약간씩 늘어나는 요구를 받아들인다. 한편 서로(그리고 자신)에 대한 기대도 그에 맞춰 높아진다.[24]

이는 기술결정론이 작용하는 좋은 사례다. 이 팀원, 상사, 부하직원 중 누구도 이 끊임없는 연결을 좋아하지 않는다. 누구도 그것을 제안하거나 받아들이기로 의식적인 결정을 내린 적이 없다. 실제로 펄로가 나중에 보스턴 컨설팅 그룹의 팀들을 설득하여 의사소통 기기로부터 보호받는 시간을 정하도록 했을 때 팀원들은 효율성과 유효성이 향상되었다고 밝혔다.[25] 그녀는 한 발 더 나아가 업무시간 후에 발송된 메시지는 자동으로 유보되었다가 다음 날 아침에 배달되도록 이메일 서버를 설정하라고 제안했다(실제로 시급한 경우를 위해서는 이 제한을 우회하는 특별한 플래그를 설정할 수 있다). 이 변화는 간단해 보인다. 그러나 응답성 주기를 끊는 것으로 인한 영향력은 엄청날 수 있다.

펄로의 연구가 전하는 중요한 교훈은 완전히 새로운 의사소통 방식이 비체계적이고 무계획적인 양상으로 부상한다는 것이다. 미디어 이론가인 더글러스 러시코프는 '협력적 보조 맞춤 collaborative pacing'이라는 용어를 통해 인간 집단이 새로운 행동의 타당성을 명시적으로 판단하지 않은 상태에서 엄격한 행동 패턴을 향해 수렴하는 경향을 나타낸다.[26] 즉, 나는 당신이 나의 메시지에 약간 더 빨리 응답하는 것을 인지한다. 그래서 나도 같이 약간 더 빨리 응답하기 시작한다. 다른 사람들도 우리의 뒤를 따른다. 그렇게 응답성의 패턴이 부상하고 새로운 기준이 된다. 펄로가 연구한 컨설턴트들은 응답성 주기를 선택하지 않았다. 어떤 의미에서 이메일이 그들을 대신하여 그것을 선택했다.

하이브 마인드 동인 #3: 컴퓨터 화면을 마주한 동굴 인간

텔아비브 대학 Tel Aviv University의 고고학자인 아비아드 아감 Aviad Agam 과 란 바르카이 Ran Barkai는 2018년에 〈쿼터너리 Quaternary〉에 "고고학적, 민속지학적, 민속 역사학적 기록"을 분석한 결과를 담은 논문을 발표했다.[27] 그 내용은 전기 구석기 시대부터 초기 인류가 코끼리와 맘모스를 사냥한 방법에 대한 우리의 이해를 정리한 것이었다. 이 논문은 오랜 옛날에 사냥이 진행된 양상에 대해 저자들이 추정한 내용을 묘사한 4장의 인상적인 목탄화를 담고 있다.

첫 번째 그림은 7명의 구석기 사냥꾼들이 앞발을 든 코끼리를 향해 돌격하면서 급소를 겨냥하여 창을 던지는 모습을 보여준다. 두 번째와 세 번째 그림은 한 명의 사냥꾼이 몰래 코끼리에게 접근하여 코끼리가 눈치채기 전에 창으로 급소를 찌르려는 모습을 보여준다. 한 그림에서 사냥꾼은 아래에서 코끼리의 배를 찔러 공격한다. 반면 다른 그림에서는 나무에 숨어 있다가 코끼리가 지나갈 때 아래로 창을 찌른다. 네 번째 그림은 6명의 사냥꾼이 함정에 빠진 코끼리를 죽이러 달려가는 모습을 보여준다.

우리의 목적을 위해서는 각 사냥 시나리오에 참여하는 집단의 작은 규모를 인식하는 것이 중요하다. 이 증거는 인간이 오랜 역사 전반에 걸쳐 혼자 혹은 소규모 집단을 이뤄서 큰 동물을 사냥했음을 말해준다. 이런 양상은 우리의 진화사를 지배하는 '일'을 구성하는 다른 활동(작은 동물 사냥, 채집)에도 해당할 가능성이 높다. 진화심리학적 관점에서 굳이 무리한 추정을 하지 않아도 호모 사피엔스가 소집단 협력에 잘 적응했다는 타당한 결론에 이를 수 있다.

이 사실을 이메일에 대한 현재의 논의와 연결하기 위해 이런 협력의 역학을 생각해보자. 당신이 몰래 코끼리에게 접근하는 소규모 구석기 사냥단의 일원이라면 즉흥적이고 비체계적인 방식으로 의사소통을 할 것이다. 현장에서 전개되는 상황에 맞춰 바로 대응해야 하기 때문이다. 지금은 사라진 동굴 인간의 방언으로 이런 대화를 한다고 상상해보라.

"조심해. 저 나뭇가지 밟지 마. 부서지면 코끼리가 놀랄지 모르니까."
"잠깐, 저쪽으로 돌아가."

"천천히 움직여. 코끼리가 귀를 세웠어."

보다 근래의 산업시대 이전으로 돌아와도 대부분의 사람들에게 다른 사람들과 함께 하는 대부분의 경험은 여전히 소집단을 수반할 것이다. 자식들과 함께 밭을 가는 농부나, 조수와 같이 용광로에서 일하는 대장장이가 그런 예다. 구석기 사냥꾼들과 마찬가지로 소집단의 경우 자유로운 형태로 협력하는 것이 가장 자연스럽다. 우리의 유전자와 문화적 기억에 가장 깊이 내재된 협력 방식은 하이브 마인드 활동과잉 업무 흐름의 주된 속성을 공유한다. 따라서 이메일 같은 저마찰 메시지 도구의 도래로 현대적 대규모 사무실 환경에서 비슷하게 비체계적인 의사소통이 가능해졌을 때 우리가 이런 방식의 상호작용에 이끌린 것도 놀랄 일이 아니다.

물론 문제는 사무실에서 발현되는 하이브 마인드 활동과잉이 석기시대의 코끼리 사냥에서 발현되는 하이브 마인드와 한 가지 핵심 속성에서 다르다는 것이다. 그것은 바로 사무실은 훨씬 많은 사람을 연결한다는 것이다. 비체계적 조율은 6명으로 구성된 사냥단에게는 아주 좋다. 그러나 대규모 조직에서 수십 명, 아니 수백 명을 연결하면 처참한 비효율성을 초래한다. 우리가 이 사실을 아는 부분적인 이유는 함께 일하고 전문적 문제를 해결하는 최적의 집단 규모를 연구한 탄탄한 연구 문헌들 때문이다. 와튼Wharton의 경영학 교수인 제니퍼 뮬러Jennifer Mueller는 "규모에 대한 질문은 사회심리학이 태동한 이래로 계속 제기되었다"고 설명한다.[28]

19세기 프랑스 농공학자인 막시밀리언 링겔만Maximilen Ringelmann은 지금은 유명해진 이 분야의 초기 연구 중 하나를 실시했다. 그는 이 연구를 통해 줄다리기에 참여하는 사람의 수를 늘리면 각 개인이 내는 평균적인 힘이 줄어든다는 사실을 증명했다. 즉, 집단의 규모가 커짐에 따라 효용 체감으로 이어졌다. 줄다리기라는 육체적 작업은 현대의 지식 부문과 그다지 연관성이 없다. 그래도 링겔만의 연구는 영향력을 지닌다. 팀의 규모를 늘린다고 해서 그 효력이 반드시 직접적인 비율대로 늘어나는 것은 아니라는 포괄적인 개념을 소개했기 때문이다.

현대에 들어서 여러 경영학 교수들은 이 개념을 토대로 팀의 규모를 늘리면 협력의 유효성이 어떻게 변하는지 연구했다. 와튼에서 2006년에 펴낸 리뷰 논문은 수많은 관련 연구 논문을 정리한다. 거기에 따르면 꾸준히 최적의 성과를 내는 특정한 팀 규모는 없다. 그러나 근본적으로 모든 결과는 대략 4명에서 12명에 이르는 좁은 영역에 속한다. 이는 우리가 구석기 시대의 코끼리 사냥꾼들까지 거슬러 올라가서 관찰한 것과 정확히 일치한다.

이 영역을 넘어선 팀들이 덜 효과적인 이유에 대해 여러 가설이 제기되었다. 가령 링겔만이 처음 관찰한 건성 효과는 지식노동 과제에서도 여전히 작용하는 것으로 보인다(간단히 말해서 프로젝트에 참여하는 인원이 많을수록 노력을 덜 해도 무사히 넘어가기가 쉽다). 그러나 또 다른 핵심 요소는 늘어나는 의사소통의 복잡성이다. 6명의 코끼리 사냥단은 사냥과 관련하여 할 말이 있을 때 그냥 소리치기만 하면 공격을 쉽게 조율할 수 있다. 그러나 인원을 60명으로 늘리면 알아들을 수 없는 고함소리가 뒤섞이고 서로의 의사를 오해하게 되어 상황이 악화된다. 이 정도 규모의 군사 부대는 거의 언제나 엄격한 명령계통을 갖추는 이유가 거기에 있다.

이런 사실들을 종합하면 하이브 마인드 활동과잉의 확산을 설명하는 데 도움이 되는 설득력 있는 이야기를 엮을 수 있다. 인류사 대부분에 걸쳐 우리는 소집단을 이루어 협력하면서 특정한 체계나 규칙 없이 즉흥적인 방식으로 소통했다. 그러다가 20세기 초반에 대규모 사무실이 부상하면서 이런 자연스런 협력 방식이 완전히 단절되었다. 우리는 타자실로 서신을 보내서 타자로 입력하게 하거나 비서를 시켜서 일대일 통화를 연결하도록 해야 했다. 그러다가 이메일이 등장하자 서로 고립된 사무실 환경으로 한결 원시적인 소통 방식을 다시 들여올 방법을 찾아냈다. 즉, 생각이 나면 바로 메시지를 보내고 즉시 응답이 오기를 기대하게 되었다. 네트워크 망을 통해 코끼리 사냥이 재연된 것이다. 그 결과가 바로 하이브 마인드 활동과잉 업무 흐름이다. 본능적인 차원에서 보면 이 업무 흐름은 타당했다. 비록 현실적인 차원에서는 집단의 규모를 키워가는 이메일의 능력을 오판한 탓에 우리를 불행으로 몰아가기 시작했지만 말이다.

달리 말해서 바쁜 기업인이 휴대폰 화면을 정신없이 두드리는 흔한 광경은 현대적인 것처럼 보이지만 그 기원을 따져보면 순전히 구석기적인 모습일 수 있다.

피터 드러커와
주의 공유지의 비극

20세기 초반에 오스트리아에서 유년기를 보낸 피터 드러커는 '창조적 파괴'로 유명한 조지프 슘페터Joseph Schumpeter 같은 저명 인사를 비롯한 당대의 주요 경제 사상가들을 접했다. 슘페터는 드러커의 부모인 아돌프Adolph와 카롤린Caroline이 주최한 저녁 사교모임에 참여했다. 부모의 사교모임을 비롯한 드러커의 초년기에 관한 정보는 그의 이름을 딴 드러커 연구소Drucker Institute의 약력에서 얻을 수 있다.[29] 이 사교모임의 지적 에너지는 드러커가 나중에 현대의 가장 중요한 비즈니스 사상가 중 한 명으로 부상할 수 있는 토대가 되어 주었다. 그는 '현대 경영학의 아버지'로 폭넓게 받아들여진다. 다음은 그에게 이 칭호를 부여한 많은 글 중 하나다.[30] 그는 2005년에 95세의 나이로 사망하기까지 39권의 저서와 수많은 논문을 남겼다.

명성을 향한 드러커의 질주는 1942년에 처음 속도를 붙였다. 당시 33살의 나이로 베닝턴 칼리지Bennington College의 교수이던 그는 두 번째 책인《산업적 인간의 미래The Future of Industrial Man》를 출간했다. 이 책은 ("제임스 와트James Watt가 증기엔진을 발명한 이래 서구인들이 거주지로서 구축한 완전히 새로운 물리적 현실" 안에서 전개되는) "산업사회"를 인간의 자유와 위엄을 존중하도록 최선의 형태로 구조화하는 방안에 관한 질문을 던졌다.[31] 산업적 세계대전의 와중에 발표된 이 책은 폭넓은 독자들에게 읽혔다. 이 책에 강한 인상을 받은 제너럴 모터스의 경영팀은 드러커를 초청하여 2년 동안 세계 최대 기업이 운영되는 방식을 연구하는 작업을 맡겼다.[32] 이 연구를 통해 1946년에 발간된 《기업의 개념 Concept of the Corporation》은 대기업이 실제로 운영되는 방식을 진지하게 고찰한 최초의 책 중 하나였다. 이 책은 연구할 수 있는 대상으로서 경영의 토대가 되었다. 그리고 이 작업은 드러커의 경력을 만들어주었다.

우리의 목적에 비춰볼 때 드러커는 단지 유명한 비즈니스 이론가 이상의 의미를 지닌다. 그의 영향은 앞의 내용들을 읽으면서 든 당신의 의문을 해결하는 데 도움을 준다. 하이브 마인드 활동과잉이 저절로 생겨났다는 사실을 받아들인다 해도, 이제는 결함이 있다는 게 명백해졌는데 왜 우리가 그것을 계속 방치하는지 말이다.

피터 드러커는 1940년대에 GM을 연구하면서 요란한 성격의 CEO, 알프레드 슬론 Alfred P. Sloan Jr.을 알게 되었다. 나중에 드러커가 회고한 바에 따르면 슬론은 성공적인 경영자가 되는 비결에 대해 이렇게 말한 적이 있다. "절대적인 인내심을 갖고 사람들이 어떻게 일하는지에 일체 주의를 기울이지 말아야 한다."[33] 이 생각은 1950년대와 1960년대에 드러커의 사고에서 재등장한다. 이 시기에 그는 두뇌의 산물이 공장의 산물보다 더 가치 있는 것으로 드러나기 시작하는 새로운 경제와 씨름하면서 '지식노동'이라는 개념을 만들어냈다.

드러커는 1967년에 펴낸 《피터 드러커 자기경영노트 The Effective

Executive 》에서 이렇게 썼다. "지식노동자는 밀접하게 혹은 자세히 감독할 수 없다. 그들은 스스로를 이끌어야 한다."[34] 이는 급진적인 생각이었다. 미국의 공장에서는 노동자들에 대한 중앙집권적 통제가 표준이었다. 이런 통제는 프레드릭 윈슬로 테일러Frederick Winslow Taylor가 대중화시킨 '과학 경영' 원칙에 영향받은 것이었다. 그는 초시계를 들고 공장을 돌아다니며 비효율적인 동작을 뿌리 뽑은 것으로 유명했다. 산업시대의 경영은 노동자들을 소수의 현명한 관리자들이 신중하게 설계한 최적의 공정을 실행하는 자동인형으로 보았다.

드러커는 지식노동이라는 신세계에서는 이런 접근법이 실패할 수밖에 없다고 주장했다. 지식노동에서 생산적인 산물은 부품을 찍어내는 고가의 설비가 아니라 전문화된 인지적 기술을 활용하는 두뇌 노동자들이 창출했다. 실제로 지식노동자들은 관리자들보다 그들의 전문 영역에 대해 더 잘 아는 경우가 많았다. 드러커는 이처럼 고도의 기술을 지닌 개인들을 활용하는 최선의 방법은 분명한 목표를 제시한 다음 그들이 알아서 지적 과업을 달성하도록 놔두는 것이라고 결론 지었다. 조립라인 노동자에게는 운전대를 장착하는 정확한 방법을 알려주는 것이 효율적일 수 있었다. 하지만 카피라이터에게 신제품 선전문구를 구상하는 정확한 방법을 알려주려고 시도하는 것은 헛된 일이었다.

드러커는 계속해서 지식노동자에게 자율성을 부여해야 한다고 주장했다. 1999년에도 다음과 같이 그 중요성을 강조했다.

(지식노동은) 개별 지식노동자에게 생산성에 대한 책임을 지울 것을 요구한다. 지식노동자는 스스로를 관리해야 한다. 그들은 자율성을 가져야 한다.[35]

이 생각의 영향력은 대단했다. 비용 보고서를 처리하는 것 같은 일부 반복적 행정 절차를 제외하고 여러 까다로운 과제들을 달성하는 현대 사무실 업무의 복잡한 양상은 대개 관리의 범주를 넘어선다. 이런 과제들은 개인적 생산성이라는 모호한 영역으로 들어간다. 성과를 내는 방법을 알고 싶은가? 과제를 잘 조직하는 방법에 대한 책을 사거나(드러커 자신이 이런 주제를 다룬 초기 저서 중 하나인《피터 드러커 자기경영노트》를 썼다), 새로운 플래너를 활용하거나, 우리의 '초과 달성' 문화가 흔히 암시하는 대로 그저 더 열심히 일해라. 지식노동자들은 자신에게 얼마나 많은 업무가 할당되는지, 어떻게 성과를 내는지 자신의 조직이 관심을 갖는 것을 기대하지 않는다.

다시 말해서 우리는 산업노동에서 지식노동으로 이동하는 과정에서 자동인형을 벗어났고 부담스러운 자율성을 얻었다. 이런 맥락에서 자리 잡은 하이브 마인드 활동과잉은 뿌리뽑기 어려운 문제가 되었다. 업무 흐름이 제대로 기능하도록 하는 것이 누구의 직무도 아닐 때 그것을 바로잡기 힘들기 때문이다. 영국 경제학자인 윌리엄 포스터 로이드William Forster Lloyd는 1833년에 이제는 게임이론에서 고전적인 사례가 된 가상의 시나리오를 제시했다. 이 시나리오는 우리가 이런 역학을 더 잘 이해하도록 도움을 준다. 나중에 '공유지의 비극'[36]으로 알려진 이 시나리오는 19세기 영국의 관행대로 소와 양을 방목할 수 있는 공동 목초지를 관리하는 마을을 예로 든다. 로이드는 흥미로운 긴장관계를 지적한다. 개별 목축 농가의 입장에서는 자신이 키우는 가축이 공유지에서 최대한 많이 풀을 뜯어 먹도록 하는 것이 이득이다. 하지만 모든 목축 농가가 자신에게 가장 이득이 되도록 행동하면 불가피하게 공유지를 망쳐서 모두에게 쓸모없도록 만들고 만다. 개별적 이익이 공동의 고난을 부르는 이 비슷한 시나리오는 불안정한 생태계부터 자원 채굴, 공용 냉장고를 둘러싼 행동까지 다른 많은 환경에서도 일반적인 것으로 드러났다. 20세기 중반에 존 내시John Nash(영화 〈뷰티풀 마인드Beautiful Mind〉 주인공의 실제 모델)가 선보인 수학적 도구들을 활용하면 이 상황을 정확하게 분석할 수 있다. 이는 게임이론가들이 말하는 이른바 '비효율적 내시 균형inefficient Nash equilibrium'의 좋은 예가 된다.

이 경제적 지식이 우리의 논의에 도움이 되는 이유는 하이브 마인드 활동과잉이 앞서 정리한 동인들 때문에 부상했기 때문이다. 그에 따라 현대 사무실의 의사소통은 로이드의 사고실험이 실현된 또 다른 사례가 되었다. 당신의 조직이 하이브 마인드에 빠져들면 그 업무 흐름을 따르는 것이 각 개인에게 즉각적인 이득이 된다. 설령 그것이 장기적으로는 조직 전체에게 나쁜 결과로 이어진다고 해도 말이다. 당신이 동료에게 보내는 메시지에 빠른 응답이 온다면 당장은 일하기가 한결 수월해진다. 마찬가지로 하이브 마인드에 의존하는 집단에서 당신이 수신함을 점검하는 데 들이는 시간을 일방적으로 줄여버리면 다른 사람들의 업무 속도를 늦추게 된다. 그래서 짜증과 불만을 초래할 수 있고, 그건 당신의 일자리를 위태롭게 만들 것이다. 지식노동과 관련하여 조금 무리한 비유를 하자면 우리는 공동의 시간과 주의를 과도하게 뜯어먹고 있다. 누구도 그들의 머릿속 양이 배를 곯도록 놔두고 싶어하지 않기 때문이다.

다시 말해서 하이브 마인드 활동과잉의 부정적 영향은 개인적 습관을 조금 바꾸는 것으로 해결될 가능성이 낮다. 이메일 응답성을 둘러싼 더 나은 관행을 보급하거나 '이메일 없는 금요일' 같은 일회성 실험을 하는 등 전체 조직의 행동을 유도하려는 좋은 의도의 시도도 실패할 수밖에 없다. 150년에 걸친 경제이론이 우리에게 가르친 대로 공유지의 비극을 해결하려면 목축 농가가 훨씬 나은 행동을 할 것이라고 기대해서는 안 된다. 대신 모두가 아무렇게나 가축을 방목하는 시스템을 보다 효율적인 것으로 대체해야 한다. 하이브 마인드 활동과잉의 경우도 마찬가지다. 우리는 미미한 조작으로는 하이브 마인드 활동과잉을 다스릴 수 없다. 더 나은 업무 흐름으로 그것을 대체해야 한다. 그렇게 하기 위해서는 사무실에서 이뤄지는 업무를 제어하는 데 반대하는 피터 드러커의 태도를 누그러뜨려야 한다. 지식노동자의 전문적인 업무를 완전히 체계화할 수 없다는 드러커의 지적은 옳다. 그러나 그 업무를 둘러싼 업무 흐름에도 그런 관점을 적용해서는 안 된다. 관리자는 카피라이터에게 뛰어난 광고를 고안하는 방법을 알려줄 수 없다. 하지만 관련 작업을 할당하는 방식, 카피라이터에게 맡길 수 있는 다른 의무, 고객의 요구를 처리하는 방법에 대해서는 말할 수 있다.

하이브 마인드 활동과잉의 악영향을 피하는, 보다 현명한 업무 흐름을 구축하는 것은 물론 상당히 어려운 일이다. 그래서 수많은 시행착오와 번거로움, 짜증을 불러올 것이다. 그러나 그 길을 이끌 올바른 원칙이 있다면 절대적으로 가능하다. 또한 그에 따라 창출되는 경쟁우위는 상당할 수 있다. 이제부터 2부에서는 그 원칙들을 살펴볼 것이다.

2부

끝없는 소통에서 벗어나

일을 다시 생각하다

SEND

A World Without Email

04

주의 자본 원칙:
뇌의 능력을 끌어올리다

포드의 모델 T와
지식노동에 관하여

하이브 마인드 활동과잉 업무 흐름을 밀어내려는 우리의 노력은 예기치 못한 곳에서부터 시작된다. 그곳은 헨리 포드가 처음 세운 자동차 공장이다. 20세기 초에 포드가 세운 포드 모터 컴퍼니Ford Motor Company는 경쟁사들과 거의 같은 방식으로 자동차를 제작했다. "우리는 그냥 한 자리에서 자동차를 조립하기 시작했다"고 포드는 설명했다. "작업자들은 집을 지을 때와 똑같이 필요할 때 부품을 가져왔다."[1] 이렇게 부분적으로 조립된 자동차는 목재 받침대 위에 놓였다. 그러면 일군의 작업자들이 주위에 모여서 다양한 부품과 부위를 조형하고 갈아서 끼워맞출 때

허리를 구부리지 않아도 되었기 때문이다. 이런 '수작업 제조법'을 활용한 공장들은 칼 벤츠 _Karl Benz_가 1800년대 말에 실용적인 첫 자동차를 조립할 때 썼던 자연스런 접근법을 그대로 규모화했다.[2]

포드는 2인승에 지붕을 얹으려면 추가 비용을 내야 했던 모델 A 이후 모델 B, C, F, K, N을 개발했다. 그리고 마침내 1908년에 실용적인 운송 수단의 명작이 될 모델 T에 이르렀다. 포드는 이 새로운 모델과 함께 자동차의 사양뿐 아니라 자동차를 제조하는 전체 공정을 혁신하는 일에 나섰다. 이 혁신의 첫 주요 단계는 호환 부품의 도입이었다. 이는 원래 남북전쟁 무렵 뉴잉글랜드의 군수공장에서 부상한 기술을 활용한 것이었다. 포드는 인기 모델의 초기 버전에서 얻은 이익을 재투자하여 조립할 때 일일이 갈고 다듬는 지루한 절차를 없애도 될 만큼 정교한 부품을 생산하기 위한 전용 공구를 제작했다.[3] 포드사는 이렇게 자랑했다. "모델 T를 타고 전 세계를 여행하다가 길에서 만난 다른 모델 T와 크랭크축을 맞바꾸어도 두 차의 엔진이 모두 교환하기 전처럼 완벽하게 작동할 것입니다."[4]

호환 부품은 연마 과정을 제거하여 더 빠른 조립을 가능하게 만들었다. 그러나 포드는 여전히 모델 T를 구성하는 약 100개의 정밀 가공 부품을 최단시간에 조립하는 방법을 찾아내야 했다. 그는 이 목표를 달성하기 위해 수많은 아이디어를 시험했다. 수작업 제조법의 표준적인 형태는 원래 15명으로 구성된 팀이 한 대의 자동차를 조립하는 것이었다. 포드는 한 명이 한 대의 차를 전담하고 다른 노동자들이 부품을 갖다주는 방식을 시도했다. 그러나 한 명이 여러 조립 단계에서 작업방식을 전환해야 했기 때문에 작업이 지체되는 것은 마찬가지였다. 포드는 뒤이어 각 노동자가 범퍼를 차체에 볼트로 고정하는 등 특정한 하나의 작업만 담당하는 시스템을 도입했다. 해당 노동자는 이 차에서 저 차로 옮겨다니면서 같은 작업을 실행했다. 이 방식은 꽤 괜찮았지만 전담 작업자들의 교대 순서를 조율하기가 엄청나게 어려웠다.

모델 T가 나온 지 약 5년 후인 1913년에 포드는 이 공정 개선의 다음 단계로 넘어가는 논리적인 도약을 이루었다. 작업자들을 가만히 있는 차들 사이로 이동시킬 것이 아니라 차를 작업자들이 있는 곳으로 이동시키면 어떨까? 그는 잠정적으로 소규모 조립라인부터 시작했다. 이 조립라인은 모델 T의 점화 계통에 스파크를 제공하는 코일 와이어 발전기의 생산 속도를 높이기 위해 설계된 것이었다. 과거에는 작업자가 작업대에서 발전기를 하나 만들려면 약 20분이 걸렸다. 그러나 허리높이의 콘베이어 벨트를 도입하고 제조 과정을 5단계로 나눠 5명의 작업자가 나란히 서서 작업하게 한 후로는 5분만에 조립할 수 있었다.

그렇게 해서 마치 머릿속 전구에 불이 켜지는 듯한 상황이 왔다. 발전기 다음으로는 차축을 조립하는 새로운 조립라인이 도입되었다. 그 결과 조립 시간이 2시간 30분에서 26분으로 줄었다. 뒤이어 3단 트랜스미션을 조립하는 조립라인이 도입되었고 엔진 조립 시간이 10시간에서 4시간으로 줄었다. 자신을 얻은 포드는 이 새롭고 개선된 생산 시스템을 향한 최후의 단계를 밟았다. 차체를 통째로

움직이는 조립라인으로 이동시키는 데 필요한 고강도 체인 구동 컨베이어를 만드는 것이었다.[5]

오늘날 우리는 복잡한 제조 공정에 익숙해졌다. 그러나 포드가 처음 이 혁신을 대규모로 실현했을 때 그것이 미친 여파는 대단한 것이 사실이었다. 이전에는 모델 T 한 대를 생산하는 데 12시간 30분 이상의 노동 시간이 필요했지만, 조립라인이 도입된 이후에는 1시간 33분으로 줄었다. 시대의 아이콘이 된 모델 T는 1,650만 대나 판매되었다. 절정기에 포드의 거대한 하일랜드 파크Highland Park 공장은 40초마다 한 대씩 새로운 모델 T를 출고했다.

체인이 삐걱대고 용접 불꽃이 튀는 20세기 초의 자동차 공장은 지식노동자들이 매끈한 컴퓨터 모니터에 이메일을 입력하는 현재의 사무실과 거리가 멀어 보일지 모른다. 그러나 앞서 암시한 대로 포드의 혁신과 그것이 제조업계에 미친 영향은 하이브 마인드 활동 과잉 업무 흐름의 비극에서 벗어나는 데 필요한 변화를 이해할 수 있는 대단히 유용한 비유를 제공한다.

2019년 가을에 〈월스트리트저널〉은 라쎄 라인간스Lasse Rheingans 라는 이름의 독일 창업자에 대한 기사를 실었다. 그는 16명이 일하는 그의 스타트업에서 5시간 근무제라는 새로운 제도를 도입했다. 그는 직원들이 사무실에서 보내는 시간뿐 아니라 그들이 매일 일하는 총 시간도 줄였다. 그들은 매일 아침 8시 무렵 출근했고, 오후 1시 무렵 퇴근했다. 업무시간에 소셜 미디어는 금지되었고, 회의는 엄격히 제한되었으며, 이메일 확인도 억제되었다. 또한 일을 끝낸 후에는 실제로 다음 날 아침까지 일을 하지 않았다. 늦은 밤에 키보드를 두드리거나, 자녀가 경기를 뛰는 동안에 슬쩍 스마트폰으로 메시지를 보내는 일은 없었다. 이렇게 업무는 사무실에 있는 시간에만 하도록 제한되었다. 라인간스는 주의 분산 요소와 끝없는 대화를 없앤다면 하루에 5시간만 일해도 주요 업무를 처리하기에 충분하다 생각했고 이를 과감히 시도했다.

이 기사가 나간 지 얼마 되지 않아서 〈뉴욕타임스〉는 나에게 라인간스의 실험에 대한 사설 요청이 왔다. 몇 주 후에 실린 사설에서 나는 이렇게 썼다.[6] "〈월스트리트저널〉은 라인간스의 접근법을 '과격하다'고 평가했다. 하지만 내가 보기에 정말로 과격한 것은 더 많은 조직들이 이런 실험을 하지 않는다는 사실이다." 나는 이 주장을 뒷받침하기 위해 헨리 포드와 조립라인의 이야기를 언급했다. 이 이야기의 근본적인 교훈은 자본 주도 시장경제에서 상품을 제조하는 데 있어서 보유 자원의 양 그 자체만으로 수익성을 예측할 수 없다는 것이다. 예를 들어 포드는 모델 T를 개발하는 단계에서 경쟁자들보다 많은 자본을 보유하고 있지 않았다. 아마도 특정 시기에는 자본이 더 적었을 것이다(첫 모델 T를 750달러에 시카고의 치과의사에게 판매했을 때 포드의 현금 유보액은 223달러에 불과했다[7]). 그러나 1914년 말이 되자 포드는 라이벌 자동차 제조사보다 10배 높은 수익성을 제공하는 비용으로 자동차를 생산했다. 자본의 양만큼 중요했던 것은 그것을 활용하는 방법이었다.

포드 혁명 이후 이 원칙은 산업 경영의 근본적인 요소가 되었다. 지금은 산업계에서 지속적으로 성장하려면 제품을 생산하는 공정을 계속 실험하고 재발명해야 한다는 인식이 폭넓게 자리 잡았다. 피터 드러커가 1999년의 논문에서 주장한 대로 산업적 개선에 대한 집착은 엄청난 성공을 안겼다. 드러커가 독자들에게 상기시킨 대로 1900년 이후 육체노동자의 생산성은 50배나 높아졌다! 그는 이렇게 말한다. "육체노동자의 생산성은 우리가 말하는 '선진' 경제를 창출했다. 이 성과를 토대로 20세기의 모든 경제적, 사회적 진전이 이뤄졌다."[8]

하지만 지식노동으로 눈길을 돌려보면 이런 실험과 재발명 정신이 결여되어 있다는 사실을 알게 된다. 내가 〈뉴욕타임스〉에 기고한 사설에서 라쎄 라인간스의 5시간 근무제 같은 실험이 거의 없는 것 자체가 '과격하다'고 말한 의미가 그것이다. 라인간스는 헨리 포드의 관점에서 자신의 조직을 바라본다. 즉, 자본을 활용하여 더 많은 가치를 생산할 과감하고 새로운 방법을 찾는다. 이 사설이 실린 직후 라인간스가 내게 연락을 해왔다. 우리는 그의 회사에 대한 대화를 시작했다. 그는 5시간 근무제 실험을 지금까지 2년 동안 진행했으며, 한동안은 이런 방식을 바꿀 생각이 없다고 밝혔다.

그가 이런 변화를 이루는 일은 쉽지 않았다. 나는 라인간스에게 어떻게 직원들이 계속 이메일을 확인하는 걸 막을 수 있었는지, 그것을 어떻게 설득할 수 있었는지 물었다. 그는 내게 "생각보다 쉽지 않습니다"라고 말했다. 이메일을 너무 자주 확인하지 말라고 말하는 것으로는 부족했고, 결국 그는 외부 코치를 고용하여 "이메일이나 소셜 미디어를 항상 확인하는 것은 도움이 되지 않는다"는 인식을 심어주어야 했다. 코치들은 또한 명상처럼 스트레스를 줄여주는 마음챙김 수련을 하거나 요가 같은 운동을 통해 건강을 개선하도록 권장했다. 라인간스의 목표는 모두가 속도를 늦추게 만드는 것이었다. 그래서 일에 보다 신중하게, 덜 정신없게 접근하도록 하고, "아무 성과 없이 항상 뛰어다니기만 한다"는 사실을 깨닫게 만드는 것이었다. 이런 변화가 자리 잡자 5시간은 갑자기 업무를 완수하는 데 충분하고도 남는 시간이 되었다.

라인간스는 네트워크로 우리의 뇌가 연결된 시대에 일의 근본적인 구성요소를 극적으로 바꿀 의지를 지닌 소수의 비즈니스 리더 중 한 명이다. 현재 대다수 조직은 하이브 마인드 활동과잉 업무 흐름의 늪에 갇힌 채 최악의 과잉을 보완하기 위한 사소한 조정에 초점을 맞추는 데 만족한다. 이런 태도는 이메일 응답 시간을 둘러싼 기대치를 낮추거나 제목을 보다 잘 작성하는 것 같은 '해결책'으로 이어진다. 또한 이메일을 더 빨리 작성할 수 있도록 지메일의 자동 완성기능을 쓰거나, 수없이 오간 대화 중에서 필요한 내용을 바로 찾을 수 있도록 슬랙의 검색 기능을 쓰게 만든다. 이는 지식노동 분야에서 작업자에게 더 빠른 신발을 주어 수작업으로 차를 만드는 속도를 높이는 것과 같다. 즉, 엉뚱한 전쟁에서 거둔 작은 승리에 불과하다.

이 논의에 걸린 대가를 인지한 것은 라쎄 라인간스와 나뿐만이 아니다. 앞서 언급한 1999년 논문에서 피터 드러커는 생산성에 대한 사고 측면에서 지식노동은 1900년의 제조업과 같은 수준에 있다고 지적한다. 즉, 생산성을 50배나 높일 수 있는 과격한 실험을 하기 직전이라는 뜻이다. 다시 말해서 우리는 지식 부문의 경제적 유효성을 그만큼 크게 늘릴 준비가 되어 있다. 우리가 일하는 방식에 대해 진지하게 의문을 제기할 의지만 있다면 말이다. 드러커는 지식노동을 보다 생산적으로 만들기 위한 이런 노력을 우리 시대의 "핵심 과제"라고 평가한다. 그는 이렇게 쓴다. "무엇보다 (지식노동의) 생산성에 선진국의 번영(그리고 생존)이 갈수록 많이 좌우될 것이다."[9]

다음에 제시할 원칙은 이 태도 전환의 필요성과 잠재성을 모두 담아낸다. 이 원칙은 이 책의 2부에서 다룰 모든 실용적 아이디어를 위한 토대를 제공한다.

주의 자본 원칙
정보에 지속 가능한 방식으로 가치를 더할 수 있는, 뇌의 능력을 더욱 잘 살리는 업무 흐름을 찾아내면 지식 부문의 생산성을 크게 늘릴 수 있다는 원칙.

산업 부문의 주요 자본 원천은 원자재와 설비다.[10] 이 자본을 활용하는 일부 방식은 다른 방식보다 훨씬 많은 가치를 안겼다(조립라인 대 수작업 제조업을 생각해보라). 반면 지식 부문에서 주요 자본 원천은 정보에 가치를 더하기 위해 활용하는 인간의 뇌다. 나는 이를 '주의 자본attention capital'이라 부른다. 다만 두 부문 모두 같은 역학이 작용한다. 즉, 자본을 활용하는 전략에 따라 수익률이 달라진다. 1부에서 살핀 내용으로 볼 때 하이브 마인드 활동과잉이 요구하는, 머리를 어지럽히는 끊임없는 네트워크 전환은 전혀 효율적이지 않다는 사실이 명백하다. 어떤 의미에서 이는 인지적 차원에서 오랜 수작업 제조법으로 차를 만드는 것과 같다. 피터 드러커가 21세기에 이뤄질 것이라고 예언한 극적인 생산성 증가를 실현하려면 훨씬 높은 수익률을 창출할 수 있는 접근법을 찾겠다는 의지가 필요하다.

지금부터 주의 자본을 잘 활용할 수 있는 구체적인 아이디어들을 살필 것이다. 사람을 최적화하는 데서 절차를 최적화하는 것으로 초점을 옮기는 것의 가치를 깨닫는 한편, 전문 업무와 행정 업무를 구분하는 것의 중요성을 배우게 될 것이다. 또한 일반적인 지식노동자들에게 기대되는 비합리적인 업무량을 크게 줄여야 한다는 나의 주장을 듣게 될 것이다. 그리고 라쎄 라인간스 같은 개인과 더 나은 대안을 실험하려는 조직에 대한 여러 사례연구도 접하게 될 것이다. 다만 구체적인 논의로 넘어가기 전에 이 장의 남은 부분에서는 주의 자본 원칙을 실행하는 일반적인 모범관행에 초점을 맞출 것이다.

마케팅 회사가
하이브 마인드를 버린다면

　　　　　　　　확고한 사례연구로 주의 자본 원칙
에 대한 우리의 탐구를 시작해 보자. 그 대상은 디베시Devesh라는 사
업가다. 그는 이 아이디어들을 활용하여 자신이 운영하는 작은 마
케팅 회사에서 일을 재고했다. 그의 회사에서 일하는 직원들은 미
국와 유럽에 폭넓게 퍼져 있다. 그들은 여러 시간대에 걸친 지리적
다양성 때문에 이메일 같은 비동기적 의사소통에 의존할 수밖에 없
었다. 디베시의 회사는 비슷한 상황에 놓인 다른 많은 회사들처럼
곧 하이브 마인드 활동과잉 업무 흐름에 얽매이게 되었다. 그래서
결코 끝나지 않은 채 마구 뒤엉켜 오가는 이메일 메시지를 통해 업
무가 진행되었다. 디베시의 설명에 따르면 이는 "복수의 다른 프로
젝트들을 이야기하는 하나의 이메일과 업무서신 및 디자인 파일로
가득한" 수신함을 관리하느라 짜증 속에서 하루하루를 보내는 결
과로 이어졌다.

　디베시는 하이브 마인드식 업무 흐름에 압도당한 많은 사업가들
처럼 처음에는 의사소통을 보다 효율적으로 만들어서 문제를 해결
하려 시도했다. 우선 여러 조치 중 하나로 업무용 이메일을 지메일
로 바꿨다. 지메일은 여러 메시지를 하나의 스레드로 자동으로 묶
어주는 기능이 뛰어났다. 또한 직원들이 자리를 비울 때도 계속 대
화를 이어가도록 해주는 깔끔한 스마트폰 앱을 제공했다. 그러나
이처럼 효율성을 높이기 위한 시도를 해도 엄청난 양의 분주한 의

사소통에 근본적으로 잘못된 것이 있다는 이면의 의구심이 사라지지 않았다. 디베시가 내게 설명한 대로 그와 직원들은 그들이 시간을 보내는 방식을 "지시하는" 수많은 메시지에 "폭격당하는" 느낌을 받았다. 이런 양상이 인지적 업무를 실행하는 최선의 방법일 리 없다는 사실이 점차 명백해졌다. 앞서 소개한 새로운 개념을 활용하자면 디베시는 회사의 주의 자본을 통해 부실한 수익률을 올리고 있는 것은 아닌지 우려했다.

디베시는 헨리 포드의 지침서를 참고하여 회사의 업무를 조직하는 과격한 새로운 접근법을 실험하기 시작했다. 그의 핵심 통찰은 직원들이 하이브 마인드에 의존하면 수신되는 메시지로 인해 일과가 구성된다는 것이었다. 이 메시지들은 그들이 어떤 업무를 해야 하는지 지시했고, 수많은 프로젝트들 사이를 동시에 뛰어다니게 만들었다. 그에 따라 그들이 하나의 목표에 할애하는 주의의 질이 한정될 수밖에 없었다. 디베시는 이 역학을 뒤바꾸기로 결심했다. 그는 직원들이 어떤 일을 할지 결정하기를 원했다. 또한 일단 결정한 후에는 다른 일로 넘어가기 전에 그 일에만 주의를 쏟기를 원했다. 디베시는 이 새로운 목표를 실현하기 위해 모든 업무가 각 직원의 범용 수신함을 통해 이뤄지는 하이브 마인드 모델을 버렸다. 그는 트렐로Trello라는 온라인 프로젝트 관리 도구를 중심으로 회사의 업무 흐름을 재구성했다.

트렐로에서 프로젝트를 만들면 관련된 협력자들이 공유하는 '보드board'라는 전용 웹페이지가 생긴다. 그러면 여기에 지정된 열을 추가하고, 각 열에 '카드'들을 넣어서 '스택stack'을 구성할 수 있다. 즉, 솔리테어solitaire처럼 카드들이 수직으로 배열된다. 각 카드는 전면에 짧은 설명을 담고 있다. 카드를 클릭하면 첨부파일, 과제 목록, 논의사항을 포함하여 훨씬 자세한 정보에 접근할 수 있다.

디베시는 나의 요구에 따라 현재 진행 중인 마케팅 프로젝트를 위한 트렐로 보드의 스크린샷을 보내주었다. 이 보드는 다음과 같이 4개의 스택을 포함하고 있다.

트렐로 보드의 4가지 스택 · · ·

- **자료 및 참고사항.** 이 스택의 카드들은 각각 마케팅 캠페인과 관련된 배경 정보를 담고 있다. 예를 들어, 한 카드에는 근래에 고객과 통화한 내용이 적혀 있고, 다른 카드에는 고객의 이메일 발송 명단을 늘릴 방법에 대한 생각들이 담겨 있다.

- **미완료 업무.** 이 스택의 카드들은 각각 일정한 시점에 완료해야 하지만 현재 누구도 본격적으로 진행하고 있지 않은 프로젝트 단계들을 기술한다. 예를 들어, 한 카드에는 새로운 고객 증언을 고객의 웹사이트에 추가해야 한다는 내용이 적혀 있다.

- **기획과 실행.** 이 마지막 두 스택의 카드들은 현재 진행하고 있는 프로젝트 단계들을 기술한다. 기획 스택은 당연히 기획과 관련된 단계들을 포함하며, 실행 스택은 마케팅 캠페인의 진행과 관련된 다른 단계들에 초점을 맞춘다. 이 두 요소는 다른 사람들이 담당하기 때문에 따로 분리하는 것이 타당하다. 중

요한 사실은 각 카드를 클릭하면 해당 단계에 대한 설명뿐 아니라 현재 상태 및 댓글란이 같이 나온다는 것이다. 그래서 사람들은 활발하게 질문과 응답을 하고 해당 카드와 관련된 핵심 과제를 완수할 책임자를 정한다. 일부 카드에는 하부 과제를 위한 점검 목록까지 있으며, 다른 카드에는 카드 제목 밑에 밝은 색깔로 기한이 표시되어 있다. 또한 많은 카드에는 관련 파일이 바로 첨부되어 있다.

디베시가 내게 설명한 대로 그의 회사는 현재 트렐로를 중심으로 업무를 진행한다. 그래서 당신이 프로젝트를 맡으면 논의, 업무 위임, 관련 파일 공유를 비롯한 모든 업무가 해당 보드를 통해 조율된다. 이메일 메시지나 슬랙 채팅은 필요없다. 또한 당신이 어떤 프로젝트에 대한 업무를 진행하기로 결정하면 보드를 살피고 카드를 토대로 일한다. 프로젝트 단계가 완료되면 카드가 미완료 업무에서 제거되어 실행 열로 옮겨진다. 또한 새로운 아이디어가 떠오르거나 고객이 별도 요청을 하면 자료 및 참고사항 열에 추가된다. 그리고 의문이 생기거나 일을 위임해야 할 경우 관련 카드를 클릭하면 나오는 논의란에 덧붙일 수 있다. 그러면 프로젝트와 관련된 모든 사람이 볼 수 있다.

이런 변화가 일어나기 이전까지는 각 직원의 일과는 수신함이 주도했다. 그들은 아침에 일을 시작할 때 수신함을 열었고, 퇴근할 때까지 메시지에 응답했다. 반면 새로운 트렐로 기반 업무 흐름이 도입된 이후에 각 직원의 업무는 종일 거쳐가는 프로젝트 보드가 주도했다. 이메일은 여전히 시급하지 않은 행정 업무나 사적인 일대일 대화에 활용된다. 그러나 그 중요성은 크게 줄었다. 수신함은 이제 실제 우편함과 비슷하게 하루에 한두 번 확인하는 것이 되었다.

새로운 업무 흐름은 싱글태스킹 single-tasking을 촉진한다. 디베시의 직원들은 특정 프로젝트에 대한 업무를 하기로 결정하면 해당 보드에서 그 프로젝트와 관련된 정보나 논의 내용만 본다. 그래서 그들이 다음 일로 넘어갈 준비가 될 때까지 한 가지 일에만 집중하게 된다. 반면 범용 수신함을 활용할 때는 수많은 프로젝트 사이를 계속 오갔다. 때로는 같은 메시지 안에서도 그런 경우가 있었다. 이런 인지적 상태는 비생산적일 뿐 아니라 불행을 초래한다.

이 업무 흐름의 또 다른 장점은 특정 프로젝트와 관련된 모든 정보를 명확하게 정렬한다는 것이다. 디베시의 회사가 하이브 마인드 활동과잉에 의존할 때는 이런 정보가 수많은 직원의 수신함에 파묻힌 이메일 메시지에 중구난방으로 흩어져 있었다. 분명하게 표시된 카드에 관련 파일과 논의 내용을 첨부하고, 지정된 열에 이 정보들을 깔끔하게 정돈하는 것은 업무를 관리하고 다음에 해야 할 일을 효과적으로 계획하는 훨씬 효율적인 방식이다.

디베시의 트렐로 보드를 본 나의 반응은 헨리 포드의 하일랜드 파크 공장에서 전면 가동되는 조립라인을 처음 접한 경쟁 자동차 제조사들의 반응과 비슷했을 것이다. 나는 이것이 업무를 조직하는 더 나은 방식이라는 것을 바로 깨달았다. 디베시도 거기에 동의한다. 그의 직원들은 이제 업무의 주요 동인으로서 이메일로부터 벗어난 것에 훨씬 만족하는 듯 보인다. 또한 큰 불만의 목소리가 터져 나오거나 생산성이 떨어지지도 않았다. 보다 시사적인 사실은 디베시가 과거의 업무방식으로 돌아갈 생각이 전혀 없다는 것이다. 그는 직업적 삶이 얼마나 많이 바뀌었는지 강조하기 위해 업무용 이메일 수신함의 스크린샷을 내게 보내주었다. 이전 한 달 내내 그가 참여한 이메일 스레드는 8개에 지나지 않았다. 또한 그가 주고 받은 이메일은 총 44통에 불과했다. 이는 하루 평균 2통이 약간 넘는 수치다. 그는 "참으로 다행스러운 일"이라고 말했다.

이렇게 과격하게 업무 흐름을 조정하는 것은 글로 설명하기는 쉽지만 당연히 성공적으로 실행하기는 어렵다. 실험을 위한 노력의 초점을 어디에 맞출지 파악하는 일부터, 불편 사항이나 추가 작업 같은 문제에 대한 사고방식을 바꾸는 일, 모든 팀원의 협력을 이끌어내는 일까지 넘어야 할 난관이 많다. 지금부터는 조직이나 직업적 삶에 주의 자본 원칙을 적용하고자 시도할 때 이런 난관을 극복한 모범관행을 살펴볼 것이다.

자율성을 중심으로 체계를 세우자

3장에서 우리는 "하이브 마인드 활동과잉이 그렇게 비효율적이라면 왜 그렇게 인기를 끄는가?"라는 핵심적인 질문을 살폈다. 아이러니하게도 내가 제시한 답은 대부분 지식노동자의 생산성을 21세기의 핵심 과제로 파악한 사람, 즉 피터 드러커와 관련된 것이었다. 앞서 자세히 설명한 대로 드러커는 1950년대와 1960년대에 기업계가 주요 경제 부문으로서 지식노동이 부상하는 것을 이해하는 데 도움을 주었다. 그의 핵심 메시지 중 하나는 자율성이 중요하다는 것이었다. 그는 1967년에 "지식노동자는 밀접하게 혹은 자세히 감독할 수 없다. 그들은 스스로를 이끌어야 한다"라고 썼다.[11]

드러커가 깨달은 사실은 지식노동이 너무나 전문적이고 창의적이어서 일련의 반복적 과제로 나눌 수 없다는 것이었다. 그래서 육체노동의 경우처럼 관리자가 노동자들에게 지시할 수 없었다. 새로운 사업 전략을 구상하거나 새로운 과학적 공정을 혁신하는 것처럼 추상적인 일을 아무 생각 없이 따를 수 있는 명확하면서 최적화된 진행 단계로 분해하는 쉬운 방법은 없었다.

이런 자율성에 대한 강조는 영향력을 발휘했으며, 하이브 마인드가 끈질기게 지속되는 이유를 설명한다. 내가 주장한 대로 생산성과 관련된 결정을 개인에게 맡기면 하이브 마인드 활동과잉처럼 단순하고 유연한 최소공배수 스타일의 업무 흐름에 고착될 수밖에 없다.

이 지점에서 우리는 막다른 길에 처하게 된다. 한편으로 자율성은 업무의 복잡성 때문에 지식노동에서 불가피하다. 그러나 다른 한편으로 자율성은 하이브 마인드 스타일의 업무 흐름을 고착화한다. 주의 자본 원칙을 성공적으로 적용하려면 이 함정에서 벗어나야 한다. 그러기 위해서 드러커가 남긴 과제를 맡아서 자율성이 정확히 어디에서 실로 중요한지 분명하게 밝혀야 한다.

지식노동은 '업무 실행work execution'과 '업무 흐름workflow'이라는 두 가지 요소가 결합된 것으로 볼 수 있다. 첫 번째 요소인 업무 실행은 지식노동에서 가치를 생성하는 이면의 활동을 실제로 실행하는 것이다. 가령 프로그래머가 코딩을 하거나, 홍보 담당자가 보도 자료를 작성하는 것이 그런 예다. 이것이 주의 자본을 통해 가치를 창출하는 방식이다.

두 번째 요소인 업무 흐름은 이 책의 머리글에서 이미 정의했다. 거기에 따르면 업무 흐름은 이 핵심 활동들을 파악하고, 할당하고, 조율하고, 검토하는 방식을 말한다. 하이브 마인드 활동과잉은 디베시의 프로젝트 보드 시스템처럼 하나의 업무 흐름이다. 업무 실행이 가치를 창출한다면 업무 흐름은 그런 노력을 구조화한다.

이 요소들이 두 가지 다른 것을 말한다는 사실을 이해하면 자율성 함정에서 탈출할 길을 찾을 수 있다. 드러커는 자율성을 강조할때 업무 실행을 생각하고 있었다. 이 활동들은 종종 너무 복잡해서 판에 박힌 절차로 나눌 수 없기 때문이다. 반면 업무 흐름은 개인이 알아서 해결하도록 놔두면 안 된다. 가장 효율적인 시스템은 대개 저절로 생기지 않기 때문이다. 따라서 조직 운영 절차의 일부로서 명시적으로 제시되어야 한다.

만약 내가 개발팀을 이끌고 있다면 프로그래머에게 특정한 루틴을 작성하는 방법을 말해서는 안 된다. 다만 그들이 얼마나 많은 루틴을 작성해야 하는지, 그 과정을 어떻게 추적해야 하는지, 코드 베이스code base를 어떻게 관리해야 하는지, 심지어 다른 팀에서 누가 개발팀을 귀찮게 하는 것을 허용할지 등에 대해 많이 생각해야 한다(소프트웨어 개발자들을 대상으로 대단히 독창적인 업무 흐름을 적용한 사례에 대해 더 많이 알고 싶다면 7장에 나오는 '극한 프로그래밍extreme programming'을 참고하라).

디베시의 마케팅 회사에서도 이런 활동의 구분을 볼 수 있다. 디베시가 프로젝트 관리를 트렐로 보드로 옮겨도 그의 팀이 마케팅 캠페인을 기획하고 전개하는 핵심 활동을 실제로 실행하는 방식을 제한하는 일은 없었다. 다만 이런 활동을 뒷받침하는 업무 흐름이 바뀌었을 뿐이다. 거기에는 프로젝트에 대한 정보를 관리하는 방법, 관련 정보나 의문사항을 알리는 방법 등이 포함되었다. 디베시는 업무 흐름을 혁신했을 뿐 업무 실행의 세부적인 내용은 숙련된 직원들에게 맡겼다. 앞으로 접할 대다수 사례에서도 이와 같은 구분을 확인할 수 있을 것이다.

공정하게 말하자면 드러커가 지식노동에 대한 연구에서 이런 구분을 하지 않았다고 탓할 수는 없다. 그가 이 주제를 파고들기 시작한 1950년대와 1960년대에는 어떤 직원이라도 자율성을 부여한다는 개념이 너무나 과격했다. 그래서 엄밀한 분석을 할 여지가 별로 없었다. 그저 산업 부문에서 기적적인 성장을 이끈 권위주의적 접근법이 새로운 유형의 두뇌 중심 활동에는 맞지 않을지 모른다는 사실을 설득하는 일만 해도 충분히 어려웠다.

드러커는 회의적인 청중에게 자율성의 복음을 설파하는 데 성공했다. 또한 오늘날 지식 부문에 참여하는 우리 같은 사람들은 이 선견지명이 담긴 주장의 수혜자들이다. 그러나 우리는 여기서 멈춰서는 안 된다. 주의 자본 원칙의 커다란 잠재력을 실현하려면 드러커의 어깨 위에 서서 복잡성의 다음 진화를 향해 이 이론을 밀고 나가야 한다. 업무 흐름과 업무 실행을 구분하는 일은 지식 부문의 생산성을 개선하는 데 대단히 중요하다. 주의 자본의 가치를 온전히 살려내기 위해서는 우리가 일을 구조화하는 방식을 진지하게 살펴야 한다. 그렇게 한다고 해서 지식노동자의 자율성이 저해되는 것은 아니다. 오히려 지식노동자들이 기술과 창의성을 통해 더 많은 가치를 창출하도록 만들 수 있다.

맥락 전환과 과부하를 최소화하자

헨리 포드는 1900년대 초에 자동차를 만드는 더 나은 방식을 실험하기 시작했다. 그로부터 1세기 후 디베시는 마케팅 고객을 대하는 더 나은 방식을 실험하기 시작했다. 우리는 이런 노력에서 포드가 이점을 누렸다는 사실을 인정해야 한다. 자동차를 제조하는 일에 있어서는 한 공정을 다른 공정보다 우월하게 만드는 요소가 명확하다. 바로 속도다. 빠른 것이 느린 것보다 낫다는 설계 원칙은 포드가 기울이는 노력을 이끌었다. 또한 낮은 수준의 공정 개선이 수익과 직결되도록 해주었다. 그러나 지식노동에서는 이 방정식이 모호해진다. 주의 자본을 통해 더 나은 수익률을 올리도록 업무 흐름을 개선하려면 어디를 살펴야 할까? 인지적 작업에서 생산 속도에 해당하는 것은 무엇일까?

이 질문에 대답하기 위해 우리는 이 책의 1부에서 하이브 마인드 활동과잉 업무 흐름의 문제점을 지적한 통찰을 참고할 수 있다. 앞서 나는 한 표적에서 다른 표적으로 주의를 전환하는 데 인지적 비용이 많이 든다고 주장했다. 수신함이나 채팅 채널에서 전개되는 대화를 계속 관리하게 만드는 업무 흐름은 두뇌가 생산하는 산출물의 질을 떨어트린다. 나는 또한 당신의 시간과 주의에 대한 수많은 요청을 따라잡지 못할 것 같은 느낌을 안기는 의사소통 과부하가 우리의 오랜 사회적 신경망과 상충한다고 주장했다. 이는 단기적으로는 불행을, 장기적으로는 탈진을 초래한다.

이런 사실을 토대로 나는 다음과 같은 설계 원칙을 제안한다. 이 원칙은 개인 혹은 조직의 주의 자본에 더 나은 수익률을 제공하는 접근법을 개발하는 데 활용할 수 있다. 그것은 바로 (1)업무 중 맥락 전환을 최소화하고, (2)의사소통을 최소화하는 업무 흐름을 추구한다는 것이다. 이 두 속성은 지식노동에 있어서 헨리 포드가 집착한 속도와 같은 의미를 지닌다.

이 주장을 설명하기 위해 첫 번째 속성부터 살펴보자. 업무 중 맥락 전환은 하던 업무를 중단하고 이와 무관한 다른 업무로 주의를 전환했다가 다시 원래의 대상으로 돌아오는 상황을 말한다. 이것의 전형적인 사례는 현재 업무와 무관한 긴 대화를 따라잡기 위해 이메일 수신함이나 인스턴트 메신저 채널로 계속 돌아가야 하는 것이다. 이런 전환은 아날로그적으로 이뤄질 수도 있다. 예를 들어, 개방형 사무실 환경에서 물어볼 것이 있다며 당신의 자리로 찾아오는 사람들에게 자주 방해받을 수 있다. 또한 당신이 따르는 업무 흐름이 끊임없는 회의를 요구한다면 이 역시 당신의 스케줄을 너무나 잘게 쪼개기 때문에 하나의 업무를 처음부터 끝까지 완수하기 어렵게 만든다.

방해 요인이 무엇이든 두뇌를 통해 가치를 생산하는 일에서는 한 번에 하나씩 과제를 끝내는 것이 중요하다. 다음 과제로 넘어가기 전에 한 과제에 몰두할 수 있어야 보다 효율적으로, 그리고 효과적으로 일할 수 있다. 1부에서 자세히 설명한 대로 이 점은 깊은 사고를 요하는 일이든, 경영이든, 지원 역할이든 수많은 유형의 지식 노동에 적용된다. 우리의 뇌를 활용하는 최적의 방식은 순차적으로 일을 처리하는 것이다.

위에서 언급한 두 번째 속성은 모두가 항상 당신을 필요로 하는 듯한 느낌에 따른 인지적 비용을 줄이기 위한 것이다. 다른 모든 조건이 동일할 때 끝없이 이어지는 시급한 의사소통을 최소화하는 업무 흐름은 그것을 늘리는 업무 흐름보다 우월하다. 당신이 밤에 집에 있을 때 혹은 주말이나 휴가기간에 휴식을 취할 때 등 일에서 멀어진 모든 순간에 의사소통이 마치 빚처럼 쌓이고 있다는 느낌을 받아서는 안 된다. 하이브 마인드 활동과잉의 시대에 우리는 하이테크 세계에 필요한 산물로서 이런 의존 상태에 익숙해졌다. 그러나 그것은 말이 안 된다. 더 나은 업무 흐름은 이런 과부하에 대한 감각을 다스릴 수 있다. 그러면 당신은 더 행복해질 뿐 아니라 더 효과적으로 일하게 된다. 또한 시간이 지남에 따라 탈진할 가능성도 줄어든다.

디베시의 이야기로 돌아가 보면 이런 설계 원칙이 적용되는 양상을 확인할 수 있다. 프로젝트 보드 기반 업무 흐름은 업무 중의 맥락 전환을 제거한다. 프로젝트에 대한 의사소통은 이제 해당 프로젝트의 보드를 띄워서 관련 카드를 살필 때만 이뤄진다. 한 프로젝트를 위해 일하는 동안 다른 프로젝트에 대한 메시지를 접하게 되는 범용 수신함은 없다. 디베시는 이를 '구도 역전flipping the script'이라고 부른다. 즉, 의사소통할 시기를 프로젝트가 결정하는 것이 아니라 당신이 결정한다는 것이다.

디베시의 새로운 업무 흐름은 또한 의사소통 과부하를 최소화한다. 상호작용을 프로젝트와 연관된 과제 중심 카드로 옮겨가면 요청이 쌓여간다는 감각이 사라진다. 당신은 특정한 프로젝트 보드에 들어가기로 결정한 후에야 대화에 기여하게 된다. 거기에 들어가지 않으면 시도 때도 없는 요청과 알림으로 넘쳐나는 수신함에 시달릴 일이 없다.

맥락 전환과 의사소통 과부하를 최소화하는 것이 더 나은 업무 흐름을 구축하는 일의 전부는 아니다. 이 원칙은 단기적으로 당신의 실험에 지침을 제공한다. 그러나 장기적으로는 핵심적인 최종 지표, 즉 당신이 생산하는 가치 있는 산출물의 양과 질을 지속적으로 확인해야 한다. 지식노동 조직에서는 새로운 업무 흐름이 매출에 미치는 영향을 점검하는 것을 뜻한다. 개별 지식노동자의 경우에는 주요 단계에 이르거나 프로젝트를 완수하는 속도를 지표로 삼을 수 있다.

이 수치들이 장기적으로 개선되면 이 새로운 업무 방식을 고수해야 한다는 자신감이 생길 것이다. 마찬가지로 중요한 일은 변화를 일으킨 후에 지표가 나빠지면 너무 멀리 나아가서 의도치 않게 성공에 중요한 활동을 저해했다는 명백한 증거로 받아들이는 것이다. 핵심은 맥락 전환과 의사소통 과부하를 최소화하는 동시에 필요한 일들을 해내는 것이다.

불편을 두려워하지 말자

내가 디베시의 이야기를 다른 지식노동자들에게 들려주면 예상대로 그들은 우려를 표했다. 그들은 그들의 조직이 하이브 마인드 활동과잉 업무 흐름에서 벗어나 디베시의 프로젝트 보드 기반 업무 흐름과 같은 더 체계적인 업무 흐름으로 옮겨가는 것을 상상할 때 그로 인해 발생할 수 있는 여러 문제들을 쉽게 떠올렸다. 어떤 주제든, 어느 때든 사람들의 주의를 끌 수 없어지면 기한을 맞추지 못하거나, 시급한 업무를 완료하지 못하거나, 프로젝트의 주요 단계에서 진전을 이루는 데 필요한 답변을 얻기까지 오랜 시간이 지체될 수 있었다. 다시 말해서 하이브 마인드 활동과잉의 단순성을 뒤로하는 것은 모두에게 불편을 줄 수 있었다.

이런 반대는 중요한 의미가 있다. 주의 자본 원칙을 적용하려는 대다수 시도와 관련이 있기 때문이다. 앞서 말했듯 하이브 마인드 활동과잉이 지식 부문에서 끈질기게 살아남는 이유 중 하나는 그것을 활용하는 개인에게 당장은 정말로 편리하기 때문이라는 것이다. 즉, 시스템을 익히거나 규칙을 기억할 필요가 없다. 그냥 필요할 때마다 전자적 수단으로 사람을 낚아채면 된다. 이 업무 흐름에 대한 거의 모든 대안은 사실 덜 편리하다. 그 과정을 따르는 데 더 많은 노력이 필요하고, 업무를 완료하지 못하거나 가끔 응답이 많이 지체되는 것 같은 작은 문제들로 이어지기 때문이다. 이런 현실은 수신함이 안기는 피로에 따라 일어난 수많은 업무 개혁 운동이 결국에는 아주 사소한 조정으로 끝나는 이유를 설명해준다. 메시지 송수신을 둘러싼 더 나은 '에티켓'을 홍보하는 것이 그런 예다. 이런 맥빠진 제안은 하이브 마인드 활동과잉의 현재 상태를 진정으로 바꾸기 위해 넘어야 할 난관을 직면하지 않아도 되도록 해준다.

당신이 자신 혹은 당신이 속한 조직의 업무 흐름을 크게 변화시키고 싶어 한다고 가정해보자. 이 실험이 수반하는 불편을 피할 수 있을까? 그럴 수 없다. 따라서 이런 짜증을 더 이상 두려워하지 않도록 태도를 바꿔야 한다. 이 조언을 뒷받침하기 위해 산업 부문으로 돌아가보자. 산업 부문에서는 불편을 감수하는 일이 흔했다. 가령 1908년부터 1914년까지 헨리 포드의 하일랜드 파크 공장에서 과격한 실험이 진행되는 동안 상황이 어떠했을지 생각해보라. 이 기간의 초기에 차를 만들던 방식은 전적으로 타당해 보였다. 그래서 포드는 수십 년 동안 업계를 지배한 수공예 제조법을 활용했다. 즉, 작업자들이 작업대에 가만히 놓인 차체 주위에 서서 부품을 고정하거나 연마하고 공작실로 물품을 나르면서 언제나 만들던 방식대로 차를 만들었다. 그것은 바로 제자리에 두고 한 번에 하나씩 짜 맞추는 것이었다.

반면 포드의 초기 조립라인은 직원들에게 악몽 같았을 것이다. 어느 것도 자연스럽지 않았다. 일단 쉽게 고장 나는 더 복잡한 기계 설비가 필요했다. 범퍼를 적재장에서 제자리에 놓인 차로 옮기는 일은 단순하고 안정적인 절차였다. 반면 변속 윈치 시스템을 활용하여 전체 차체를 작업자에게로 옮겨가고 뒤이어 작업자가 지나가는 차체에 볼트로 범퍼를 고정시키는 것은 훨씬 복잡한 방식이었다.

그다음으로 맞춤식 도구가 필요했다. 지속적인 생산을 가능하게 만든 요소 중 하나는 정밀한 작업을 빠르게 실행할 수 있는 특수 공구였다. 가령 포드는 하나의 엔진 블록에 45개의 구멍을 동시에 뚫을 수 있는 타공기를 고안했다.[12] 그러나 맞춤형 도구의 단점은 계속 운용하기가 어렵다는 것이다. 아마도 초기에 하일랜드 파크에서는 거추장스러운 공구를 조정하고 수리하느라 짜증스럽게 허비한 시간이 많았을 것이다.

조립라인의 또 다른 짜증 나는 현실은 공정의 한 단계에서 문제가 발생하면, 가령 설치 단계가 너무 오래 걸리거나 부품이 제때 공급되지 않으면 제작이 아예 중단된다는 것이다. 분명 초기에는 결함을 바로잡느라 공정이 중단되는 경우가 잦았을 것이다. 꾸준하고 안정적인 수공예 제조법에서 툭하면 조업을 아예 멈춰야 하는 공정으로 옮겨가는 일이 얼마나 짜증스러웠을지 상상해보라. 게다가 조립라인은 감독을 위한 더 많은 관리자와 엔지니어를 요구했다. 즉, 더 심한 짜증을 유발했을 뿐 아니라 운용하기에 훨씬 많은 비용이 들었다!

한 마디로 헨리 포드는 자동차를 만드는 안정적이고 직관적인 공정을, 운용에 더 많은 비용이 들고 훨씬 많은 관리와 간접비를 요구하며 전혀 자연스럽지 않고 종종 고장날 뿐 아니라 때로 심각한 생산 지연으로 이어지는 공정으로 대체했다. 이렇게 어느 것 하나 쉽거나 명백하지 않았을 것이다. 당신이 이 시기에 포드의 관리자나 노동자 혹은 투자자였다면 더 안전하고 덜 단절적인 변화를 훨씬 선호했을 것이다. 그래서 아주 약간 더 효율적이지만 이미 검증된 제조법에 초점을 맞추었을 것이다. 이것이 앞서 말한 산업 부문에서 더 나은 이메일 에티켓을 홍보하는 것에 해당한다.

물론 이제 우리는 이런 우려가 필요 없다는 것을 안다. 조립라인은 결국 포드 모터 컴퍼니를 세계에서 가장 크고 수익성 높은 기업 중 하나로 만들었기 때문이다. 우리는 산업 생산의 맥락에서는 이런 이야기를 쉽게 받아들인다. 생각해보면 공장의 경우 편의성이나 단순성을 추구하거나 가끔 나쁜 일이 생기는 것을 방지하는 것이 아니라 제품을 최대한 비용 효율적으로 생산하는 것을 목표로 삼는 것이 타당하기 때문이다.

실제로 20세기의 경영 관련 문헌을 읽어보면 추가된 복잡성을 견디는 능력을 통해 효율성을 높인다는 아이디어를 찬양한다. 피터 드러커는 1959년에 펴낸 책 《미래의 랜드마크Landmarks of Tomorrow》에서 응용 분야의 연구자와 엔지니어 들이 "꾸준한 개선, 개조, 응용"을 통해 새롭고 개선된 제품을 이전보다 더 빠르게 생산할 수 있게 하는 것을 칭찬한다.[13] 마찬가지로 같은 해인 1959년에 제임스 맥케이James McKay는 비즈니스 조언서의 고전인 《시간 관리The Management of Time》에서 현대 세계의 리더십을 정의한다. 그는 다음과 같이 일을 완수하는 방법을 끊임없이 실험하는 한편, 그에 따른 복잡성에 침착하게 대처하는 능력을 리더십과 연결 짓는다.

> 우리 시대에 각광받는 사람은 갈수록 빨라지는 발명 속도에 따른 복잡한 문제를 다룰 수 있는 사람이다. 그는 탁월한 독창성을 지닌 사람이다. 그는 자신을 연마하여 계속 새로운 지식과 기술을 습득하는 사람이다. 그는 새로운 생산 개념, 마케팅 개념, 재무 접근법을 창출한다.[14]

현대 지식노동에서 우리는 과감하게 앞으로 나아가고, 그에 따른 어려움을 이전보다 일을 잘하기 위한 비용으로 감수하는 데 별로 관심이 없다. 우리는 여전히 '혁신'을 이야기하지만 이 용어는 현재 우리가 제품 및 서비스를 생산하는 수단이 아니라 제품 및 서비스에 거의 전적으로 적용된다. 또한 전자의 경우에도 비즈니스 사상가들은 생산성을 촉진하는 보다 나은 리더십이나 보다 명확한 목표 같은 부차적 요소에 초점을 맞추는 경향이 있다. 일을 할당하고, 실행하고, 검토하는 실제 역학에는 거의 주의를 기울이지 않는다.

이렇게 부차적인 요소에 집중하는 이유는 지식노동 부문의 리더들이 소심해서가 아니다. 그보다는 대개 앞서 언급한 자율성 함정 때문이다. 지식노동자들이 일하는 방식의 세부적인 측면을 개인에게 맡긴 자연스런 결과는 다른 무엇보다 지금 당장의 편의성을 중시하는 업무 흐름에 고착되는 것이다. 이 함정에서 벗어나 우리가 일하는 방식을 체계적으로 재고하기 시작하면, 장기적으로는 개선을 향해 나아가지만 불가피하게 단기적인 불편을 맞을 수밖에 없다. 앞서 소개한 산업의 역사가 보여주듯이 이런 불편을 두려워하지 말아야 한다. 비즈니스에서 좋은 것과 쉬운 것, 이루는 것과 편한 것은 같지 않다. 지식노동자들은 내심 자신이 힘들게 습득한 기술을 충분히 활용하여 중요한 성과를 내고 싶어한다. 설령 그들의 메시지에 대해 항상 빠른 응답을 받지 못한다고 해도 말이다.

조립라인은
노동자들에게 끔찍한 것이었을까?

나는 이 책을 구상하던 초기에 가족의 결혼식에 참석했다. 리허설 디너 때 나는 한 친척과 이야기를 나누었다. 그는 내가 무엇을 하는지 알고 싶어했다. 그래서 나는 이 책에 대한 이야기를 하면서 조립라인이 지식노동에 대한 재고와 연관성을 지닌다는 나의 아이디어를 시험했다. 나는 지금도 그의 반응을 정확히 기억한다. 그는 "그거 참 끔찍하게 들리는군"이라고 말했다.

조립라인을 긍정적인 사례로 삼는 일의 문제점은 실제로 조립라인에서 일한 경험이 전혀 긍정적이지 않다는 것이다. 역사학자인 조슈아 프리먼Joshua Freeman이 2019년에 펴낸 《더 팩토리Behemoth》에서 주장한 대로 우리는 조립라인이 제공한 생산성 향상에 대해 생각할 때 효율적인 자재 처리에 너무 많이 초점을 맞춘다. 그러나 생산성 향상의 대다수는 "작업의 엄청난 집중화"에서 나왔다.[15] 즉, 잠시라도 한눈을 팔면 전체 라인이 멈추게 된다. 그래서 노동자들은 지루함과 끊임없는 집중이라는 부자연스러운 조합을 강요당했다. 프레드릭 윈슬로 테일러는 그보다 앞서 초시계로 작업자의 성과를 측정해 빠른 작업자에게 인센티브를 제공하는 방식으로 효율성을 높이려 시도했다. 헨리 포드는 그저 빠르게 일할 수밖에 없도록 만들어서 테일러의 접근법을 우회했다. 프리먼은 이렇게 쓴다. "조립라인 노동자에게 노동은 쉼 없고 반복적이다. 조립라인 노동은 다른 노동 방식과는 다른 방식으로 생리적, 심리적 피로를 초래했다. 노동자들은 그 어느 때보다 더 기계의 연장선이 되어 그것의 필요와 속도에 맞춰야 했다."[16]

1936년에 찰리 채플린Charlie Chaplin은 기념비적인 작품인 〈모던 타임스Modern Times〉에서 이 암울한 현실을 풍자했다. 이 영화에서 그가 연기한 리틀 트램프Little Tramp는 갈수록 빠르게 돌아가는 조립 라인의 속도를 따라잡으려 애쓴다. 그는 두 개의 커다란 렌치를 들고 앞으로 지나가는 각 제품에 달린 볼트를 돌린다. 작업반장이 조립라인의 속도를 높이자 채플린의 행동은 갈수록 정신없이 바빠진다. 그러나 쏜살같이 지나가는 제품을 따라잡으려는 최후의 헛된 시도로 결국에는 컨베이어 벨트 안으로 뛰어들게 된다. 그는 활송 장치를 거쳐 거대한 기어 안에 끼이게 된다. 찰리 채플린은 헨리 포드의 공장 중 하나를 방문한 직후에 이 영화를 만들었다.[17]

조립라인 노동이 비인간적이라는 일반적인 관념은 나의 친척이 보였던 부정적인 반응을 촉발했다. 그는 우리가 디지털 시대의 〈모던 타임스〉 리부트reboot 같은 상황에 처하는 지식노동의 미래를 상상했다. 이런 관점에서 보면 정신없이 렌치를 돌리는 행동은 정신없이 키보드를 두드리는 행위로 대체된다. 그리고 이 장면은 여전히 우리가 생산성이라는 기계 안에서 갈려나가는 것으로 끝난다. 이는 주의 자본 원칙에 대해 제기할 수 있는 자연스러운 우려다. 그러나 이 원칙이 적용된 구체적인 사례연구를 살펴보면 그 우려는 실현되지 않는다. 디베시의 마케팅 회사를 보라. 복잡하게 뒤엉킨 수신함에서 체계적인 프로젝트 보드로 업무를 옮겨간다는 아이디어는 더 단조롭고 영혼 없는 일로 나아가는 것과는 관련이 전혀 없다. 오히려 이 변화는 정반대의 효과를 가져왔다. 포드가 조립라인을 도입했을 때 일어난 일과 반대로 디베시가 업무 흐름을 혁신한 이후 직원들은 직업적 삶이 덜 피곤하고 보다 지속 가능하게 바뀌었다고 느꼈다.

2부 전체에 걸쳐 제시될 사례연구들에서 확인하겠지만 디베시의 업무 흐름 전환이 안긴 혜택은 예외적인 것이 아니라 보편적인 것이다. 내가 든 조립라인 비유를 자세히 살펴보면 이 사실이 타당해진다. 내가 헨리 포드를 언급한 이유는 포드 노동자들이 자동차를 제조했던 특정한 방식의 유효성을 강조하기 위한 것이 아니다. 자석 발전기를 조립하는 일과 마케팅 전략을 기획하는 일 사이에는 사실 유용한 연관성이 거의 없다. 그보다는 자본을 활용하는 다양한 방식에 대한 실험이 지니는 힘을 보여주기 위해서다. 이 과정은 산업 부문과 지식 부문에서 상당히 다른 모습으로 진행된다. 피터 드러커가 입증한 대로 지식노동에서는 숙련 노동자들이 그들의 능력을 실제로 활용하는 방식에 있어서 자율성을 유지해야 한다. 주의 자본 원칙은 업무를 할당하고 검토하는 방식을 결정하는 업무 흐름에 대한 실험을 하도록 한다. 그 목적은 지식노동자들이 실제로 중요한 일을 이루는 것을 더 쉽고 보다 지속 가능하게 만드는 데 있다. 다시 말해, 그들이 더 많은 일을 더 빨리 하도록 유도하는 것이 아니다. 그런 전략은 인지적 노력이 많이 필요한 일을 다룰 때 장기적으로 성공할 가능성이 낮다.

헨리 포드는 과격한 단계들을 밟아서 공장 설비로부터 더 많은 것을 얻어내는 방법을 재고했다. 지식노동 리더들도 과격한 단계들을 밟아서 그들이 활용해야 할 두뇌로부터 더 많은 것을 얻어내야 한다. 하지만 이 유추를 더 멀리 밀고 나갈 필요는 없다. 포드의 세계에서 노동자들은 쉽게 대체할 수 있다. 그러나 지식 세계에서 우리의 두뇌는 모든 가치의 원천이다. 오히려 하이브 마인드 활동과잉은 이미 우리를 디지털 〈모던 타임스〉에 가두었다. 우리는 갈수록 더 빨리 들어오는 이메일 메시지를 따라잡기 위해 헛된 노력을 계속한다. 주의 자본 원칙은 우리가 이 비극을 극복하도록 도울 수 있다.

양해를 구하지 말고 협력자를 찾아라

1984년 말에 당시 35세이던 샘 카펜터Sam Carpenter는 고전하던 전화 응답 서비스 회사를 사들였다.[18] 이 회사의 직원은 7명이었고, 고객 회사는 140개였다. 인수 비용은 2만 1,000달러였다. 카펜터는 그가 아는 모든 사람에게 "우리는 언젠가 미국 최고의 전화 응답 서비스 회사가 될 것"이라고 과감하게 선언하기 시작했다. 그러나 카펜터가 2008년에 펴낸 책 《시스템의 힘Work the System》에서 건조하게 요약한 것처럼 "상황은 기대한 대로 전개되지 않았다."[19]

알고 보니 전화 응답 서비스 비즈니스는 복잡했다. 고객들은 끊임없이 전화를 했다. 각 전화는 응급 의료 상황부터 시급한 비즈니스 사안까지 완전히 새로운 유형의 문제였다. 그래서 전화를 받은 직원에게 다른 요구를 안겼다. 카펜터는 수많은 중소기업 오너처럼 자신의 삶이 "무질서한 악몽"이 되어가는 것을 발견했다. 그는 일주일에 80시간씩 일하면서 계속 급한 불을 껐다. 그는 집과 차를 잃었다. 급기야 사무실에 간이침대를 놓고 두 명의 10대 자녀를 재웠다. 한번은 자정부터 오전 8시까지 혼자 근무하면서 모든 전화에 응답한 적도 있었다. 그러고도 8시부터 5시까지 회사의 잡무를 처리해야 했다.[20]

물론 이런 상황은 오래 지속할 수 없었다. 15년 후 카펜터는 신체적으로, 재정적으로 거의 무너질 위기에 처했다. 비즈니스 회고록에서 종종 일어나듯이 그는 그런 지경이 되어서야 "세상을 뒤바꿀" 통찰을 얻었다. 사업이 최후의 순간을 맞이했다는 인식은 역설적으로 과감하고 새로운 접근법을 실험할 용기를 주었다. 이런 태도는 통찰의 불꽃을 일으켰다. 그 통찰은 바로 그의 회사가 기계 장치와 같다는 것이었다. 그의 회사는 예측 가능한 방식으로 같이 돌아가는 여러 집합으로 구성되어 있었다. 계속되는 위기부터 그를 집어삼키는 압도적인 양의 행정 업무까지 그의 문제들은 불가피하거나 우발적인 상황에 따른 것이 아니었다. 그것은 회사의 운영 체계를 구성하는 이면의 시스템에 내재된 결함의 결과였다. 그는 각 시스템을 명확하게 파악하고 그 작동방식을 기록한 다음, 문제가 생길 때마다 최적화할 수 있었다. 그러면 그가 끊임없이 직접 제어하면서 개입하지 않아도 큰 문제 없이 회사가 돌아갈 수 있었다.

카펜터는 회사의 운영을 정의하는 모든 활동을 정리한 핵심 목록을 만들고 관련 직원과 각 활동에 대한 공식 시스템을 구축하기 시작했다. 그가 처음 시작한 것은 재무 분야였다. 그는 매주 은행에 자주 다녀오는 것을 비롯하여 대금을 지불하고 수표를 현금으로 바꾸는 데 많은 시간을 썼다. 이 모든 일은 스트레스의 주된 근원이었다. 그는 이 혼돈을 비용과 매출을 관리하는 훨씬 체계화된 시스템으로 대체했다. 또한 담당 직원에게 대신 은행에 가서 업무를 처리할 권한을 주었다. 덕분에 매주 많은 시간을 앗아가던 일이 짧은 시간 동안 수표에 서명만 하면 되는 일로 바뀌었다. 사실 이 단계도 자동화할 수 있었지만 그는 비용을 보다 가시적으로 파악하기 위해 그렇게 하지 않기로 결정했다. 이 새로운 시스템의 또 다른 부분은 권한을 위임받은 직원에게 분명한 지침을 제공하여 고객 서비스 절차를 간소화한 것이었다. 해당 직원은 카펜터의 개입 없이 대다수 서비스 사안을 직접 처리하게 되었다. 직원이 전화에 응답하는 방식에 대한 기본적인 운영 절차도 엄격하게 명문화되었다. 덕분에 (카펜터가 대응해야 할 성과 문제가 줄어든 가운데) 훨씬 일관된 서비스를 제공할 수 있었다. 게다가 신입 직원을 교육시키는 과정까지 대개 자동적으로 이뤄져서 이직으로 인한 혼란이 크게 줄었다.

그는 이렇게 쓴다. "그 논리는 매우 명확하고 정교했다. 나는 이전에 느끼지 못한 고요한 기쁨을 느꼈다. 지금도 모든 순간이 기억난다."[21] 카펜터의 낙관은 확실한 근거를 갖고 있었다. 명확하고 최적화된 시스템의 토대 위에 회사를 재건하는 과정에서 처음으로 이익이 늘어났다. 카펜터는 그의 홈페이지에 "나의 개인적 수입은… 간단히 말해서 필요한 수준보다 많다"고 썼다. 보다 중요한 사실은 그의 업무시간이 주당 80여 시간에서 2시간 미만으로 줄었다는 것이다. 일부 통계적 척도에 따르면 카펜터의 회사는 그가 처음에 세운 오만한 목표, 지금도 미국에서 운영 중인 1,500여 전화 응답 서비스 기업 중에 1위가 된다는 목표까지 달성했다.[22]

샘 카펜터는 지식노동 조직을 운영하지 않는다. 따라서 그가 전화 응답 서비스 회사의 운영을 개선하기 위해 구축한 시스템의 세부적인 측면에 너무 많은 주의를 기울이지 말아야 한다. 다만 우리의 논의와 관련하여 그를 의미 있게 만드는 것은 보다 일반적인 성과다. 그는 직원들이 일하는 방식을 극적으로 바꾸게 만들었다. 앞으로 나오는 내용은 업무 흐름을 획기적으로 재고하여 주의 자본 원칙을 실행하는 방법에 대한 확고한 아이디어들을 제공할 것이다. 대다수의 경우, 이런 변화의 파급력은 직업적 삶을 넘어서 다른 사람들, 아마도 당신의 직원이나 동료 혹은 고객들의 일상적 경험에도 영향을 미칠 것이다. 이는 다루기 까다로운 역학을 만들어낼 수 있다. 무엇을 바꿔야 할지 자세히 제안하기 전에 우선 이런 일반적인 유형의 업무 흐름 개선을 지속적인 방식으로 이루는 방법부터 살펴야 하는 이유가 거기에 있다. 카펜터의 실험은 이 목적에 도움을 줄 수 있다.

주의 자본 원칙이 당신과 함께 일하는 사람들에게 영향을 미치는 두 가지 방식이 있다. 첫 번째는 사람들이 자신의 일을 실행하는 방식을 강제로 바꾸게 만들어서 업무 흐름을 바꾸는 것이다. 디베시가 회사의 업무 흐름을 이메일 중심에서 프로젝트 보드 중심으로 바꾼 것이 그런 예다. 그 결과 직원들은 그냥 이메일을 보내는 것이 아니라 트렐로에 접속한 다음 해당 카드를 클릭하여 특정 프로젝트에 대한 의사소통을 하게 되었다.

두 번째 유형의 영향은 당신 자신의 일에 대한 다른 사람들의 기대만 바꾼다. 당신이 개인적 업무 흐름을 업그레이드하는 데 초점을 맞출 때 이런 일이 일어난다. 가령 당신이 업무방식을 크게 바꾸는 일환으로 하루에 두 번만 수신함을 확인한다면 당신의 응답 속도에 대한 동료들의 기대가 바뀔 것이다.

그러면 대응하기 까다로운 첫 번째 유형의 영향부터 살펴보도록 하자. 우리는 샘 카펜터로부터 이 유형의 영향에 대해 가장 많은 것을 배울 수 있다. 카펜터가 그의 책에서 제시한 핵심 통찰은 새로운 업무 절차에 영향받는 사람들을 해당 절차의 설계에 참여시켜야 한다는 것이다. 그의 직원들은 현재 운영되는 절차의 98퍼센트를 작성했으며, 카펜터가 직접 만든 남은 2퍼센트의 절차에도 "상당한 영향력"을 행사했다. 그 결과 그의 직원들은 이 절차들에 "완전히 귀속"되었다. 보다 중요한 사실은 추가적인 개선에 착수하는 일이 훨씬 용이해졌다는 것이다. 카펜터는 "어떤 직원이 절차를 개선하기 위한 좋은 아이디어를 갖고 있다면 아무런 관료적 지체 없이 즉시 실행한다"고 설명한다.²³ 그는 직원들의 참여를 대단히 중시한다. 그래서 이제는 직원들이 연말 성과 보너스를 받으려면 적어도 10여 개의 개선안을 제출할 것을 의무화했다.

카펜터의 접근법은 이른바 '통제위치이론 locus of control theory'의 맥락에서 타당성을 지닌다. 이 이론은 성격심리학의 하위 분야로서 동기가 사람들이 어떤 활동의 궁극적인 성공에 통제권을 가진다고 느끼는지 여부와 긴밀하게 연관되어 있다고 주장한다. 당신은 당신이 하는 일에 발언권이 있을 때(통제위치를 스펙트럼의 내적 측면에 놓을 때), 외부의 힘이 당신의 행동을 대부분 통제한다고 느낄 때(통제위치를 외적 측면에 놓을 때)보다 훨씬 강한 동기를 얻는다.

카펜터의 모델을 거부하고 명령을 통해 새로운 업무 흐름을 구축하려 시도하면 이 대목에서 문제가 생긴다. 이 경우 해당 업무 흐름이 어떤 혜택을 지녔는지와 무관하게 당신은 뜻하지 않게 팀의 통제에 대한 감각을 내부에서 외부로 옮기게 된다. 그에 따라 동기가 약화되어 팀원들이 변화를 이어갈 가능성이 줄어든다. 반면 팀원들이 새로운 업무 흐름을 구축하는 일에 참여하고, 마찬가지로 중요하게는 문제가 생길 경우 자신들이 개선할 수 있다고 느끼면 통제위치가 내부에 남는다. 그래서 해당 업무 흐름을 받아들일 가능성이 훨씬 높아진다.

이 개념은 자율성에 대한 기대가 없는 직위에는 그다지 강력하게 적용되지 않는다. 가령 독선적이기로 유명한 헨리 포드가 조립라인의 장단점을 논하는 자리에 직원들을 참여시킬 필요를 느끼지 못한 이유가 거기에 있다. 또한 이 점은 외적 통제의 정점인 신병훈련소가 자원입대한 지원자들을 직업군인으로 빠르게 변신시키는 데 성공하는 이유를 설명한다. 신병들은 그들을 필요한 수준으로 이끄는 검증된 시스템을 믿고 교육 과정에 들어선다. 그러나 피터 드러커의 선견지명이 담긴 이론을 통해 우리가 알게 된 것처럼 지식노동은 언제나 상당한 자율적 행동으로 정의된다. 따라서 통제위치이론이 불가피하게 적용된다. 즉, 해당 업무 흐름을 따라야 하는 사람들의 참여 없이 급격한 변화를 일으키면 성공할 수 없다.

이런 실험을 협력적으로 만드는 데 필요한 3가지 단계가 있다. 첫 번째는 교육이다. 당신의 팀이 업무 흐름과 업무 실행의 차이점을, 그리고 하이브 마인드 활동과잉이 수많은 업무 흐름 중 하나일 뿐이며 아마도 그다지 좋지 않은 것이라는 사실을 이해하는 것이 중요하다. 많은 지식노동자에게 이메일은 일과 같은 의미를 지닌다. 그래서 일을 하기 위해 하이브 마인드에 편하게 의존하던 습관을 깨는 일을 논하기 전에 이 오해부터 깨는 일이 중요하다.

두 번째 단계는 새로운 업무 흐름 절차를 실제로 그것을 실행할 사람들에게 동의를 구하는 것이다. 이 목표를 이루려면 토론을 통해 이런 아이디어들이 나와야 한다. 새로운 업무 흐름을 시도하는 일이 가치 있는 경험이라는 전반적인 합의가 있어야 한다. 또한 카펜터가 남긴 선례에 따라 세부사항에 명확한 구체성을 담아야 한다. 그래야 실행 과정에서 그 내용에 의문이 생기지 않는다.

세 번째 단계는 카펜터의 선례를 더 멀리 좇아가는 것이다. 즉, 문제가 생겼을 때 새로운 업무 흐름 절차를 개선하는 쉬운 수단을 마련해야 한다. 내적 통제위치를 유지하려면 팀원들에게 문제 있는 절차를 바꿀 권한을 부여하는 것보다 나은 방식은 없을 것이다. 현실적으로는 실제로 제안된 변화가 너무 적어서 놀랄지도 모른다. 중요한 것은 변화를 일으키는 능력이다. 이 능력은 일종의 심리적 비상 증기 밸브를 제공한다. 그래서 새로운 업무 흐름의 예기치 못한 부분 때문에 일을 제대로 할 수 없을지 모른다는 우려를 불식시킨다.

하이브 마인드 활동과잉의 보편적인 접근성을 버리는 사람들이 흔히 하는 또 다른 일은 비상 예비 시스템을 마련하는 것이다. 이 시스템은 새로운 업무 흐름이 간과할 수 있는 시급한 사안을 처리한다. 다만 하이브 마인드로 돌아가는 뒷문이 아니라 진정한 비상구가 되어야 한다. 즉, 상황이 충분히 시급하지 않으면 굳이 쓰지 않도록 충분한 마찰을 초래해야 한다. 전형적인 사례는 포괄적인 대체 수단으로 휴대폰을 쓰는 것이다. 가령 당신의 동료는 공식적인 업무 흐름에 따라 제시간에 안정적으로 처리하기에는 너무 시급한 일이 생겼을 때 당신의 휴대폰으로 전화를 걸 수 있다. 이런 예비 시스템은 새로운 절차의 결함을 파악하고 바로잡을 동안 너무 나쁜 일은 생기지 않을 것이라는 안심을 준다.

그러면 이제 주의 자본 원칙을 적용하는 데 따라 다른 사람들에게 미치는 다른 유형의 영향으로 주의를 돌려보자. 그것은 바로 당신 자신의 행동에 대한 다른 사람들의 기대를 바꾸는 것이다. 앞서 설명한 대로 당신이 개인적인 업무 흐름을 바꿀 때 이런 일이 일어난다. 이때 당신은 일상의 리듬을 하이브 마인드 활동과잉의 예측할 수 없는 박자로부터 벗어나게 만든다. 이런 움직임은 당신의 동료와 고객 들에게 드러나는 변화를 초래할 가능성이 높다. 그중에서 가장 두드러지는 것은 당신이 더 이상 이메일이나 인스턴트 메시지에 항상 바로 응답하지 않아도 된다는 것이다. 다시 말해서 다른 사람들은 당신과 협력하는 양상에 대한 기대를 바꿔야 한다.

개인적 업무 흐름 개조를 다루는 일반적인 방법은 동료들에게 새로운 접근법의 구조를 분명하게 설명하는 것이다. 이때 당신이 그런 변화를 일으키는 이유에 대한 확고하게 논리적인 설명을 곁들일 수 있다. 이 아이디어를 실행한 유명한 사례는 아래에 나오는 이메일 자동응답 메시지다. 이 메시지는 팀 페리스Tim Ferriss가 2007년에 펴낸 베스트셀러인 《나는 4시간만 일한다The 4-Hour Workweek》에서 인용한 것이다.[24]

안녕하세요.

저는 현재 과도한 업무량 때문에 하루 두 번, 12시와 4시에 이메일을 확인하고 답신을 보냅니다.

(정말로) 시급히 저의 도움이 필요해서 12시나 4시까지 기다릴 수 없다면 555-555-5555로 연락주세요.
효율성과 유효성을 제고하기 위한 저의 노력을 이해해 주서서 감사합니다. 덕분에 더 나은 서비스를 제공하는 데 도움이 되고 있습니다.

감사합니다.

[이름]

페리스의 책이 성공을 거두면서 두어 해 동안 전 세계에 걸쳐 수만 명의 지식노동자들이 생활방식 개조에 나선 동료로부터 위와 비슷한 내용의 자동응답 메시지를 받기 시작했다. 합리적인 관점에서 보면 이 전략은 전적으로 타당하다. 당신이 바로 응답하리라는 기대를 재설정하여 상대 역시 무작정 기다리지 않아도 되기 때문이다. 또한 위의 메시지는 당신이 변화를 시도하는 확고한 이유를 설명한다. 게다가 간결하고 명확하며 반박하기 어렵다. 그 내용을 처음 접했을 때 너무나 많은 사람들이 흥분한 이유가 거기에 있다. 그러나 문제는 받는 사람에게는 아주 짜증스럽기도 하다는 것이다.

정확히 어느 부분이 거슬리는지 꼬집어 말하기는 어렵다. 어쩌면 쌀쌀맞게 격식을 차려서 그런 것일지도 모른다. 이런 어조는 자칫하면 무시하는 듯한 느낌을 주기 쉽기 때문이다. 또한 받는 사람의 나쁜 업무 습관을 무력화하려 한다는 의미로 읽힐 수 있다. 구체적인 원인이 무엇이든 간에 페리스의 팬들은 이 방법이 기대한 만큼 잘 통하지 않는다는 사실을 깨닫게 되었다. 개인적인 느낌으로는 이런 자동응답 메시지가 페리스의 책이 나온 직후에 크게 인기를 끌던 때보다 훨씬 줄어든 것 같다. 결국 추상적으로는 좋은 아이디어지만 현실에 적용하는 과정에서의 마찰 때문에 가치가 저하된 셈이다.

이 사례연구에 내재된 교훈은 개인적인 업무 습관의 변화를 홍보하는 방식에 신중을 기해야 한다는 것이다. 나는 오랫동안 여러 개인들이 하이브 마인드 활동과잉에 대한 의존성을 버리거나 바꾸려고 시도하는 모습을 관찰했다. 또한 나 자신도 그런 변화를 많이 시도했다. 그 결과 이런 실험은 조용히 실행하는 것이 최선이라는 믿음을 갖게 되었다. 새로운 접근법의 세부적인 내용은 다른 사람에게 말하지 마라. 상대가 진정한 흥미를 갖고 구체적으로 물어보지 않는다면 말이다. "대개 10시가 지나기 전에는 이메일을 보지 않습니다"나 "하루에 몇 번만 수신함을 확인합니다"처럼 상대의 기대를 바꾸는 내용도 함부로 제시하지 마라. 이런 내용은 회의적인 동료나 고객 혹은 상사가 쉽게 깎아내릴 수 있는 여지를 제공한다. "그보다 일찍 급한 일이 생기면 어떻게 해? 아냐… 전혀 마음에 들지 않아. 계속 메시지를 바로바로 처리하도록 해"와 같이 말이다. 마찬가지로 자꾸 양해를 구하다 보면 주위사람들은 당신의 업무 전략에 분명 문제가 있다고 생각할 것이다. 그렇지 않다면 왜 당신이 자꾸 양해를 구할까?

당신에게 향하는 다른 사람들의 기대를 조정하는 더 나은 전략은 당신이 일하는 방식을 계속 설명하기보다 당신이 약속한 대로 꾸준히 실천하는 것이다. 자신의 생산성에 대해 많이 생각하는 사람이 아니라 절대 실수하지 않는 사람이 돼라. 이메일이든, 복도에서 나누는 수다든 요청이 들어오면 반드시 처리하라. 실수로 빠트리는 일이 없도록 하라. 특정한 시간까지 어떤 일을 하겠다고 약속했다면 시한을 맞추든지 시한을 조정해야 할 이유를 설명하라. 사람들이 당신을 믿고 일을 맡겼으면 당신에게서 바로 답신이 오지 않아도 크게 걱정하지 않도록 하라. 당신에 대한 믿음이 불안할 때 사람들은 빠른 응답을 요구할 것이다. 당신이 일을 확실히 하도록 계속 지켜봐야 한다고 느끼기 때문이다. 교수이자 비즈니스 저술가인 애덤 그랜트Adam Grant는 '괴짜 크레디트idiosyncrasy credits'라는 말로 이런 현실을 묘사한다.[25] 그의 설명에 따르면 당신이 일을 잘할수록 당신이 일하는 방식에서 별스럽게 행동할 수 있는 자유를 많이 얻는다. 그래서 일일이 설명할 필요가 없다.

개인적 업무 흐름을 바꾸는 데 따른 또 다른 문제는 시스템 인터페이스와 관련된다. 당신이 앞서 논의한 진전된 업무 흐름 시스템을 구축한다고 가정하자. 이 경우 빠른 메시지로 당신의 주의를 낚아채는 데 익숙한 다른 사람들이 더 체계적인 대안과 어떻게 상호작용하기를 원하는지 파악해야 한다.

이 문제에 대한 지침으로서 우리는 IT 지원부서의 세계에서 교훈을 얻을 수 있다. 앞서 살핀 대로 20~30년 전에 IT 지원부서 직원들은 이른바 티켓팅 시스템을 활용하여 그들이 고쳐야 할 기술적 장애를 내부적으로 정리하기 시작했다. 이 시스템은 각각의 문제를 하나의 '티켓'에 할당한다. 해당 문제와 관련된 모든 대화와 자료는 티켓에 첨부되어 쉽게 검토할 수 있다.

IT 전문가들은 그들이 도와야 할 사람들에게 티켓팅 시스템과 직접 상호작용하도록 요청하는 것이 헛되다는 사실을 금세 깨달았다. 예를 들어 의뢰자가 전용 지원 사이트에 접속하여 티켓을 생성하고 확인하도록 만드는 일이 그랬다. 이는 추상적으로는 이런 문제를 처리하는 가장 효율적인 방식이다. 그러나 수많은 조직의 엄연한 현실은 대다수 사람들이 추가적인 수고를 견디지 못한다는 것이다. 이 문제에 대한 해결책은 바로 '무결절 인터페이스seamless interface'다. 가령 대다수 IT 환경에서 가장 자연스러운 방식, 즉 'support@회사명.com' 같은 범용 주소로 이메일을 보내서 문제를 제출할 수 있다. 대다수 티켓팅 시스템은 이런 이메일을 직접 수신한 다음 티켓으로 전환하여 나중에 처리할 가상 수신함에 넣도록 설정할 수 있다. 또한 IT 직원이 해당 티켓을 처리할 때 의뢰자에게 이메일 메시지로 자동 업데이트를 보낼 수 있다. IT 부서와 소통하는 사람은 티켓팅 시스템에 대해 아무 것도 알 필요가 없다. 그냥 이메일을 보내면 이메일 업데이트가 들어온다. 그러나 내부적으로는 훨씬 체계적인 절차가 진행된다.

이것은 당신이 개인적 업무 흐름을 조직하기 위해 구축하는 시스템에도 적용된다. 같이 업무를 진행하는 사람들이 새로운 시스템을 배워야 하거나, 당신과 상호작용하는 방식을 바꾸게 만들지 마라. 대신 가능하다면 무결절 인터페이스를 활용하라. 최근에 내가 교수로서 한 경험이 이 접근법을 자세히 설명하는 데 도움이 될 것 같다. 나는 이 책의 원고를 상당 부분 썼던 해에 조지타운대학원 컴퓨터공학과의 학장을 순번에 따라 맡게 되었다. 학장의 업무 중 하나는 정책에 대한 변화를 승인하고 질의에 응답하는 것을 비롯하여 대학원 과정을 감독하는 대학원 위원회를 관장하는 것이었다.

누구나 예상할 수 있는 대로 이 일은 내가 해결해야 하는 수많은 사안들로 이어졌다. 나는 디베시의 전략을 빌려서 이 요청들을 파악하는 데 도움을 얻기 위해 내부적으로 트렐로 보드를 활용했다. 나의 보드는 다음과 같은 항목으로 구성되었다.

트렐로 보드의 항목들

- 처리 대기
- 처리 대기 (적시 처리 필요)
- 다음 대학원 위원회 회의에서 논의할 사항
- 학과장과의 다음 회의에서 논의할 사항
- 응답 대기
- 이번 주에 할 일

누군가가 대학원 과정과 관련된 문제로 이메일을 보내거나 사무실을 방문하면 나는 즉시 그 사안을 카드로 만들어서 트렐로 보드의 해당 항목에 넣는다.

나는 매주 업무를 시작할 때 이 보드를 검토하여 적절하게 카드의 위치를 옮긴다. 가령 이번 주에 할 일이나 다가오는 회의에서 논의할 사항을 결정한다. 또한 나는 다른 사람의 응답을 기다리는 사안도 처리한다. 나의 일반적인 규칙은 카드를 새로운 항목으로 옮길 때 해당 사안을 제기한 사람에게 이메일 업데이트를 보내는 것이다. 가령 어떤 사안을 '처리 대기' 항목에서 '다음 대학원 위원회 회의에서 논의할 사항' 항목으로 옮기면 관련된 사람에게 이메일을 보내서 곧 해당 사안을 논의할 것이라고 알린다. 또한 업무를 완결하여 보드에서 카드를 제거하면 관련된 사람에게 해당 사안이 완전히 마무리되었음을 알린다. 이런 식으로 여러 사안을 처리한다.

이 시스템의 핵심 특성은 우리 과에 속한 교수나 대학원생들은 이 시스템에 대해 아무것도 모른다는 것이다. 아마 나는 그들도 모두 나의 트렐로 보드에 접속하여 새로운 사안을 입력하거나 지난 사안의 상태를 확인하게 만들 수 있을 것이다. 이론적으로 이런 방식은 어느 정도 추가적인 메시지를 줄여준다. 그러나 현실적으로는 누구도 실제로 그렇게 하지 않을 것이다. 그래도 그들을 탓할 수 없다! 나의 보드를 처리하고 업데이트 메시지를 보내는 데 일주일에 한 번, 30분 정도가 소요된다. 나는 이 모든 사안을 명확하게 체계화하는 데서 오는 엄청난 혜택을 누린다. 또한 약간의 추가 시간을 들여서 나의 인터페이스를 무결절로 만들었기 때문에 동료들도 혜택을 누릴 수 있다.

언뜻 보면 주의 자본 원칙을 집단에 활용하는 방식에 대한 나의 조언은 개인에 활용하는 방식에 대한 조언과 상충하는 것처럼 보인다. 전자는 하이브 마인드 활동과잉을 대체하는 업무 흐름에 대한 명확한 의사소통의 필요성을 강조한다. 반면 후자는 이런 변화를 대부분 혼자만 알고 있으라고 권한다. 그러나 자세히 살펴보면 두 접근법이 모두 같은 원칙을 토대로 삼는다는 사실이 드러난다. 즉, 사람들은 그들이 통제할 수 없는 변화를 좋아하지 않는다.

전체 팀이나 조직의 업무 흐름을 수정할 때는 모두가 이 변화에 참여할 수 있으며, 자신이 최적화에 대한 권한을 가졌다고 느낄 수 있다. 앞서 논의한 대로 이는 통제위치가 내부에 있다는 인식을 제공한다. 그래서 사람들이 변화를 따르도록 동기를 부여한다. 반면 당신이 개인적인 업무 흐름을 바꿀 때는 당신과 같이 일하는 사람들이 당신의 결정에 개입할 여지가 거의 없다. 이런 상황에서 당신이 그들의 업무에 영향을 미치지만 정작 그들은 전혀 개입하지 않은 시스템을 제시한다고 생각해보라. 이 경우 통제위치가 외부로 이동하면서 짜증을 불러오며, 변화에 반발하여 통제력을 되찾으려는 경향이 나타난다. 그들은 당신이 새로 활용하는 영리한 자동응답 메시지에 박수를 보내지 않는다. 오히려 그것이 그들에게 가하는 제약을 무너트릴 방법을 찾는다.

여기서 작용하는 심리는 약간 은근하지만 주의 자본을 극대화하는 데 성공하려면 반드시 터득해야 한다. 일은 단지 과제를 마무리하는 것만이 아니라 복잡다단한 성격을 가진 사람들이 성공적으로 협력할 방법을 찾아가는 것이다. 앞으로 3개 장에 걸쳐서 하이브 마인드 활동과잉을 훨씬 효과적인 업무 흐름으로 대체하기 위한 구체적인 전략을 자세히 살필 것이다. 다만 지속 가능한 방식으로 실행하게 하는 미묘한 기술을 먼저 터득하지 않으면 이 접근법의 가치가 크게 줄어들 것이다.

5

절차 원칙:
체계화된 절차가 지식노동을 구한다

절차의 힘,
최소한의 약속은 필요하다

나는 이 책을 준비하던 초기에 조지타운대학 라우인저 도서관Lauinger Library의 깊은 곳에 묻혀서 거의 쓰이지 않은 서가를 훑어보았다. 그 서가는 산업공학의 미묘한 측면을 해부하는 책들로 가득했다. 나는 거기서 지금은 사라졌지만, 20세기 초반의 비즈니스 잡지인 〈시스템System〉에 실린 기사들을 접했다. 경영에 대한 새로운 '과학적인' 접근법에 대한 사례연구들을 주로 다룬 잡지였다. 이 기사들은 산업 조직이 실제로 일하는 방식을 보다 체계적으로 생각하기만 하면 얼마나 많은 돈을 더 벌 수 있는지에 대해 하나같이 흥분한 어조로 이야기하고 있었다. 곧 분명해진 사실이긴 했지만 현대의 독자에게는 그 내용이 상당히 지루하기도 했다. 이 시대의 과학 경영은 3중으로 된 양식을 채우는 일과 관련이 많은 것처럼 보였다. 〈시스템〉은 양식을 사랑한다. 그래서 페이지를 들춰보면 양식을 찍은 사진들이 나온다. 또한 양식의 색상, 절취선을 넣는 법, 심지어 양식을 보관하는 폴더의 재질(마닐라지가 좋다)까지 알려준다.[1]

이런 잡다한 글들 속에서 1916년판에 실린 한 사례연구가 나의 눈길을 끌었다. 이 글의 주제는 너무 구시대적이어서 거의 희화적이었다. 그것은 시카고에서 남쪽으로 22킬로미터 떨어진 레이크 캘류멧Lake Calumet에 있는 풀먼Pullman 열차 회사의 거대한 공장 단지에서 운영하는 놋쇠 가공 부서의 효율성을 높이는 방법이었다. 그러나 풀먼 대표인 존 러널스John Runnells의 지시로 작성된 이 글에는 놀랍도록 현대적으로 느껴지는 구석이 있었다. 풀먼의 33개 부서 중 다수는 핵심 부품을 놋쇠 가공 부서에서 조달했다. 놋쇠 가공 공장에서 주물기계와 공작기계를 돌리는 약 350명의 작업자들은 계속 바쁘게 움직였다. 이 글에서 설명한 바에 따르면 이 모든 작업을 처리하는 시스템의 문제점은 사실 아무런 시스템이 없고, 그저 난잡한 "땜빵식 운영"만 있다는 것이었다.[2]

놋쇠 가공 부서에서는 겨우 7명의 관리자들이 끊임없이 쏟아지는 작업 요청을 처리했다. 물론 그들은 일에 치이는 상태였다. 그 결과 모두가 비공식적으로 업무 흐름을 관리하는 데 참여해야 했다. 이 글은 이렇게 지적한다. "공장 전체의 많은 부서에서 1명 혹은

2명이 바삐 돌아다니는 7명을 보조하는 데 업무시간의 일부를 할애했다. 모든 기획은 다른 곳에서 이뤄졌다. 그토록 많은 기여를 하는 사람들이 간섭 때문에 자신의 일에 대한 의욕을 잃었다." 이 글에서 자세히 밝힌 대로 다른 부서에 속한 작업자들이 놋쇠 가공 부서에 와서 하루 중 대부분을 기다리며 필요한 부품을 받을 때까지 자신이 아는 직원을 귀찮게 하는 일이 흔해졌다.

다시 말해서 20세기 초반에 풀먼의 놋쇠 가공 부서는 하이브 마인드 활동과잉 업무 흐름과 흡사한 업무 흐름으로 퇴보했다. 그러나 이와 비슷한 비공식적 업무 흐름에 시달리는 오늘날의 수많은 지식노동 조직과 달리 풀먼의 리더들은 과학 경영의 열풍에 휩쓸려서 기꺼이 과격한 해결책을 실험했다.

풀먼의 경영진은 놋쇠 가공 부서의 효율성을 높이기 위해 반직관적인 시도에 나섰다. 그들은 놋쇠 가공 부서의 운영을 더 복잡하게 만들었다. 그래서 다른 부서에서 놋쇠 가공 작업을 원할 경우 모든 관련 정보를 담은 공식 양식을 제출해야 했다. 또한 직원들이 이 절차를 우회하고 비공식적으로 놋쇠 가공 부서의 직원을 귀찮게 하는 편리한 방식으로 돌아가지 못하도록 아예 문을 잠그고 창문을 가렸다. 결국 직원들은 이렇게 강제된 "정규 채널"을 활용할 수밖에 없었다.

이 목적에 할애된 창구를 통해 접수된 요청은 엄격한 절차를 거쳤다. 담당 직원은 작업을 진행하기 위한 합리적인 계획을 수립했다. 거기에는 완제품을 만드는 데 필요한 원자재와 노동시간 등이 포함되었다. 그 다음 세부적인 계획이 제때 실행되도록 해당 하위 부서로 전달되었다. 이 단계에서 구체적인 절차는 복잡하면서도 흥미롭다. 놋쇠 가공 부서는 수많은 행정요원을 활용하여 오늘날 우리가 컴퓨터 프로그램에서 버튼만 누르면 즉시 실행할 수 있는 많은 작업을 모방했다. 즉, 현대적 네트워크의 패킷처럼 책상에서 책상으로 경유하는 끝없는 양식과 단계별 지시사항으로 구성된 일종의 스팀펑크 IT 시스템을 실행했다. 심지어 그들은 맞춤식 하드웨어까지 만들었다. 이는 내가 가장 좋아하는 사례로서 아날로그 스프레드시트 시스템이라고 말할 수 있다. 여러 구획으로 나눠진 커다란 나무판에 놋쇠 태그를 걸어두면 작업 계획을 수립하는 직원들은 "상호 참조"를 통해 현재 기계에 작업자가 배치된 상황을 빠르게 파악했다.

러널스는 보다 체계화된 업무 흐름을 실행하기 위해 더 많은 돈을 써야 했다. 과거에는 7명의 관리직이 350명의 작업자들이 하는 작업을 관리했다. 그러나 이제는 그 수가 47명으로 늘어났다. 이 글은 "여기서 간접비가 크게 증가했다"고 인정한다. 새로운 관리자들의 연봉은 각각 1,000달러 정도로서 놋쇠 가공 부서의 급여 비용을 크게 늘렸다. 이 글은 "그래도 그만한 값을 했을까?"라고 묻는다. 그 답은 "분명히 그렇다"는 것이다. 새로운 절차는 각 열차의 생산 비용을 100달러씩 줄였다. 이 절감분은 추가 간접비를 충당했을 뿐 아니라 "상당한 수익"까지 안겼다.

이 글은 간접비가 추가되었는데도 수익이 늘어난 이유를 명확하게 설명한다. 과거의 절차는 사실상 절차라고 말할 수 없었다. 그래서 실제로 가치 있는 산출물을 생산하는 350명의 작업자들은 비공식적으로 업무 흐름을 관리하는 일과 실제로 작업을 실행하는 일 사이를 계속 오가야 했다. 이렇게 "의욕을 꺾는" 이중 과업은 실제로 숙련된 작업을 하는 속도를 크게 늦췄다. 그래서 해당 부서가 일선 노동자들을 통해 얻는 수익을 줄였다.

업무 흐름이 대개 이 이중 과업을 제거하는 방향으로 재구성되자 작업자들은 같은 시간에 훨씬 많은 완성품을 만들어낼 수 있었다. 이 글은 다음과 같이 결론짓는다. "과거처럼 방법론이 결여된 상황은 결코 기준을 개선할 수 없다. 반면 체계화는 즉시 놀라운 품질 향상을 이끌어냈다. 작업자들은 작업에 집중했고, 제품은 그 결과를 보여주었다."

존 러널스 같은 산업 생산성 해커들이 20세기 초반에 발견하기 시작한 사실은 효율성이 물리적으로 제품을 제조하는 일에 따르는 행동을 넘어선다는 것이다. 마찬가지로 중요한 것은 이 일을 조율하는 방식이다. 다시 말해서 풀먼 놋쇠 가공 부서의 문제점은 작업자들이 놋쇠 부품을 주조하고 연마하는 일을 잘하지 못하는 것이 아니라 이런 노동을 할당하고 조직하는 방식이 부실하다는 것이었다.

많은 근본적인 아이디어들처럼 이 새로운 관점이 산업 부문에 자리 잡는 데 시간이 걸렸다. 과학 경영 혁명의 아버지인 프레드릭 윈슬로 테일러가 1890년대 말에 처음 두각을 드러낼 때 이 운동의 에너지는 대부분 생산 활동 자체에 집중되었다. 당시는 테일러주의를 엄격하게 따르는 컨설턴트가 초시계를 손에 들고 공장에서 낭비되는 행동을 제거하려고 애쓰는 이미지가 부상하던 시대였다. 테일러는 1898년부터 1900년까지 베들레헴 제철Bethlehem Steel을 도우면서 명성을 얻었다. 그가 이룬 많은 개선 사항 중에서 유명한 것은 작업자들이 용재鎔滓를 옮기는 삽의 형태를 바꾼 것이다. 그 결과 작업자들이 여러 무더기 사이에서 용재를 옮기는 속도가 빨라졌다. 풀먼은 이 시기에 공장을 지으면서 이런 아이디어 중 다수를 받아들였다. 존 러널스는 놋쇠 가공 공장이 넓은 복도와 도구 거치대를 갖추고 신중하게 설계되었다고 언급했다. 그 목적은 작업을 실행하는 효율성을 높이는 것이었다. 그러나 그들이 알게 된 대로 물리적 생산성에만 초점을 맞추는 것은 부서를 활성화하기에 충분치 않았다.

풀먼의 사례연구는 테일러가 사망한 지 1년 후인 1916년에 〈시스템〉에 실렸다. 이 무렵 〈시스템〉 같은 잡지들은 점차 관심영역을 넓혀서 육체노동을 둘러싼 정보와 결정까지 포함해 다루게 되었다. 그래서 더 나은 삽보다 필요한 삽질의 횟수를 파악하는 데 도움을 줄 더 나은 양식에 초점을 맞췄다. 보다 분명한 논의를 위해 이처럼 실질적인 생산 작업과 이 일을 조직하는 모든 정보 및 결정의 통합을 이야기할 때 '생산 절차'라는 용어를 쓸 것이다. 앞서 말한 글에서 드러난 생산 절차에 대한 사고는 산업 경영을 지배하게 되었으며, 지금도 핵심 아이디어로 남았다. 가령 인텔 전 회장인 앤디 그로브 Andy Grove 는 1983년에 출간하여 비즈니스 부문의 컬트 고전이 된 책인 《하이 아웃풋 매니지먼트 High Output Management》에서 첫 두 개 장을 할애하여 생산 절차 사고의 힘을 설명한다. 그는 이 구조가 없으면 생산성을 높이는 단 하나의 선택지밖에 가질 수 없다고 말한다. 그것은 직원들이 "더 빨리 일하도록" 만드는 방법을 파악하는 것이다. 반면 전체 절차를 조망하면 훨씬 강력한 선택지가 부상한다. "우리는 실행되는 작업의 성격을 바꿀 수 있다." 그는 사람이 아니라 절차를 최적화하라고 촉구했다.[3]

이 말은 우리를 다시 이 책의 주제인 지식노동으로 데려간다. 지식노동 부문에서 우리는 산업 경영에서 나온 이 통찰을 완강하게 배척한다. 우리는 대부분 절차를 간과하고 대신에 사람들이 더 빨리 일하게 만드는 방법을 파악하는 데 우리의 에너지를 투자한다. 우리는 하루 중 더 많은 시간을 일에 얽매이게 하는 스마트폰 같은 혁신을 받아들인다. 우리는 더 많은 용재를 삽으로 옮기는 더 빠른 방법을 찾는다는 명목 하에 기업 캠퍼스에 세탁소를, 통근 버스에 와이파이를 설치한다.

당연히 이런 방식은 전혀 좋은 성과를 거두지 못했다.

이 장의 핵심 주장은 생산 절차 사고가 산업적 제조만큼 지식노동에도 잘 적용된다는 것이다. 손이 아니라 뇌로 가치를 생산한다고 해서 여전히 노력을 조율해야 하는 현실이 근본적으로 바뀌는 것은 아니다. 누가 무엇을 할지에 대한 결정을 조직하고, 진행 과정을 점검하는 체계적인 방식을 찾는 일의 중요성은 놋쇠 주조 작업 만큼이나 컴퓨터 코드 혹은 고객 제안서 작성에도 적용된다.

지식노동에서 당신 혹은 당신의 조직이 꾸준히 생산하는 모든 유형의 가치 있는 결과물은 생산 절차의 산출물로 볼 수 있다. 마케팅 회사가 고객을 위한 홍보 캠페인을 실행한다면 홍보 캠페인 생산 절차를 갖고 있는 것이다. 인사팀이 연봉 문제를 해결한다면 연봉 문제 해결 절차를 갖고 있는 것이다. 교수가 문제 세트를 할당하고 채점한다면 문제 세트 절차를 갖고 있는 것이다.

지금부터 나는 지식노동자들이 이런 절차가 존재한다는 사실을 인정하고 운영을 명료화 및 최적화하면 풀먼 놋쇠 가공 부서와 같은 결과를 얻을 수 있다고 주장할 것이다. 그 결과는 바로 추가적인 비용을 훌쩍 넘어서는 생산성 증대 효과를 누리는 것이다. 그래서 비용과 편익을 비교하면 흔히 "상당한 수익"으로 귀결된다. 물론 문제는 이런 방식으로 생각하는 지식노동자가 드물다는 것이다. 그들은 절차가 아니라 사람에게 초점을 맞춘다. 그 결과 지식 부문은 이 절차들을 구체화하지 않은 채로 놔두고 대신 하이브 마인드 활동과잉 업무 흐름에 의존하여 비공식적으로 업무를 조직하는 것을 선호하게 되었다.

물론 이 '절차 혐오'의 주된 원인은 앞서 살핀 지식노동자의 자율성에 대한 고집이다. 생산 절차는 본질적으로 일을 조율하는 방식에 대한 규칙을 요구한다. 규칙은 자율성을 감소시킨다. 그에 따라 피터 드러커가 말한 대로 지식노동자는 "스스로를 관리해야 한다"는 믿음과 마찰을 일으킨다. 그러나 절차를 꺼리는 태도는 자율성을 향한 일반적인 편견을 넘어선다. 많은 지식노동자들은 지식노동 부문에서 절차가 결여된 것이 자율적 관리의 불가피한 부작용이 아니라, 실제로는 일을 하는 영리한 방식이라는 믿음을 암묵적으로 갖고 있다. 그래서 절차의 결여는 기민성과 유연성을 말하는 것으로 흔히 간주된다. 기민성과 유연성은 우리가 줄곧 중요하다는 말을 듣는 '틀을 벗어난 사고'의 토대다.

이런 관점은 근본적으로 루소주의를 따른다. 18세기의 계몽철학자인 장 자크 루소Jean-Jacques Rousseau는 정치적 영향이 미치기 전의 인간 본성은 근본적으로 선하다고 믿었다. 루소주의는 지식노동자들을 무엇이든 자연스러운 방식으로 일하도록 내버려둬야 한다고 주장한다. 그러면 그들이 직면한 복잡한 여건에 유려하게 적응하여 독창적인 해결책을 만들고 판도를 바꾸는 혁신을 이룬다는 것이다. 이런 세계관에 따르면 명문화된 업무 절차는 인위적이다. 그래서 에덴 동산의 창조성을 오염시키고 관료주의와 정체로 이끈다. 만화 〈딜버트Dilbert〉에 묘사된 상황이 실현되는 것이다.

오랫동안 지식노동자의 생산성이 지닌 미묘한 측면을 연구한 나는 이런 이해에 커다란 결함이 있다고 믿는다. 계몽철학에 대한 비유를 이어가자면 지식노동의 현실은 홉스주의와 훨씬 가깝다. 토머스 홉스Thomas Hobbes가 원래 자신의 책인 《리바이어던Leviathan》에서 자세히 설명한 바에 따르면 인간의 삶은 국가의 제약이 없으면 "험악하고 야만적이며 짧다". 절차가 비공식적으로 진행되도록 방치하여 일을 자연 상태로 퇴보시키면 그에 따른 행동은 전혀 유토피아 적이지 않다. 이 경우 실제 자연 환경에서 많이 관찰되는 대로 비공식적 절차를 따르는 업무 현장에서도 지배적 위계가 나타난다. 그래서 당신이 목소리 크고 불쾌한 사람이라면, 혹은 상사의 호감을 산 사람이라면 무리에서 가장 힘센 사자처럼 하기 싫은 일을 피할 수 있다. 그저 당신에게 일을 넘기려는 사람을 노려보거나, 그들의 메시지를 무시하거나, 일이 너무 많다고 주장하기만 하면 된다. 반면 당신이 합리적이고 우호적이라면 한 사람이 감당하기에는 너무 많은 일을 떠안게 될 것이다. 이런 상황은 의욕을 꺾는 동시에 주의 자본을 엄청나게 비효율적으로 소모한다. 그럼에도 이에 맞서는 힘이 없으면 이런 위계가 불가피한 경우가 많다.

또한 자연 환경과 마찬가지로 명확하게 정의된 절차가 없는 업무 현장에서는 에너지 최소화가 우선시된다. 이는 근본적인 인간 본성이다. 노력을 조율하는 방법을 둘러싼 체계가 없으면 우리는 필요 이상으로 에너지를 소모하지 않으려면 본능으로 돌아간다. 대다수 사람들은 기회가 주어지면 이 본능을 따른다. 가령 당신이 감당해야 할 새로운 책임을 비공식적으로 나타내는 이메일이 들어왔다고 가정하자. 이때 해당 업무를 할당하거나 그 진전 상황을 관리하는 공식 절차가 없으면 당신은 (그저 일시적이라도) 책임을 피할 가장 쉬운 방법을 찾는다. 그래서 내용을 명확하게 설명해달라는 모호한 요청을 담아 재빨리 답신을 보낸다. 그렇게 해서 메시지가 오가는 가운데 서로 '의무'라는 뜨거운 감자를 떠넘기는 게임이 벌어진다. 각각의 메시지는 한 수신함에서 다른 수신함으로 잠시 책임 소재를 옮긴다. 기한이 임박해지거나 짜증난 상사가 마침내 음악을 멈출 때까지 말이다. 그러면 결국 마지막 순간에 급히 서둘러서 거의 받아들이기 힘든 결과를 내게 된다. 이 역시 업무를 완료하는 명백히 끔찍할 만큼 비효율적인 방식이다.

다시 말해서 잘 설계된 생산 절차는 효율적인 지식노동을 가로막는 난관이 아니라 오히려 전제조건인 경우가 많다. 이 사실은 우리를 이 장에서 설명하는 다음과 같은 원칙으로 데려간다.

절차 원칙
지식노동에 영리한 생산 절차를 도입하면 성과를 크게 높이고 일을 훨씬 덜 힘들게 만들 수 있다는 원칙.

하이브 마인드 활동과잉 업무 흐름의 단점을 극복하려면 지식노동자를 자연 상태로 놔둬야 일을 잘한다는 루소주의적 낙관론을 버려야 한다. 주의 자본을 최대한 활용하려면 절차가 필요하다. 이 사실은 조직과 개인 지식노동자에게 모두 적용된다. 명백한 사실을 반복하자면 내가 말하는 절차는 지식노동의 숙련되고 역동적인 요소를 단계별 조리법으로 대충 환원시킨 것이 아니다. 지난 장에서 밝힌 대로 이 책을 통해 우리가 이루려는 개혁은 업무 자체의 숙련된 실행이 아니라 지식노동을 조율하는 업무 흐름에 초점을 맞춘다. 이 점은 생산 절차에 대한 우리의 논의에도 해당된다. 생산 절차는 누가 어떤 일을 하는지 파악하는 데 도움을 주지만 그 일을 하는 세부적인 내용을 명시하지는 않는다. 다시 말해서 끝없이 오가는 하이브 마인드적 메시지 교환을 일종의 지침으로 대체한다. 이 지침은 지식노동자들이 일에 대해 이야기하는 것보다 실제로 일을 하는 데 더 많은 시간을 쓰도록 해준다. 이는 인지적 측면에서 존 러널스의 개선된 놋쇠 가공 공장과 같다.

이 장의 남은 부분에서는 지식노동 조직과 개인의 직업적 삶에서 영리한 생산 절차를 구축하기 위한 여러 아이디어들을 탐구할 것이다. 그러면 이제 우리의 습관이 된 방식에 따라 앞으로 이어질 논의에서 참고할 수 있는 확실한 사례연구부터 시작하도록 하자. 이 사례에서는 생산 절차를 전면적으로 받아들여서 극한의 수익을 올린 12인 미디어 기업을 자세히 살필 것이다.

최적화를 하는 사람들에 대한 최적화

옵티마이즈 엔터프라이즈 Optimize Enterprises(옵티마이즈)는 자기계발 콘텐츠에 초점을 맞추는 미디어 기업이다. 핵심 상품은 위클리 도서 요약과 데일리 레슨을 짧은 동영상으로 제공하는 구독 서비스다. 웹사이트나 스마트폰 앱으로 그들의 서비스에 접근할 수 있다. 옵티마이즈는 또한 근래에 코치 트레이닝 프로그램을 시작하여 깜짝 성공을 거두었다. 1,000여 명의 코치가 300일에 걸쳐 진행되는 1차 트레이닝을 신청했다. 옵티마이즈는 12명의 정직원을 팀원으로 고용하고 있다. 그들은 8명에서 12명의 시간제 계약직 팀원과 같이 일한다. 물리적 본사 건물은 없다. 즉, 이 팀은 완전히 원격으로 운영된다. 대표이자 창업자인 브라이언 존슨Brian Johnson은 내가 이 책을 위해 인터뷰를 했을 때 250만 달러의 연매출을 무난히 달성할 것이라고 말했다.

존슨의 회사가 나의 흥미를 끈 것은 규모나 제품 때문이 아니라 세부적인 운영방식 때문이었다. 존슨은 인터뷰 초반에 이렇게 설명했다. "우리는 이메일을 전혀 사용하지 않습니다. 한 번도 사용한 적이 없어요. 팀원들끼리 이메일을 나눌 일이 없습니다." 존슨이 정확하게 이 용어를 쓴 것은 아니지만 그와 그의 팀은 생산 절차를 중시하는 태도를 받아들여서 하이브 마인드 활동과잉을 피해나갈 수 있었다. 그는 방해받는 것과 정신없이 바쁘게 일하는 것을 본능적으로 싫어한다. 그래서 그와 그의 팀은 그들의 업무를 체계적인 절차로 나누었다. 분명하게 명시된 이 절차는 (적절하게도) 최적화를 통해 유용한 업무를 하는 시간을 극대화하고 일과 수신함 사이를 오가면서 보내는 시간을 최소화했다. 존슨은 내게 이렇게 말했다. "우리 팀은 절대적으로 '싱글태스킹'을 추구합니다. 한 번에 한 가지 일만 해요."

가령 옵티마이즈의 세밀한 절차 중 하나는 매일 아침 복수의 플랫폼으로 제공되는 데일리 레슨 동영상을 제작하는 과정을 규정한다. 동영상 제작은 상당히 많은 일을 요구한다. 존슨은 레슨의 내용을 구상하고 작성하는 일을 맡는다. 그는 또한 카메라 앞에서 이 레슨을 전달하는 사람이기도 하다. 그러나 그것 외에도 할 일이 많다. 레슨의 텍스트 버전을 편집해야 하고, 동영상을 촬영해야 하고, 동영상 클립을 편집해야 하며, 제때에 모든 것을 복수의 플랫폼으로 내보내야 한다. 이 다양한 단계를 실행하는 데 5~6명이 참여한다.

많은 조직에서 이런 콘텐츠 제작 시스템을 운용하는 데 필요한 관련 활동의 양은 엄청나다. 그래서 시급한 이메일이나 숨가쁜 슬랙 채팅이 끝없이 오가야 할 것처럼 보인다. 그러나 옵티마이즈는 그렇지 않다. 그들은 오랜 기간에 걸쳐 이런 노력을 위한 생산 절차를 구축했다. 이 절차는 거의 모든 비공식적 상호작용을 제거한다. 거기에 참여하는 사람들은 양질의 콘텐츠를 생산하고 유통시키기 위한 숙련된 작업을 실행하는 데 거의 100퍼센트의 에너지를 집중한다.

이 절차는 스프레드시트를 공유하는 데서 시작된다. 존슨은 레슨을 위한 아이디어가 떠오르면 스프레드시트에 제목과 부제를 추가한다. 각 행에는 '상태' 열이 있다. 존슨은 여기에 '아이디어'라고 기재한다. 레슨이 아직 개발 초기 단계에 있다는 뜻이다. 그러다가 레슨의 내용을 작성한 후에는 회사의 드롭박스dropbox 계정에 있는 공유 디렉토리에 올리고 해당 레슨의 스프레드시트 행에 초고의 링크를 추가한다. 이때 상태는 '편집 준비'로 바꾼다. 편집자는 존슨과 직접 소통하지 않고 스프레드시트를 확인한다. 그러다가 편집 준비

상태임을 확인하면 다운로드한 다음 올바른 형식으로 바꾸고 편집을 진행한다. 편집 작업이 끝난 원고는 방송 준비가 된 텍스트를 넣어두는 후반작업 드롭박스 폴더로 이동된다.

이때 편집자는 레슨의 상태를 '촬영 준비'로 바꾼다. 촬영은 존슨의 집에 있는 스튜디오에서 이뤄진다. 촬영팀은 정해진 일정에 따라 매달 일정한 날짜에 찾아와 다수의 레슨 동영상을 촬영한다. 촬영팀이 왔을 때 어떤 내용을 찍어야 하는지에 대한 모호함은 없다. 모든 레슨은 현재 '촬영 준비' 상태에 있다. 촬영을 마친 촬영팀은 원본 파일을 편집 절차에 할애된 공유 드롭박스 디렉토리에 올린다. 이때 이 레슨들의 상태는 스프레드시트에서 편집 준비가 된 것으로 바뀐다. 그러면 동영상 편집자가 지정 디렉토리에서 동영상 클립들을 다운로드한 다음 표준 처리 과정을 거쳐서 배포 준비 상태로 완성한다. 완성본은 공유 후반제작 폴더에 올라간다. 레슨의 상태는 배포 준비가 된 것으로 바뀐다. 그에 따라 배포일이 선택되고 각각 해당 행에 추가된다.

마지막 단계는 예정된 배포일에 레슨의 텍스트 버전과 동영상 버전을 실제로 배포하는 것이다. 두 명의 콘텐츠 관리서비스cms 담당이 이 마지막 단계를 실행한다. 그들은 스프레드시트를 점검하여 어느 레슨이 어느 날짜에 예정되어 있는지 확인한다. 그다음 후반제작 디렉토리에서 콘텐츠를 다운로드하고 CMS 플랫폼을 활용하여 정해진 시간에 배포되도록 설정한다. 시간이 되면 존슨의 머릿속에서 단순한 아이디어로 시작된 레슨이 옵티마이즈 네트워크를 타고 방송된다.

이 제작 절차에서 나를 놀라게 만든 점은 이것이다. 이 절차는 전 세계에 흩어져 있는 작지 않은 규모의 전문가 집단을 조율하여 벅찬 일간 일정에 따라 높은 수준으로 제작된 멀티미디어 콘텐츠를 배포하는 복잡한 과업을 달성한다. 이 모든 절차가 단 한 통이라도 예정되지 않은 이메일이나 인스턴트 메시지 없이 진행된다. 이 절차에 참여하는 숙련된 지식노동자 중 누구도 수신함을 띄우거나 메신저 채널을 흘긋거릴 필요가 없다. 그들의 시간은 거의 100퍼센트가 실행하도록 훈련받은 작업을 실제로 하는 데 할애된다. 그리고 작업을 끝내면 그것으로 끝이다. 점검할 일도, 응답을 요구하는 시급한 일도 없다.

공정을 기하자면 미디어 제작은 체계적인 활동이다. 반면 많은 지식노동자들이 비정형적이고 계속 바뀌는 요구에 대응해야 한다. 이 후자의 노력을 절차로 다스리는 방법을 이해하기 위해 나는 존슨에게 회사의 고위 관리자들 중 한 명이 통상 어떤 일과를 보내는지 말해달라고 요청했다. 특히 다양한 일회성 프로젝트를 감독해야 할 뿐 아니라 꾸준히 독창적인 전략을 생산해야 하는 사람의 일과가 궁금했다. 존슨의 설명에 따르면 해당 관리자는 매일 세 시간 동안 방해받지 않고 심층 작업을 하면서 일과를 시작한다. 그동안에는 "단 하나의 연락"도 받지 않는다. 이 시간은 프로젝트에 대해 심사숙고하기 위해 따로 확보한 것이다. 그래서 앞으로 나아갈 방법, 다음에 집중할 곳, 개선해야 할 것, 무시해야 할 것에 대해 신중한 결정을 내릴 수 있다.

해당 관리자는 이 아침 일과가 끝난 후에야 자신이 맡은 프로젝트를 적극적으로 관리하는 일에 주의를 돌린다. 옵티마이즈는 이 프로젝트 관리를 체계적으로 만들기 위해 '플로우Flow'라는 온라인 협업 도구를 활용한다. 플로우의 가장 기본적인 기능은 프로젝트와 관련된 과제를 관리하도록 해주는 것이다. 각 과제는 특정한 사람에게 할당하고 시한을 정할 수 있는 카드로 표시된다. 과제와 관련된 파일과 정보는 카드에 첨부할 수 있다. 또한 토론 도구는 해당 과제를 추진하는 사람들이 포럼 형태로 가상의 카드에서 직접 대화할 수 있도록 해준다. 끝으로 이 카드는 다른 열로 이동하여 배치할 수 있다. 각 열은 라벨로 과제나 상태의 다른 범주를 표시한다.

지난 장에서 살핀 사례연구에서 디베시의 마케팅 회사가 트렐로를 활용한 방식과 비슷하게 가상의 보드에 배열된 가상의 카드들은 프로젝트와 관련된 업무가 전개되는 중심축이다. 그래서 모든 업무를 위한 모든 의사소통을 범용 수신함이나 채널을 통해 할 필요가 없다. 대신 페이지를 검색하고 할당된 과제를 확인하여 특정 프로젝트에 대한 일을 하기로 선택할 수 있다. 앞서 언급한 옵티마이즈의 관리자는 심층 작업 시간이 끝난 후 바로 그렇게 한다. 그는 프로젝트를 하나씩 점검하면서 필요할 때 카드 중심 대화에 참여하고, 보다 일반적으로는 현재 일이 어디까지 진척되었는지 확인한다.

해당 관리자는 플로우에서 프로젝트들을 점검한 후 대개 그가 감독하는 다양한 팀원과 일대일 페이스타임 회의를 갖는다. 이 대화들은 새로운 프로젝트를 논의하거나 진행 중인 과제와 관련된 문제를 해결하는 데 활용된다. 또한 대다수 프로젝트의 경우 매주 정기 회의를 통해 모두의 노력을 동기화하고 집단적인 사안을 효율적으로 해결한다. 이 관리자는 이런 회의에 참석하고, 일과 관련한 모든 결정을 반영하도록 해당 프로젝트 페이지를 업데이트한다. 모든 옵티마이즈 직원과 마찬가지로 그의 일과는 오후 4시에서 5시 사이에 끝난다. 존슨은 그의 회사에 '디지털 일몰digital sunset'을 일관되게 강제한다. 그는 직원들이 합리적인 시간에 일을 끝내고 가족과 시간을 보내며 재충전을 하기를 원한다. 이메일 수신함을 확인할 필요가 없기 때문에 우리의 관리자는 모든 옵티마이즈 직원과 마찬가지로 다음 날 아침까지 실제로 일에서 해방된다.

　내가 옵티마이즈의 절차에 대해 알게 된 몇 가지 다른 자질구레한 사실은 다음과 같다. 그들은 내부 이메일을 금지하지만 외부 협력업체와 소통할 때는 이메일을 사용한다. 다만 이 경우 수신함을 다루는 방식이 고도로 체계화되어 있다. 외부 이메일 주소를 담당하는 직원들은 대개 하루 한 번 메시지를 확인하는 '별도의 시간'을 정해둔다. 옵티마이즈는 고객서비스를 처리하기 위해 인터콤Intercom이라는 도구를 활용한다. 이 도구는 가장 흔한 요청에 대응하는 과정을 효율적으로 처리하며, 고객이 보낸 모호한 이메일들이 쌓이지 않도록 막아준다. 옵티마이즈는 또한 매주 월요일에 (원격회의 소프트웨어를 활용한) 전사 회의를 열어서 업무를 조율한다.

　아마도 가장 흥미로운 사실(그리고 내가 처음 들었을 때 정말 놀랐던 사실)은 옵티마이즈가 슬랙을 사용한다는 것이다. 다만 존슨의 설명에 따르면 옵티마이즈가 슬랙을 활용하는 방식은 하이브 마인드에 따른 끊임없는 수다가 이어지는 흔한 양상과는 크게 다르다. 옵티마이즈의 핵심 업무에 필요한 거의 모든 상호작용은 이미 잘 정의된 절차를 통해 이뤄진다. 그래서 슬랙 같은 채팅 채널로 논의할 것이 별로 많지 않다. 이 도구는 주로 두 가지 목적으로 활용된다. 첫 번째는 "성공을 축하하는 것"이다. 누군가가 직업적으로든 개인적으로든 중요한 성과를 올리면 회사 슬랙 채널을 통해 그 사실을 공유한다. 존슨은 이것이 가상공간에서 서로 "하이파이브"를 할 기회라고 말한다. 그의 설명에 따르면 옵티마이즈는 가상공간에서 운영되기 때문에 사회적 상호작용을 위한 창구를 갖는 것이 중요하다. 슬랙의 다른 용도는 업무를 위한 대다수 실질적인 상호작용이 이뤄지는 회의의 일정을 정하는 것이다.

옵티마이즈 직원들은 실로 슬랙을 비동기적으로 사용한다. 그래서 다른 업무를 하는 사이에 하루 한두 번밖에 확인하지 않는다. 그보다 자주 확인하는 것은 의미가 없다. 그만한 가치를 얻기에는 슬랙 채널에서 실제로 공유되는 것이 충분치 않기 때문이다. 특정한 날에만 직원들은 결국 가상의 하이파이브를 하거나 회의를 열려는 관리자에게 시간을 제시하기 위해 몇 분 정도만 슬랙을 사용한다.

끝으로 존슨은 절차 중심 접근법을 뒷받침하기 위해 회사 전체가 절차를 진지하게 받아들일 것을 요구한다. 그는 절차를 정립하는 것이 성공의 핵심이라고 본다. 옵티마이즈의 모든 직원은 매일 적어도 첫 90분 동안을 일체의 연락을 받지 않는 심층 작업 시간으로 보내야 한다(앞서 언급한 관리자 같은 일부 직원은 더 오랜 시간을 보낸다). 이 오전 일과의 핵심 용도 중 하나는 절차 및 개선 방안에 대해 생각하는 것이다. 존슨이 내게 설명한 대로 대다수 업무 절차를 둘러싼 정신없는 연락과 상호작용을 가장 잘 체계화하는 방법을 파악하려면 시간이 걸린다. 그는 모두가 이 일을 우선시하도록 만드는 데 열심이다. 그는 "소통을 체계화하는 최선의 방법을 파악하려면 소통에서 멀어지는 시간이 필요하다"고 설명한다. 아마도 이것이 옵티마이즈에게 가장 중요한 절차일지도 모른다. 기존 절차를 개선하는 데 도움을 주는 절차 말이다.

누가 무엇을 어떻게 하는가?
효율적 절차

당신이 지식노동 생산 절차를 향상시키는 과제를 받아들였다고 가정하자. 이 맥락에서 무엇이 어떤 절차를 효과적으로 만들까? 브라이언 존슨의 옵티마이즈 엔터프라이즈가 일간 멀티미디어 콘텐츠를 생산하기 위해 활용한 생산 절차를 생각해보라. 존슨은 새로운 레슨의 제목과 부제를 팀이 공유하는 스프레드시트에 입력한다. 이 초기 단계를 콘텐츠 배포 단계까지 이끄는 단계들이 미리 정해진 국면의 순서대로 모두 조직되어 있다. 또한 각 국면에서 어떤 일을 해야 하고, 관련 파일이 어디에 있고, 누가 일을 맡아야 하며, 일을 마치면 어떻게 되는지가 명확하다.

더 다양한 일회성 프로젝트를 진행하는 절차는 미리 정해진 국면의 정확한 순서에 의존할 수 없다. 각각의 프로젝트가 다르기 때문이다. 그러나 전반적인 업무 흐름은 여전히 고도로 체계화되어 있다. 누가 어떤 일을 하고 어떻게 진행되는지에 대한 정보는 플로우 프로젝트 관리 도구를 활용하여 처리된다. 어떤 업무를 추가하고 누구에게 할당하는지에 대한 결정은 정기 회의에서 이뤄진다. 당신이 이런 프로젝트 중 하나를 진행한다면 일의 리듬이 명확하다. 당신은 플로우에서 당신에게 할당된 업무 카드를 확인한 다음 집중하여 업무를 마치고 카드를 업데이트한다. 가끔 당신은 더 복잡한 논의나 결정이 필요할 때 회의에 참석한다. 회의 결과는 즉시 플로우에 반영된다. 이 프로젝트 중심 절차는 마찬가지로 일에 대한 소통을 하는 데 소요되는 시간을 최소화하고 실제로 생산적인 활동을 하는 데 필요한 시간을 극대화한다.

이런 효과적인 생산 절차의 사례들은 다음 속성을 공유한다.

1. 누가 어떤 일을 하고 어떻게 진행되는지 검토하기 쉽다.
2. 예정되지 않은 의사소통이 많지 않은 가운데 업무가 진행된다.
3. 절차가 진행됨에 따라 업무 배정을 갱신하는 알려진 절차가 있다.

데일리 레슨 사례의 경우 첫 번째 속성은 공유 스프레드시트의 '상태'란으로 충족된다. 이 '상태'란은 팀에게 현재 각 레슨이 제작

파이프라인의 어느 지점에 있는지 말해준다. 또한 두 번째와 세 번째 속성은 미리 정해진 국면의 순서로 충족된다. 이 국면은 당신이 레슨에 대한 일을 해야 할 차례가 되었을 때 정확히 무엇을 해야 하는지, 일을 시작할 때 필요한 파일을 어디서 찾을 수 있는지, 일을 마쳤을 때 파일을 어디에 두어야 하는지, 국면이 완결된 다음에 무엇이 오는지 명시한다.

프로젝트 절차의 경우 첫 번째 속성은 플로우로 충족된다. 플로우는 프로젝트를 위해 진행 중인 모든 업무를 보여주는 뛰어난 시각적 인터페이스를 제공한다. 각 업무 위에 있는 작은 얼굴 아이콘은 담당자를 나타낸다. 이런 프로젝트 중 하나를 진행할 때 지금 당신이 무엇을 해야 하는지에 대한 모호함은 없다. 두 번째 속성은 업무 카드에 내재된 플로우의 협력 도구와 일정한 리듬에 따라 열리는 짧은 정기 현황 점검 회의의 결합으로 충족된다. 프로젝트에 대한 의사소통은 이 좁은 채널로 한정된다. 끝으로 세 번째 속성을 충족하기 위해 누가 새로운 업무를 맡아야 하는지에 대한 결정은 대개 회의에서 이뤄지고 뒤이어 플로우에 반영된다.

다시 말해서 좋은 생산 절차는 현재 진행 중인 일에 대한 모호성과 그 일을 하는 데 필요한 예정에 없는 의사소통을 최소화한다. 이 속성들은 일을 하는 방법을 파악하는 지식노동자의 자율성을 제한하지 않는다는 점에 주목하라. 초점은 일을 조율하는 데 맞춰진다. 또한 이 속성들이 답답한 관료체제로 이어질 가능성이 낮다는 점에 주목하라. 그들이 생성하는 절차는 가치 있는 결과를 생산하는 실질적인 행위를 둘러싼 수고를 (맥락 전환과 시간 측면에서) 줄이도록 최적화되기 때문이다. 고도로 체계화된 옵티마이즈 엔터프라이즈에서 일하는 직원들은 하이브 마인드 활동과잉 업무 흐름에 얽매인 사람들보다 훨씬 많은 권한을 부여받는 한편 일에도 압도당하지 않는다고 느낄 가능성이 높다.

지식노동 환경에서 생산 절차와 관련된 주된 문제는 각 상황에 맞게 맞춤식으로 구축해야 하는 경우가 많다는 것이다. 가령 옵티마이즈에게는 통하는 절차가 모바일 앱 개발 회사에게는 통하지 않을 수 있고, 앱 회사에게는 통하는 절차가 일인 회계사무소에는 통하지 않을 가능성이 높다. 이런 현실을 염두에 두고 이 장의 남은 부분에서는 당신의 처한 구체적인 상황에 가장 잘 통하는 생산 절차를 설계할 때 활용할 수 있는 모범관행을 살펴보도록 하자.

한눈에 상황이 보이는
태스크 보드 혁명

내가 알렉스라고 부를 임원은 대형 전국 의료서비스 제공업체 내에서 독립 스타트업처럼 운영되는 15인 팀을 운용한다. 그의 팀은 데이터 분석에 초점을 맞춘다. 가령 당신이 이 회사에서 일하는 연구자이고, 보조금을 타서 복잡한 수치 계산이 필요한 연구를 진행한다고 가정하자. 이 경우 알렉스의 팀은 당신에게 필요한 도구를 만들어준다. 그들은 또한 회사가 보다 효율적으로 운영되도록 돕는 내부 프로젝트도 실행한다. 그들이 만든 해결책 중 일부는 독립적인 소프트웨어 제품으로 판매되기도 한다. 이처럼 다양한 역할을 고려할 때 알렉스가 팀의 시간에 대한 수많은 요구를 관리해야 하는 입장임을 예상할 수 있다.

알렉스가 이 일을 해내도록 돕는 주된 요소는 그의 사무실로 들어서면 바로 눈에 띈다. 한쪽 벽을 가로세로가 각각 2.5미터, 1미터인 칠판이 덮고 있다. 이 칠판은 '계획', '준비', '교착', '진행', '완료'라는 5개의 열로 나뉘어 있다. '진행' 열은 다시 '개발'과 '테스트'라는 2개의 하위 열로 나누어진다. 각 열 아래에는 손으로 쓴 라벨로 표시된 카드뭉치들이 테이프로 붙어 있다. 알렉스의 사무실에서 오래 머물다 보면 하나의 패턴이 드러난다. 거의 매일 아침에 알렉스의 팀에 속한 프로젝트 리더들이 그들이 말하는 '큰 보드' 주위에 모여서 카드를 보며 의논한다. 논의가 진행되는 동안 카드들이 이동한다. 어떤 카드는 다른 열로 옮겨지고, 다른 카드는 현재 열에서 다른 순서로 배열된다. 당신이 보지 못하는 것은 이 프로젝트 리더들이 현재 하고 있는 논의와 이메일 수신함 사이에 주의를 분산시키는 것이다. 알렉스의 팀은 이메일(혹은 같은 맥락에서 인스턴트 메신저)을 크게 좋아하지 않는다. 그들은 이 기술을 주로 외부 협력업체와 상호작용하는 도구로 여긴다. 일을 하는 데 정말로 중요한 정보는 모두 그들 앞에 있는 칠판에 붙은 카드 위에 적혀 있다.

내가 하이브 마인드 활동과잉 업무 흐름을 피한 방법을 물었을 때 알렉스가 설명한 바에 따르면 그의 사무실에 있는 칠판은 그의 팀이 활용하는 유일한 도구가 아니다. 큰 보드에 붙은 각 카드는 하나의 프로젝트에 해당한다. 한 프로젝트가 '진행' 열에 이르면 해당 프로젝트를 맡은 직원들이 완료에 필요한 업무들에 할당된 나름의 보드를 만든다. 이 작은 보드들은 큰 보드와 달리 대개 소프트웨어로 구현된다. 알렉스의 팀은 소프트웨어 개발 커뮤니티에서 인기를 끈 아사나Asana와 지라Jira라는 2개의 도구를 선호한다. 그들은 이 도구들을 이용하여 디지털 보드를 만든다. 프로젝트가 진행되면 담당 직원들은 정기 회의를 통해 카드에 대해 논의하고 재배열하면서 보드를 업데이트한다.

가령 알렉스는 나와 대화를 나누면서 한 카드를 예로 들었다. 그 카드에는 소속 병원 중 하나에서 활용하는 절차와 관련된 프로젝트를 표시한 라벨이 붙어 있었다. 이 절차는 유아 대상 유전자 검사 결과를 저장하기 위한 것이었다. 당시 해당 데이터는 FTP 서버에 저장되었다. 알렉스의 팀은 이 정보를 보다 유연한 데이터베이스로 옮기는 방법을 파악해야 했다. 그는 이 프로젝트가 앞으로 진행될 방향을 다음과 같이 설명했다.

우리는 이 프로젝트에 대해 알고 있습니다. 지금은 '계획' 열에 있는 카드로 관리되고 있어요. 순서는 먼저 처리해야 하는 다른 3가지 프로젝트의 뒤에 있습니다. 이 열에서 제일 위로 올라오면 논의를 통해 아사나나 지라에 추가할 세부 과제를 정합니다. 그러면 큰 보드에서 카드를 '개발'로 옮기죠.

알렉스는 대개 매일 아침 이런 논의를 위한 회의를 연다. 다만 개발팀이 '정신없이 뛰어다니면서' 한창 프로젝트를 진행하고 있을 때는 추가적인 기획이 필요할 때까지 잠시 일주일에 한 번으로 회의 횟수를 줄인다.

이것으로 우리는 비슷한 패턴을 3번째로 접했다. 그 패턴은 지식 노동에 대한 정보가 보드에 정렬된 카드로 관리되는 것이다. 알렉스의 팀은 물리적 칠판과 아사나로 구현하는 가상 보드를 모두 활용한다. 옵티마이즈 엔터프라이즈는 플로우에 의존한다. 지난 장에서 소개한 디베시는 트렐로를 활용한다.

보드에 과제를 올려서 업무를 조직한다는 일반적인 아이디어는 새로운 것이 아니다. 예를 들어, 병원 응급실은 오랫동안 '환자 관리 보드'를 활용했다. 그들은 화이트보드에 칸을 나누고 치료 중인 모든 환자와 병실, 배정된 의사나 간호사, 응급 수준 등을 적는다. 이 보드는 바쁜 근무요원들이 흘긋 보기만 해도 응급실의 현재 상황을 한눈에 파악할 수 있도록 해준다. 또한 신규 환자를 어디로 데려갈지, 의사들이 어디서 시간을 들여야 하는지 간단하게 파악할 수 있도록 해준다. 앞서 언급한 대로 20세기 초반에도 풀먼 열차 회사는 보드에 의존했다. 그들은 나무판에 걸린 놋쇠 태그를 통해 공작기계에 작업자들이 배치된 상황을 집약적으로 나타냈다.

근래에 생산성 도구로서 보드에 과제를 표시하는 보다 세련된 접근법이 등장했다. 이 접근법에서 보드는 지정된 열로 나누어지고, 업무 과제는 상태를 가장 잘 묘사하는 열 아래에 수직으로 정렬된 카드를 통해 관리된다. 때로 알렉스의 큰 보드에 있는 '계획' 열처럼 카드의 수직 배열은 우선순위를 나타낸다. 이는 알렉스, 디베시, 브라이언 존슨이 활용한 일반적인 구성이다.

이렇게 일을 조직하는 접근법의 근원은 소프트웨어 개발 커뮤니티에서 찾을 수 있다. 그들은 지난 수십 년 동안 소프트웨어를 제작하는 '애자일agile' 방법론을 점차 받아들였다. 그 기본적인 개념은 17명의 프로그래머와 프로젝트 매니저들이 2001년에 발표한 선언에 최초로 소개되었다. 이 선언은 "우리는 소프트웨어를 개발하는 더 나은 방식을 제시할 것"이라며 낙관적으로 시작된다. 뒤이어 12개의 원칙이 평이한 내용으로 설명된다. 예를 들어 "우리의 최고 우선순위는 가치 있는 소프트웨어를 조기에, 지속적으로 제공하여 고객을 만족시키는 것이다"가 하나의 원칙이다. 또 다른 원칙은 "하지 않는 일의 양을 극대화하는 기술인 단순화는 필수적"이라는 것이다.⁴

애자일을 이해하려면 이 방법론이 무엇을 대체하는지 알아야 한다. 과거 소프트웨어 개발은 느리고 복잡한 프로젝트 계획에 의존했다. 이 계획들은 소프트웨어의 주요 요소를 제작하는 데 필요한 모든 일을 미리 파악하려는 무리한 시도를 했다. 그 논리는 다양한 색상의 간트Gantt 차트로 보기 좋게 작성된 계획이 주어지면 각 단계에서 정확히 몇 명의 프로그래머가 필요한지 알 수 있고, 고객에게 정확한 배포 일정을 제공할 수 있다는 것이다. 이 접근법은 이론적으로는 타당하다. 그러나 아주 단순한 프로젝트를 제외하면 이런 계획은 거의 정확하게 들어맞은 적이 없었다. 소프트웨어를 만드는 일은 자동차를 만드는 일과 같지 않다. 각 단계가 얼마나 오래 걸릴지, 어떤 문제점이 발생할지 정확하게 예측하기 어렵다. 또한 고객들이 스스로 필요로 하는 모든 것을 항상 미리 아는 것은 아니다. 그래서 개발 중인 기능을 즉석에서 고쳐야 해서 일정에 지장을 초래하는 경우도 많다.

애자일 방법론을 따르려면 소프트웨어 개발을 최대한 빨리 야생으로 방생할 수 있는 작은 단위로 나눠야 한다. 사용자들이 피드백을 제공하면 그 정보를 향후 업데이트에 신속하게 적용할 수 있다. 그래서 배포 전에 모든 것을 완벽하게 구축하려고 시도하는 것이 아니라, 유용한 소프트웨어로 진화할 수 있을 유연한 피드백 주기를 형성하게 된다. 갈수록 많은 소프트웨어가 웹 기반으로 옮겨가면서 업데이트 버전을 배포하고 피드백을 얻는 절차가 단순화되었다. 그 결과 '다양한' 애자일 방법론이 개발자 세계에서 대단히 많은 인기를 얻게 되었다.

여기서 '다양한'이라는 말이 중요하다. 애자일 자체는 조직적 시스템이 아니다. 그보다 복수의 특정한 시스템이 구현하는 일반적인 접근법을 정의한다. 현재 인기 있는 두 가지 시스템은 스크럼Scrum 과 칸반Kanban이다. 당신이 소프트웨어 분야와 조금이라도 관련된 일을 한다면 아마 최소한 그 이름이 언급되는 것을 들어봤을 것이다. 일반적으로 말해서 스크럼은 일을 '스프린트sprints'로 나눈다. 이 스프린트 안에서 개발팀은 다음 업데이트로 넘어가기 전에 특정 업데이트를 완성하는 데 전념한다. 반면 칸반은 고정된 일련의 국면들을 통해 보다 지속적인 작업 흐름을 강조한다. 그 포괄적인 목표는 모든 국면에서 현재 '진행 중인 작업'을 최소화하여 병목을 방지하는 것이다.

이 내용은 다시 우리를 보드로 데려간다. 실행 방식에서의 사소한 세부적 차이를 무시하면 스크럼과 칸반이 '태스크 보드task board'를 활용한다는 점에서 똑같다는 사실을 알 수 있다. 이 보드에 속한 카드는 소프트웨어 개발 절차의 여러 국면에 해당하는 수직 열에 따라 배치된 작업을 나타낸다. 가령 스크럼의 경우 종종 잠재적으로 중요하지만 아직 처리하지 못한 기능을 위한 '백로그backlog'라는 열이 있다. 또한 현재 스프린트에 참여한 프로그래머들이 작업 중인 기능을 위한 열, 완성되어 현재 테스트 중인 기능을 위한 열, 테스트까지 마치고 배포 대기 중인 기능을 위한 열도 있다.

이 두 시스템이 작업을 조직하기 위해 같은 수단을 활용하는 것은 우연이 아니다. 애자일 프로젝트 관리 방식을 이끄는 핵심 아이디어는 인간은 원래 계획을 아주 잘한다는 것이다. 다음에 할 일을 파악하는 데 굳이 복잡한 프로젝트 관리 전략은 필요하지 않다. 대개 내용을 아는 엔지니어들이 모여서 타당한 방법을 논의하는 것으로 충분하다. 다만 이런 믿음의 핵심 단서는 모든 관련 정보를 잘 파악하고 있어야만 계획 본능을 효과적으로 발휘할 수 있다는 것이다. 즉, 어떤 과제를 이미 작업하고 있는지, 어떤 작업을 해야 하는지, 병목은 어디서 발생했는지 등을 알아야 한다. 보드에 정렬된 카드는 이 정보들이 신속하게 소통하게 하는 놀랍도록 효율적인 수단으로 드러났다.

태스크 보드의 이런 속성은 소프트웨어 개발 외에 다른 분야에도 적용할 수 있는 가능성을 제공한다. 앞을 내다보는 자세로 작업 절차를 보다 체계적으로 만들려는 지식노동 조직에서 태스크 보드를 활용하는 사례가 자주 눈에 띄는 이유가 거기에 있다. 또한 당신이 속한 조직을 위한 절차를 개발할 때 태스크 보드를 고려해보라고 권하는 이유도 거기에 있다. 이 일에 도움을 주기 위해 지식노동 환경에서 태스크 보드를 최대한 활용한 모범사례들을 모아보았다.

태스크 보드 실전 #1: 카드는 명확한 정보를 담아야 한다

태스크 보드 수단의 핵심은 카드를 열에 따라 정렬하는 것이다. 이 카드들은 대개 특정한 업무 과제에 호응한다. 이 과제들을 명확하게 기술하는 것이 중요하다. 각 카드에 담긴 업무가 모호해서는 안 된다.

이 접근법을 성공적으로 활용하는 데 중요한 또 다른 요소는 카드를 개인에게 배정하는 명확한 수단을 갖추는 것이다. 플로우 같은 디지털 시스템은 이런 배정을 전용 기능으로 제공한다. 그래서 작업 카드와 관련된 사람들을 나타내는 작은 얼굴 아이콘을 섬네일로 보여준다. 그러나 배정 기능을 제공하지 않는 시스템에서도 이 정보를 카드 제목에 쉽게 추가할 수 있다. 일부 경우에는 특정 열로 배정 정보를 시사하기도 한다. 가령 소규모 개발팀에서는 특정 직원이 '테스트' 열에 속한 작업을 전담할 수 있다. 중요한 점은 적극적인 작업이 필요한 열로 카드가 옮겨지면 누가 이 일을 맡는지에 대해 불확실성이 없어야 한다는 것이다.

끝으로 각 카드와 관련 정보를 연결 짓는 쉬운 수단이 있어야 한다. 플로우나 트렐로 같은 디지털 보드 도구를 활용하면 가상 카드에 파일이나 긴 설명문을 첨부할 수 있다. 이 기능은 대단히 유용하다. 과제와 관련된 모든 정보를 한곳에 정리할 수 있기 때문이다. 나는 디베시가 활용한 트렐로 보드를 살피다가 이 사실을 깨달았다. 가령 그의 보드에서 내가 접한 한 카드는 고객을 위한 분석 보고서를 작성하는 과제를 위한 것이었다. 거기에는 보고서에 필요한 데이터와 그 구성 방식에 대한 주석이 담긴 관련 파일들이 첨부되어 있었다. 이 과제를 수행하는 사람은 난잡한 수신함이나 채팅 기록을 뒤져서 이런 자료를 찾을 필요가 없다. 보고서 작업을 할 때 필요한 모든 것은 한곳에 모여 있다.

물리적 보드를 활용하면 당연히 디지털 파일이나 긴 설명문을 카드에 첨부할 수 없다. 그래도 드롭박스 같은 서비스를 활용하면 거의 비슷한 효과를 얻을 수 있다. 보드에 해당하는 공유 디렉토리와 각 열에 해당하는 하위 디렉토리를 설정하기만 하면 된다. 또한 카드와 관련된 정보는 해당 하위 디렉토리에 속한 특정 열에 저장할 수 있다. 그러면 필요할 때 이 정보를 찾는 일이 간단해진다.

태스크 보드 실전 #2: 잘 모르겠다면 칸반의 기본 열에서 시작하라

소프트웨어 개발 분야의 태스크 보드 활용과 관련하여 이미 자리 잡은 지침의 범위를 벗어나면 특정한 지식노동 환경에서 태스크 보드를 어떻게 구성해야 할지 막막할 수 있다. 잘 모르겠다면 칸반 방법론에 따른 기본 구성에서 시작하라. 거기에는 '할 것', '하고 있는 것', '한 것', 단 3개의 열밖에 없다. 이를 토대로 필요에 따라 자세한 구성을 더하면 된다.

가령 디베시의 보드는 기획 과제를 위한 열과 고객 캠페인 실행을 위한 열을 갖고 있다. 칸반의 기본 구성을 이렇게 수정하는 것은 마케팅 회사라는 맥락에서 유용한 것으로 드러났다. 기획과 실행 업무는 두 개의 다른 인력 풀을 통해 이뤄지기 때문이다. 반면 옵티마이즈 엔터프라이즈가 사용하는 플로우 보드는 하나의 열만 있는 간단한 구성을 활용하는 경향이 있다. 이는 당면한 프로젝트를 위해 실행 중인 모든 과제에 할애된다.

칸반 기본 구성을 확장하는 또 다른 유용한 사례는 프로젝트와 연관성을 지닌 배경 주석과 연구자료를 저장하는 열을 포함하는 것이다. 이 수법은 엄밀하게 따지면 모든 카드가 하나의 과제에 해당하는 관례를 깨트린다. 그러나 디지털 보드를 사용할 때는 필요한 곳 가까이에 정보를 보관하는 유용한 방법이 될 수 있다. 예를 들어, 디베시의 마케팅 회사에서는 고객의 전화 기록을 보관하기 위해 이런 유형의 열을 활용한다.

태스크 보드 실전 #3: 정기 검토 회의를 열어라

앞서 주장한 대로 모든 지식노동 생산 절차에 필요한 핵심 요소는 누가 어떤 일을 하는지 결정하는 효과적인 시스템이다. 태스크 보드의 맥락에서 이런 결정은 보드에 붙은 카드로, 그리고 담당 직원에게 반영된다. 그렇다면 어떻게 결정을 내려야 할까? 애자일 방법론의 근본적인 아이디어는 정기적으로 갖는 짧은 회의가 태스크 보드를 검토하고 갱신하는 최고의 수단이라는 것이다. 애자일은 이런 결정이 이메일이나 인스턴트 메신저에서 이뤄지는 비동기적 의사소통을 통해 비공식적으로 전개되는 것을 배척한다. 당신 자신의 지식노동 생산 절차를 위해 태스크 보드를 활용할 때도 같은 규칙을 따라야 한다.

정기 회의의 표준 형식은 각 참가자가 어떤 일을 하고 있는지, 남은 일과 동안 진전을 이루기 위해 다른 사람들로부터 필요한 것은 무엇인지, 전날 했던 과제의 현황은 어떤지 간략하게 제시하는 것이다. 이 '검토 회의'에서 새로운 과제를 파악하고 새로운 담당자를 배정할 수 있다. 또한 이 회의는 다른 사람의 응답을 기다리는 사람이 초래한 병목을 제거하는 데도 도움이 될 뿐 아니라 중요한 책임의식을 부여한다. 당신이 오늘 회의에서 실행하겠다고 말한 과제를 게을리하면 내일 회의에서 성과를 내지 못했다는 사실을 공개적으로 드러내야 한다.

이 정기 검토 회의가 좋은 효과를 내는 부분적인 이유는 협력을 뒷받침하기 때문이다. 모두가 그들이 맡을 과제를 결정하는 데 참

여하는 느낌을 받는다. 이 회의가 좋은 효과를 내는 또 다른 이유
는 모호한 구석이 없기 때문이다. 모두가 업무 배정을 결정하는 논
의에 참석한다. 끝으로 1부에서 주장한 대로 실시간 의사소통은 대
개 길게 이어지는 메시지 교환보다 여러 개인의 협력을 이끄는 훨
씬 효과적인 수단이다. 10분 동안 모여서 한 번만 회의를 해도, 하
루 종일 계속해서 당신의 집중을 방해할 10여 통의 모호한 메시지
를 대체할 수 있다.

　물론 현대의 많은 지식노동 조직에는 원격근무를 하는 직원들이
있다. 그래서 특정 태스크 보드를 토대로 일하는 모든 직원이 직접
검토 회의에 나오기는 불가능하다. 이 경우 표준적인 해결책은 스
카이프나 줌Zoom 혹은 페이스타임(인원이 적다면) 같은 화상회의 소
프트웨어를 활용하는 것이다. 핵심은 실시간 상호작용이다.

태스크 보드 실전 #4: 카드를 통한 대화로 하이브 마인드적인 수다를 대체하라
디지털 보드 시스템이 지닌 강력한 사양 중 하나는 각 가상 카드에
내재된 토론 기능이다. 예를 들어, 트렐로와 플로우의 경우 카드에
파일이나 정보를 첨부하는 것에 더하여 알림판 형태의 대화를 바로
저장할 수 있는 도구들이 있다. 여기에 한 사람이 질문을 하면 나중
에 다른 사람이 대답할 수 있다. 내가 관찰한 바에 따르면 디지털
태스크 보드를 활용하는 지식노동 조직에서 이런 '카드 대화'는 구
체적인 과제에 대한 업무를 조율하는 데 대단히 중요한 것으로 증
명되었다. 사람들은 매일 여러 번 대화 내용을 확인한다. 그래서 정

기 검토 회의에서 논의할 사항을 줄일 뿐 아니라 정보를 체계화하는 기능이 부실하고 금세 난잡해지고 마는 이메일 같은 범용 의사소통 도구를 써야 할 필요성을 제거한다.

이런 카드 대화가 하이브 마인드 활동과잉 스타일의 비체계적인 메시지 교환을 당신의 조직에 슬그머니 되살리는 것은 아닌지 합리적인 의심을 제기할 수 있다. 그러나 내가 관찰한 바에 따르면 카드 대화의 경험은 하이브 마인드적인 수다의 경험과 크게 다르다. 그 예로 디베시는 이메일에서 카드 대화로 전환한 것을 의사소통의 "구도 역전"이라고 표현했다. 모든 논의가 흘러가는 이메일을 쓰면 수신함을 계속 확인할 수밖에 없다. 그래서 여러 프로젝트에 대한 논의에 직면하게 된다. 반면 카드 대화를 활용하면 특정한 프로젝트와 관련된 논의를 접하려면 해당 보드만 살피면 된다. 이 경우 오직 그 프로젝트에 대한 대화만 접하게 된다. 그래서 구도가 역전된다. 프로젝트가 당신 대신 대화 내용을 결정하는 것이 아니라 이제는 당신이 어떤 프로젝트에 대해 이야기할지를 결정하기 때문이다.

카드 대화는 의사소통에 대한 기대도 바꾼다. 사람들은 일반적으로 당신이 하루에 몇 번만 태스크 카드를 확인할 것이라고 생각할 것이다. 그래서 조급해지거나 빠른 응답을 할 것이라는 기대 자체가 없다. 그 결과 업무의 분할성이 증가하고, 사람들은 다음 업무로 넘어가기 전에 더 오랫동안 한번에 한 업무를 처리하는 데 익숙해진다. 반면 이런 대화가 범용 의사소통 도구에서 이뤄지면 모두가 더 자주 이 도구를 확인한다는 인식이 빠른 응답에 대한 기대를 높인다. 이는 불가피하게 전속력으로 돌아가는 하이브 마인드 활동과 잉 업무 흐름으로 이어진다(응답성 주기에 대해서는 3장에서 다룬 논의 를 참고하라).

카드 대화는 또한 하이브 마인드적인 수다보다 훨씬 체계적이다. 대화가 구체적인 과제에 결부되어 있고, 모든 관련 파일을 수반하 기 때문이다. 예를 들어, 내가 프로젝트를 진행하는 중이고 핵심 과 제의 상태를 확인하려 한다고 가정하자. 이 경우 그냥 가상 카드를 뒤집어서 모든 관련 논의를 빠르게 검토하기만 하면 쉽게 파악할 수 있다. 이는 하이브 마인드 업무 흐름과 상반된다. 하이브 마인드 업무 흐름에서는 이 모든 정보가 다양한 사람들의 수신함에 흩어져 있거나 메시지가 쌓이는 수신 채널 속에 파묻혀 있다.

이렇게 카드 대화 쪽으로 논의를 이동하는 일은 좀더 느린 속도 와 평온함을 불러온다. 언제나 가득 차는 수신함과 씨름할 필요가 없다는 것은 과소평가하지 말아야 할 혜택이다.

퍼스널 칸반, 개인용 태스크 보드를 활용하라

짐 벤슨Jim Benson은 지식노동을 개 선하기 위한 생각을 많이 한다. 그의 컨설팅 회사인 모더스 쿠퍼란 디Modus Cooperandi는 지식노동 조직에서 협력을 개선하는 맞춤식 절 차를 구축하는 일을 전문적으로 다룬다. 애자일 방법론을 잘 아는 소프트웨어 창업자였던 이전의 경력에서 얻은 경험 덕분에 벤슨의 절차는 종종 태스크 보드를 활용한다. 모더스 쿠퍼란디의 홈페이지에 실린 사진들은 복잡한 열에 따라 정렬된 밝은 색상의 포스트잇 노트로 가득하다.[5]

벤슨은 개인 생산성 분야에서는 2011년에 자가출판한 얇은 책으로 더 유명하다.《퍼스널 애자일 퍼스널 칸반Personal Kanban》이라는 제목이 붙은 이 책은 매우 유혹적인 약속을 제시한다. 그것은 애자일 방법론을 조직의 복잡한 프로젝트 뿐 아니라, 개인적 책무들을 파악하는 데에도 활용할 수 있다는 것이다.

《퍼스널 애자일 퍼스널 칸반》의 이면에 놓인 핵심 아이디어들은 아주 단순하다. 벤슨이 이 책의 홈페이지에서 5분짜리 동영상으로 정리할 수 있을 정도다.[6] 벤슨은 이 동영상에서 이젤 위에 놓인 커다란 백지 앞에 서 있다. 그는 종이 중앙을 마구 뒤섞인 컬러 포스트잇 노트들로 채운다. 이 포스트잇 노트들은 가족, 친구, 동료, 상사, 그리고 자신의 '기대'를 나타낸다. 그는 "이 모든 것들은 우리 머릿속에서 이렇게 엉긴 덩어리가 됩니다. 우리는 하고 싶은 일을 결정할 때마다 이 덩어리를 떼어내야 합니다"라고 설명한다. 즉, 우리는 그저 다음에 할 일을 파악하기 위해 이 '덩어리'를 뜯어내서 모든 의무를 살펴야 한다. 벤슨은 "그건 별로 재미있는 일이 아니에요"라고 말한다.

이 문제에 대한 퍼스널 칸반 해결책은 개인용 태스크 보드로 이 난잡한 기대들을 조직하는 것이다. 벤슨은 3개의 열을 활용할 것을 권한다. 첫 번째 열에는 '선택지' 라벨이 붙는다. 이 열은 모든 의무를 깔끔하게 정렬된 포스트잇 노트로 배열하는 곳이다. 이때 과제 하나에 하나의 노트가 할당된다. "그러면 끔찍한 일의 덩어리가 인지적으로 유쾌한 직사각형으로 바뀐다." 두 번째 열에는 '진행' 라벨이 붙는다. 이 열은 현재 실제로 진행 중인 과제에 해당하는 포스트잇을 옮겨오는 곳이다. 이 열의 핵심이자 일반적으로 칸반 시스템에서 큰 부분을 차지하는 것은 특정한 시간에 진행하는 과제의 수를 엄격하게 제한해야 한다는 것이다. 칸반식 표현으로 이는 '진행 중 작업 제한'으로 불린다. 벤슨은 동영상에서 이 한도를 3개로 정한다. 그의 설명에 따르면 동시에 10여 개의 과제를 진행하려고 하면 결국 "난잡한 삶"을 살게 된다. 그는 한 번에 소수의 일만 하는 것이 낫다고 설득력 있게 주장한다. 그 일에 완전히 집중하고 완전히 끝낸 후에 새로운 일로 대체해야 한다는 것이다.

이는 우리를 '완료' 열로 데려간다. 이 열은 완료한 과제를 옮겨오는 곳이다. 이론적으로는 과제를 완료한 후에 해당 포스트잇을 그냥 버려도 된다. 그러나 벤슨이 시사한 대로 포스트잇을 '진행'에서 '완료'로 옮기는 데 따르는 심리적 고양감은 강력한 동기를 부여한다.

벤슨이 《퍼스널 애자일 퍼스널 칸반》을 펴낸 후 이 시스템은 컬트적인 추종자들을 모았다. 유튜브를 살펴보면 개인적 생산성에 대한 벤슨의 접근법을 직접 활용한 방식을 설명하는 팬들이 만든 동영상이 수없이 많다. 이 모든 팬들이 벤슨이 애초에 제시한 3열 설계를 엄격하게 따랐을 것이라고 생각했다면 당신은 개인 생산성 커뮤니티를 잘 모르는 것이 분명하다. 팬들의 동영상을 보면 매우 복잡한 맞춤식 변형을 많이 접하게 된다.

그중 하나는 '진행' 열을 '준비' 열로 대체하고 '차가움', '따듯함', '뜨거움'이라는 3개의 하위 열로 나눈다. 이 하위 열들은 임박한 과제의 상태를 보다 세밀하게 다루도록 해준다.[7] 공급사슬 관리를 가르치는 교수가 찍은 또 다른 동영상도 있다. 이 동영상은 너무나 복잡해서 공급사슬 관리에 관한 대학원 수준의 공부를 해야 겨우 이해할 수 있을 것처럼 보인다. 그는 '선택지' 열을 "가치 스트림value streams"이라고 부르는 색상별 행으로 나눈다. 각 행은 다른 유형의 과제에 할애되며, 같은 색상의 포스트잇 노트로 표시된다. 이 행들은 내부의 열들로 다시 나누어진다. 한 열은 이번 학기에 처리할 수 없는 과제들의 "저장 탱크"로 지정된다. 다른 열은 끝내기를 바라는 과제들을 위한 것이다. 각 행에는 해당 스트림에서 완료할 다음 과제를 옮겨두는 "대기 구역"이 있다. 과제들은 수많은 대기 구역에서 소수의 '진행' 슬롯으로 옮겨진다. 이 슬롯은 진행 중 작업 제한에 따라 3개로 한정된다. '완료' 열은 '진행' 열처럼 색상별로 구분된 가치 스트림 행을 갖는다. 그래서 언뜻 보기만 해도 근래에 시간을 어떻게 할당했는지 파악할 수 있다.[8]

생산성 애호가들 사이에서 퍼스널 칸반이 성공한 것은 하이브 마인드 활동과잉을 벗어나려는 모든 사람에게 중요한 현실을 부각시킨다. 그것은 태스크 보드가 팀들 사이에 업무를 조율하는 데 효과적일 뿐 아니라 개인적 의무를 파악하는 데도 엄청나게 효과적이라는 것이다. 당신이 대학원 수준의 공급사슬 관리 공부를 하지 않았더라도 말이다.

앞서 잠깐 언급한 대로 나는 교수로서 나 자신의 직업적 삶에 이 아이디어를 받아들였다. 그래서 조지타운대학원 컴퓨터공학과의 학장으로 재직하면서 트렐로 보드를 활용하여 나의 의무들을 관리한다. 나의 보드는 짐 벤슨이 제시한 기본 구조대로 '진행' 열과 '완료' 열을 갖고 있다. 또한 나는 퍼스널 칸반 커뮤니티의 선도를 따라서 앞으로 실행할 계획이 있지만 아직 본격적으로 착수하지 않은 과제를 파악하기 위해 맞춤식 열을 활용한다(이 내용은 나중에 더 자세히 살필 것이다). 나는 매주 월요일에 보드를 검토하면서 카드의 위치를 갱신하고 그 주에 무엇을 할지 결정한다. 또한 그 주 내내 보드를 참고하여 학장 일에 할당한 시간에 무엇을 해야 할지 파악한다. 이메일이나 전화를 통해, 혹은 흔한 일로 학생들이 사무실로 찾아와 내가 대답할 수 없는 질문을 하여 새로운 과제가 생기면 즉시 카드에 기재하고 나중에 처리할 수 있도록 보드에 넣는다.

이런 태스크 보드 시스템이 없으면 학장으로서 나의 일을 완수하기 위해 하이브 마인드 활동과잉 업무 흐름에 의존할 것이다. 그래서 종일 동시에, 느리게 진척되는 이메일 대화의 홍수 속에서 허우적댈 것이다. 나는 회의 때마다 노트북을 열어두고, 언제나 휴대폰을 손에 든 채 바삐 캠퍼스를 가로지르면서 한 번에 하나씩 접시를 돌리듯 분주히 응답하는 바로 그 사람이 될 것이다. 다시 말해서 이 시스템이 없으면 나의 일은 거의 견딜 수 없는 지경에 이를 것이다. 이 시스템 덕분에 이 직책을 수행하기 위한 수고가 크게 줄었다. 의무는 보드에 떨궈지고 정리된다. 그러면 나는 그럴 목적으로 따로 마련한 시간에 체계적으로 과제를 마무리한다. 예상했겠지만 내가 팀을 조직하기 위해서만이 아니라 지식노동자로서 당신의 개인적 삶을 조직하는 데도 태스크 보드를 활용하는 것을 강력하게 지지하는 이유가 거기에 있다.

이 노력을 뒷받침하기 위해 개인용 태스크 보드를 잘 활용하는 모범관행들을 소개한다.

개인용 태스크 보드 실전 #1: 하나 이상의 보드를 활용하라

퍼스널 칸반 접근법을 지지하는 많은 사람들은 하나의 보드로 업무와 관련된 모든 과제를 파악한다. 나는 약간 다른 방식을 추천한다. 바로 직업적 삶에서 수행하는 모든 주요 역할에 대해 별도의 보드를 관리하는 것이다. 현재 나는 대학 교수로서 크게 3가지 다른 역할을 수행한다. 그것은 연구자, 교육자, 그리고 학장이다. 나는 이 각각의 역할에 대해 다른 태스크 보드를 활용한다. 그래서 강의를 생각할 때는 연구나 대학원 과정 같은 강의와 관련 없는 과제에 직면하지 않는다. 그러면 네트워크 전환이 줄고 사안을 해결하는 속도가 빨라진다.

마찬가지로 나는 때로 대형 프로젝트(예를 들어 2주 이상 노력을 기울여야 하는 모든 프로젝트)를 위해 전용 태스크 보드를 구성하는 것이 유용하다고 생각한다. 예를 들면, 얼마 전에 나는 대형 학회의 학회장이었다. 이 역할에 대한 요구는 아주 많았다. 그래서 학자적 삶의 다른 영역과 분리된 독자적인 태스크 보드에 담는 편이 더 쉬웠다. 나는 프로젝트가 끝난 후에는 해당 보드를 폐기했다.

물론 감당하기 벅찬 지경에 이르면 안 된다. 당신이 관리할 수 있는 보드의 수에는 한계가 있다. 내가 역할당 보드 하나, 그리고 주요 프로젝트당 보드 하나의 규칙이 적당하다고 생각하는 이유가 거기에 있다. 대다수 사람들에게 이는 효과적으로 삶을 운영하도록 해주는 2개에서 4개의 보드를 뜻한다. 반면 보드가 10개나 되면 여러 보드 사이를 오가는 데 따른 비용이 과제를 분리하는 데 따른 장점을 잠식하기 시작할 것이다.

개인용 태스크 보드 실전 #2: 정기 단독 검토 회의를 가져라

지식노동 조직을 위한 태스크 보드를 논의할 때 나는 정기 검토 회의가 보드를 갱신하는 최선의 수단이라고 주장했다. 개인적 보드의 경우도 마찬가지다. 이 도구를 최대한 잘 활용하고 싶다면 매주 개인적 보드를 검토하고 갱신하는 시간을 마련해야 한다. 이 '단독 검토 회의' 동안 보드에 속한 모든 카드를 살펴서 필요에 따라 열을 바꾸고 상태를 갱신하라. 이 일은 오래 걸리지 않는다. 정기적으로 하는 경우 5분에서 10분이면 충분하다. 또한 이 작업을 너무 자주 할 필요도 없다. 나의 경우 일주일에 한 번으로 충분하다. 다만 건너뛰면 안 된다. 태스크 보드가 더 이상 의무를 저장할 안전한 장소가 아니라고 믿는 순간, 정신없는 하이브 마인드 활동과잉 메시지 교환으로 퇴보하게 된다. 단독 검토 회의 일정을 달력에 기록하고 다른 회의나 약속처럼 보호하라. 개인적 태스크 보드는 지식노동자로서 삶의 질을 크게 향상시킬 수 있다. 다만 관리하는 데 충분한 시간을 투자해야 한다.

개인용 태스크 보드 실전 #3: '논의 대상' 열을 추가하라

나는 학장으로 일하면서 여러 동료와 직무 관련 사안에 대해 자주 논의해야 한다. 거기에는 학과장, 대학원 행정실장, 내가 이끄는 대학원 위원회를 구성하는 두 명의 다른 교수가 포함된다. 이 3개의 범주에 대해 나는 '다음 회의에서 논의할 내용'이라는 라벨이 붙은 열을 학장 태스크 보드에 추가했다. 그리고 그들의 의견이 필요한 과제가 생길 때마다 바로 이메일을 날리고 싶은 본능을 억누르고 '논의 대상' 열로 이동시킨다.

나는 매주 정해진 일정에 맞춰 행정실장과 회의를 한다. 회의에서 우리는 지난 회의 이후 그의 열에 쌓인 모든 과제를 살핀다. 학과장과 대학원 위원회의 경우 그들의 '논의 대상' 열이 충분히 차기를 기다린 후, 다음 회의 일정을 잡고 한번에 여러 과제를 검토한다.

이 비결은 간단해 보인다. 그러나 그것이 나의 직업적 삶에 미친 영향은 매우 긍정적이다. 예를 들어, 특정한 주에 학과장에게 할당된 '논의 대상' 열에 5개의 카드가 쌓였다고 가정하자. 우리는 20분에서 30분이 걸리는 회의를 통해 각각의 카드에 대한 합리적인 계획을 세울 수 있다. 그렇게 하지 않고 각각의 과제에 대해 즉시 이메일을 날려야 했다면 그 결과는 나의 수신함에서 따로 이뤄지는 5건의 대화가 되었을 것이다. 그리고 나는 일주일 내내 이 대화들을 관리하느라 매일 10여 번씩 추가로 수신함을 확인해야 하고, 짜증스런 주의 분산에 시달렸을 것이다.

개인용 태스크 보드의 힘을 활용하여 하이브 마인드 스타일의 분주한 메시지 교환을 최소화하고 싶은가? 그렇다면 이 비결은 이 챕터에서 당신이 접할 가장 중요한 것이다. 효율적인 회의의 꾸준한 리듬은 하이브 마인드 메시지 교환의 90퍼센트를 대체할 수 있다. 회의에서 논의할 사안을 관리할 수단이 있다면 말이다. 태스크 보드는 이 일을 쉽게 만든다.

개인용 태스크 보드 실전 #4: '응답 대기' 열을 추가하라

협력적 지식노동에서는 피드백이나 질문에 대한 답변 혹은 다른 사람이 가진 핵심 정보를 기다리는 동안 과제의 진행을 중단해야 하는 경우가 많다. 개인적 태스크 보드로 의무를 조직한다면 이렇게 중단된 과제를 '응답 대기' 라벨을 붙인 열로 옮겨서 쉽게 관리할 수 있다. 어떤 과제를 이 열로 옮길 때 누구의 응답을 기다리는지, 응답이 오면 다음 단계는 무엇인지 카드에 기록하라. 그러면 잠시 당신의 직접적인 통제를 떠난 업무를 깜박할 일이 없고, 필요한 것을 알게 되었을 때 효율적으로 진행할 수 있다. 가장 중요한 사실은 이런 미결 과제들을 안전한 곳에 보관하여 마음 한구석에서 뭔가

놓친 일이 있다는 걱정을 하지 않아도 된다는 것이다.

A 다음에는 B, 자동적 절차

옵티마이즈 엔터프라이즈가 일간 콘텐츠를 제작하는 절차로 다시 돌아가 보자. 방금 살핀 사례들과 달리 이 절차는 태스크 보드나 검토 회의를 포함하지 않는다. 실제로 상호작용이나 결정이 거의 이뤄지지 않는다. 브라이언 존슨이 새로운 레슨에 대한 아이디어를 공유 스프레드시트에 넣으면 태엽 장치처럼 한 상태에서 다음 상태로 이동한다. 각 국면에서 관련된 사람들은 정확히 해야 하는 일이 무엇인지 안다.

이런 자동적 생산 절차는 많은 지식노동 환경에서 중요한 역할을 담당한다. 그러나 모든 절차가 자동적일 수는 없다. 이 전략을 적용하려면 해당 절차가 고도로 반복적인 방식으로 산출물을 생산해야 한다. 즉 매번 같은 사람들이, 같은 단계를, 같은 순서로 실행해야 한다. 반면 태스크 보드로 최적화되는 유형의 절차는 보다 다양하고 역동적이다. 그래서 협력적 의사결정을 통해 다음에 어떤 과제에 착수하고 누가 맡을 것인지 파악해야 한다.

팀의 분기 예산을 수립하는 과제를 예로 들어보자. 이 과제는 분기마다 같은 방식에 같은 순서로 실행할 수 있는 일련의 분명한 단계들로 환원할 수 있다. 그래서 자동화를 하기에 적당하다. 반면 회사 웹사이트를 갱신하는 프로젝트는 이보다 덜 분명하다. 그래서 제대로 수행하려면 더 많은 논의와 기획이 필요하기 때문에 태스크 보드 접근법이 더 적합하다. 반면 웹사이트에 고객 리뷰를 추가하는 과정은 반복성이 강하므로 자동화할 수 있을 것이다. 이런 식으로 구분하면 된다.

자동화하기에 적당한 절차를 파악했다면 다음 지침이 전환에 성공하는 데 도움을 줄 것이다.

1. **구분**: 절차를 순차적인 일련의 잘 정의된 국면들로 나누어라. 각 국면에 대해 어떤 일을 해야 하고 누가 해야 하는지 명확하게 기술하라.

2. **통지**: 절차를 통해 창출되는 각 산출물의 현재 국면을 점검하는 통지 내지 통보 시스템을 마련하라. 그러면 관련된 사람들이 언제 일을 맡을 차례가 되는지 알 수 있다.

3. **전달**: 한 국면에서 다음 국면으로 (공유 디렉토리에 있는 파일처럼) 관련 자료와 정보를 전달하는 명확한 경로를 수립하라.

옵티마이즈의 데일리 레슨 생산 절차는 이 지침을 분명하게 따른다. 그들의 절차는 잘 정의된 국면으로 나누어져 있고, 공유 스프레드시트를 통해 각 레슨의 현재 상태를 통지하며, 공유 디렉토리를 활용하여 파일을 전송한다. 그러나 자동 절차가 반드시 소프트웨어 시스템에 의존할 필요는 없다. 예를 들어, 나는 교수로 일한 오랜 기간 동안 조교들과 대규모 강의를 위한 문제 세트를 채점하기 위해 활용하는 자동화 절차를 최적화했다. 나는 문제 세트를 만들 때 각 문제에 대한 상세한 샘플 답안을 같이 만든다. 또한 채점에 대한 몇 가지 단상을 추가하여 만점과 부분 점수, 그리고 0점 기준에 대한 생각을 담는다.[9] 나는 학생들에게 문제 세트를 공지하는 날 이 문서를 조교들에게 보낸다.

학생들은 수업이 시작될 때 문제 세트를 제출한다. 나는 그것들을 사무실로 가지고 와서 문 옆의 벽에 설치한 우편분류함에 놓아둔다. 그러면 조교들이 나중에 가져간다. 그들은 이미 강의 일정을 알고 따라서 문제 세트가 돌아오는 날을 안다. 그래서 굳이 가져가라고 지시할 필요가 없다. 조교들은 문제 세트가 들어온 후부터 채점을 시작한다. 그들은 학생들의 답안을 평가할 때 나의 채점 노트를 갱신하여 많이 접하는 사안이나 그들이 적용하는 특정한 채점 어림법을 반영한다.[10]

채점이 끝나면 조교들은 내가 학기 초에 만든 공유 채점 스프레드시트에 학생들의 점수를 입력한다. 그 다음에는 문제 세트를 다시 문 옆의 우편분류함에 넣는다. 나는 과제를 돌려주기로 계획한 날에 채점 스프레드시트를 활용하여 점수 통계(예: 평균 점수 및 중간 점수)를 내고 샘플 답안과 조교들이 갱신한 채점 노트를 포함하는 문서에 붙인다(나는 시행착오를 거쳐서 상세한 샘플 답안과 채점 노트가 점수에 대한 학생들의 불만을 크게 줄인다는 사실을 발견했다). 그리고 학생들이 보는 앞에서 샘플 답안을 출력하여 채점된 과제와 함께 배포한다.

이 절차는 언제나 위에서 제시한 지침을 대체로 따른다. 국면들은 잘 정의되어 있고, 관련된 사람들은 현재 국면이 어디인지 분명하게 안다. 또한 우리는 문제 세트, 채점 노트, 답안, 점수 같은 관련 자료를 필요한 곳으로 옮기는 경로를 수립했다. 다만 옵티마이즈 사례와 달리 이 절차 중 다수는 물리적이다. 즉, 실제 문서가 오가는 과정을 수반한다. 이 세부적 차이는 알고 보면 크게 중요치 않다. 국면과 의사소통 채널이 명확한 이상 절차는 효과적일 수 있다.

모든 좋은 자동적 절차의 경우처럼 문제 세트 채점에 대한 나의 접근법은 기본적으로 나와 조교 사이에 오갈 만한 채점에 대한 모든 예정되지 않은 의사소통을 제거한다. 문제 세트를 만든 후 내가 하는 유일한 일은 학생들이 제출한 답안지를 사무실 우편분류함에 넣어두는 것이다. 또한 뒤이어 조교들이 채점을 마친 후에는 샘플 답안과 함께 강의실로 다시 가져가기만 하면 된다. 이 전체 절차에 개입하는 유일한 이메일은 내가 조교들에게 보내는 샘플 답안뿐이다(조교들이 내가 답안을 보관하는 공유 디렉터리에 접근할 수 있게 하면 이 단계도 추가로 자동화할 수 있다). 나의 인지적 에너지는 행정적 절차를 걱정하거나 회의 일정을 잡으려고 분산될 일이 전혀 없다. 이 말은 일을 피하려고 하는 것처럼 피상적으로 들릴 수 있다. 그러나 현실적으로는 행정적 잡무로부터 아껴둔 에너지와 주의를 실제로 강의의 질을 개선하는 활동에 투자할 수 있다. 가령 강연 내용을 가다듬거나 학생들의 질문에 응답할 수 있다. 이 장점은 대다수 자동적 절차에 해당된다. 불필요한 조율을 제거하면 짜증이 줄어들 뿐아니라 정말로 중요한 활동에 투자할 자원이 늘어난다.

대다수 조직이나 팀은 자동화하기에 적당한 절차를 갖고 있다. 그러나 절차 전환은 가볍게 다룰 문제가 아니다. 해당 절차의 모든 세부사항을 처리하기 위한 수고가 엄청날 수 있기 때문이다(가령 나는 현재 문제 세트 채점에 활용하는 절차에 이르기까지 두어 해 동안 이런저런 시도를 했다). 그만한 노력을 기울일 가치가 있는지 파악하는 좋은 접근법은 '30배 규칙'을 적용하는 것이다. 경영 컨설턴트인 로리 베이든Rory Vaden이 설명한 이 규칙의 원래 내용은 다음과 같다. "다른 사람이 과제를 실행할 수 있도록 훈련시키려면 당신이 직접 한 번에 실행하는 데 필요한 시간의 30배를 들여야 한다."[11] 우리는 자동적 절차를 구축하는 데 이 규칙을 느슨하게 적용할 수 있다. 즉, 당신의 팀이나 조직이 특정한 유형의 결과를 연 30회 이상 생산하고, 그 과정을 자동적 절차로 전환할 수 있다면 전환할 만한 가치가 있다.

개인적인 작업의 자동화

자동적 절차는 팀이 실행하는 일을 간소화하는 데만 적용되지 않는다. 당신이 대개 직접 실행하는 주기적인 작업에도 적용할 수 있다. 이 경우에도 팀 절차와 마찬가지로 그 목표는 과제를 완료하는 데 필요한 인지적 에너지와 수시로 이어지는 의사소통을 최소화하는 것이다. 다만 절차를 구성하는 단계들이 전적으로 당신의 통제 하에 있다.

예를 들면, 나는 학생들에게 조언하는 책에서 각 유형의 주기적 과제에 대해 자동적 절차를 만들라고 제안했다. 거기에는 문제 세트나 독후감 혹은 실험 보고서 등 학기 내내 반복적으로 해야 하는 과제가 포함되었다. 이 절차의 핵심은 타이밍이었다. 나는 각 유형의 반복적 과제를 실행할 시간을 달력에 따로 정해두라고 권했다. 예를 들어 화요일 4시에서 6시까지는 생물학 기초 과목을 위한 실험 보고서를 작성하고, 월요일과 수요일 10시 30분부터 11시 30분까지 강의 사이의 자유 시간에 통계학 문제 세트를 푸는 식이다. 뒤이어 나는 정해진 시간에 과제를 실행하기 위한 세부사항을 정할 것을 권했다. 거기에는 장소뿐 아니라 꾸준히 활용하는 모든 수단이나 자료가 포함된다. 핵심은 계획이나 의사결정에 소모되는 인지적 에너지를 줄여서 학생들이 실행에만 집중할 수 있게 만드는 것이다.

곧, 이 조언이 옳았다는 것을 학생들 스스로 깨닫게 되었다. 그들은 일주일 내내 헤매면서 자신이 뒤처졌고, 시한이 임박하여 밤샘을 한다는 죄책감에 시달렸다. 그러다가 지금은 자동화된 일정을 자신감 있게 실행할 수 있게 되었다. 매주 해야 할 일을 할 수 있다는 확신이 생겼기 때문이다. 덕분에 수고스러움과 인지적 대가가 줄어들어서 같은 양의 일도 갑자기 훨씬 적은 에너지를 필요로 하는 것처럼 보이게 되었다.

이 접근법을 학교 밖의 지식노동에도 적용하지 못할 이유가 없다. 혼자서 반복적으로 생산해야 하는 특정한 산물이나 결과가 있다면 보다 체계적인 절차를 고안해서 손해 볼 일은 없을 것이다. 이 절차는 그 일을 언제 어떻게 할 것인지 명시해야 한다. 또한 내가 학생들에게 조언한 대로 타이밍에 대한 질문으로 시작하라. 달력에 정해진 시간을 추가하라. 이 시간에 당신이 실행해야 하는 구체적인 단계들을 위해 혼자 참석하는 회의를 연다고 생각하라. 그 다음에는 이 단계들을 실행하는 방법에 대한 규칙들을 마련하라. 각 단계를 실행하기 조금 더 쉽게 만들어주는 최적화 방식이나 비결을 검색하라.

이 최적화에서 중요한 점은 절차와 관련하여 오가는 의사소통을 최소화하는 것이다. 가령 어떤 컨설턴트가 고객을 위해 주간 보고서를 작성해야 한다고 가정하자. 이 보고서는 그녀의 팀이 프로젝트에 쓴 시간을 보여준다. 그녀는 팀에 속한 동료들로부터 소요 시간에 대한 자료를 수집한다. 또한 그녀는 고객에게 보내기 전에 상사에게 먼저 보고서를 검토할 기회를 주어야 한다.

그녀는 우선 매주 이 보고서를 작성할 시간을 정한 후 완성하는 데 필요한 의사소통을 최적화하는 일에 착수할 수 있다. 가령 동료들이 소요 시간을 입력할 수 있는 공유 스프레드시트를 만들 수 있다. 또한 보고서를 마무리하기 이틀 전에 동료들에게 소요 시간을 입력해달라는 공지를 보낼 수 있다. 사실 수동으로 이 메시지를 보낼 필요 없이 자동으로 발송되도록 설정할 수 있다(지메일을 비롯한 많은 이메일 클라이언트는 이 기능을 제공한다).

마찬가지로 그녀는 매주 언제 보고서를 작성할지 알기 때문에 상사와 상시 합의를 통해 언제 보고서를 올릴지 정할 수 있다. 가령 이렇게 말하면 된다. "항상 화요일 오전 11시까지 공유한 구글닥스 디렉토리에 보고서를 올려두겠습니다. 말씀하실 내용이 있으시면 그날 중으로 문서에 추가해 주십시오. 오후 4시에 내용을 확인하고 일과를 끝낼 때 고객에게 최종 버전을 보내도록 하겠습니다."

이렇게 하면 과거에는 복수의 시급한 이메일이 오가게 만들었던 주간 업무가 이제는 그녀의 수신함에 아무런 추가 메시지도 더하지 않는다. 또한 인지적 에너지도 훨씬 덜 소모시킨다. 우리의 컨설턴트는 달력에서 상시 단독 회의 일정을 보고 매번 같은 단계를 실행한다. 이제 분주한 메시지 교환이나 핵심 단계를 깜박했을지 모른다는 심야의 걱정은 없다.

이는 자동적 절차를 업무 관련 개인적 의무에 도입했을 때 누릴 수 있는 혜택이다. 복잡한 자동화를 실행하든 아니면 그냥 수공예 과정을 따르든 이 절차들은 하이브 마인드 활동과잉 업무 흐름에 대한 의존을 줄이고 추가적인 인지적 에너지와 정신적 평화를 안겨준다. 합리적으로 자동화할 수 있는 것을 자동화하라. 남는 일을 어떻게 할 것인지는 그 다음에 걱정하라.

6

프로토콜 원칙:
최적의 협력 방법을 설계하다

프로토콜,
업무를 조율하는 규칙

      클로드 섀넌 Claude Shannon은 20세기 과학에서 가장 중요한 인물 중 한 명이다. 그러나 그가 혁신을 일으킨 전문 영역 밖에서 그의 이름을 아는 사람은 드물다. 아마도 그가 이룬 가장 큰 지적 도약은 1937년에 발표한 MIT 석사논문일 것이다. 그는 21살의 나이로 이 논문을 발표했으며, 그의 다른 기여들과 더불어 모든 디지털 전자공학의 토대를 놓았다.[1] 하지만 나는 그의 유명한 다른 성과로 우리의 주의를 돌릴 것이다. 그것이 하이브 마인드 활동과잉 업무 흐름을 넘어서기 위한 우리의 노력에 유용할 것이기 때문이다. 내가 말하는 섀넌의 성과는 바로 정보의 발명이다.

보다 정확히 말하자면 섀넌이 정보에 대해 주의 깊게 말하거나 정보를 정량화하려고 시도한 최초의 인물은 아니다. 그러나 그는 1948년에 발표한 논문인 〈통신의 수학적 이론A Mathematical Theory of Communication〉에서 '정보이론'이라는 체계를 마련했다. 정보이론은 이 주제를 정식으로 연구하려던 이전의 시도들이 지닌 결함을 바로잡았으며, 현대의 디지털 통신 혁명을 가능하게 한 도구들을 제공했다. 이 체계의 바탕에는 단순하면서도 심대한 아이디어가 자리잡고 있다. 그것은 우리가 의사소통을 체계화하기 위해 활용하는 규칙에 복잡성을 더하면, 상호작용이 필요로 하는 정보의 양이 줄어든다는 것이다. 이 장에서는 이 원칙을 직장에서 이뤄지는 의사소통에 적용할 것이다. 나는 사무실에서 업무를 조율하는 규칙(이를 '프로토콜protocol'이라 부를 것이다)을 미리 정하는 데 더 많은 시간을 들이면, 나중에 조율하는 데 필요한 노력을 줄일 수 있다고 생각한다. 그러면 업무를 훨씬 효율적으로 진행할 수 있다. 다만 이 주장에 대해 자세히 설명하기 전에 잠시 섀넌의 전환적인 통찰을 더 잘 이해할 필요가 있다.[2]

섀넌은 1940년대에 벨 연구소Bell Labs에서 과학자로 일할 때 통신에 대한 획기적인 이론을 개발했다. 그는 동료 과학자인 랩프 하틀리Ralph Hartley가 앞서 이룬 성과를 토대로 정보가 전달하는 '의미'라는 개념을 벗겨내기 시작했다. 그의 관점에 따르면 문제는 보다 추상적이다. 송신자는 일련의 가능한 메시지 중에서 하나의 메시지를 수신자에게 전달하고자 한다. 이때 그는 채널을 통해 고정된 알파벳에서 나온 기호들을 보낸다. 목표는 애초의 메시지 세트에서 어떤 메시지를 송신자가 염두에 두었는지 수신자가 파악하게 만드는 것이다(섀넌은 또한 채널에 일부 기호들을 오염시키는 잡음이 끼어들 가능성을 추가했다. 그러나 이 문제는 당분간 옆으로 제쳐둘 것이다). 섀넌은 상황을 최대한 명확하게 만들기 위해 기호 알파벳을 단 두 개의 가능성, 즉 0과 1로 단순화했다. 이런 관점에서 모든 내용을 종합하면 의사소통은 다음과 같은 게임으로 환원된다. 즉, 송신자는 잘 알려진 가능한 메시지 중에서 하나를 선택하여 수신자가 관찰하는 채널을 통해 0과 1이 연속된 형태로 전송한다. 그러면 수신자는 그 메시지를 식별하려 시도한다.

섀넌 이전에 랠프 하틀리는 이미 정보 전달을 생각하는 올바른 방식으로서 대략 이런 구도와 비슷한 것을 파악했다. 그러나 섀넌은 색다른 요소를 추가했다. 많은 경우 송신자는 여러 메시지 중에서 일부 메시지를 선택할 가능성이 높다. 이 점은 송신자가 평균적으로 더 적은 기호를 활용하여 소통하는 데 도움을 줄 수 있다. 가령 송신자가 더 긴 메시지의 일부로서 영어 알파벳에서 나온 글자를 전송한다고 상상해보라. 첫 두 글자가 't'와 'h'라면 이 점은 다음에 보내질 글자를 엄격하게 제한한다. 가령 송신자가 다음에 'x'나 'q' 혹은 'z'를 전송할 가능성은 없다. 반면 'e'를 전송할 가능성은 아주 높다(섀넌은 그와 마찬가지로 컴퓨터 개척자의 전당에 헌액된 유명한 영국의 앨런 튜링 Alan Turing처럼 2차대전 때 암호 해독 작업을 했다. 그래서 특정 글자가 다른 글자보다 많이 쓰인다는 개념에 익숙했을 것이다).

섀넌은 이런 경우 송신자와 수신자가 전송된 기호를 글자로 나타내는 방식에 대한 규칙을 사전에 정해둘 수 있다고 주장했다. 그들이 고안하는 '프로토콜[3]은 앞서 말한 다양한 가능성을 감안해야 한다. 그러면 평균적으로 훨씬 적은 기호를 써서 소통할 수 있기 때문이다.

이 개념을 보다 명확하게 이해하기 위해 다음 시나리오를 가정해보자. 당신은 중요한 설비를 측정하는 계량기를 관리하는 책임을 맡고 있다. 이 계량기는 -127부터 128까지 256개의 수치가 새겨진 숫자판을 갖고 있다. 수석 엔지니어는 10분마다 수치를 갱신하기를 원한다. 그녀는 다른 건물에서 일한다. 그래서 당신은 점과 선의 2진 코드를 활용하여 이 정보를 전달하기 위해 전신선을 설치한다. 그러면 매번 직접 그녀를 찾아가서 보고할 필요가 없다.

이 방식이 통하려면 당신과 수석 엔지니어가 먼저 계량기 수치를 부호화하는 방식에 대한 프로토콜에 먼저 합의해야 한다. 가장 간단한 방법은 256개의 수치를 점과 선의 고유한 연속으로 나타내는 것이다. 가령 -127은 점-점-점-점-점-점-점-점으로, 16은 선-점-선-점-점-선-선-점으로 나타내는 식이다. 간단한 계산 (2^8=256)을 해보면 8개의 점과 선의 연속은 정확히 256가지 조합이 나온다는 사실을 알 수 있다. 따라서 가능한 모든 수치에 고유한 패턴을 배정할 수 있다.

이 프로토콜은 각 수치에 대해 8개의 전신 기호를 보내도록 요구한다. 문제는 전신기의 키가 쓰기 번거롭고 손가락을 아프게 만든다는 것이다. 그래서 당신의 목표가 송신해야 하는 기호의 수를 최소화하는 것이라고 가정하자. 섀넌에 따르면 이 지점에서 당신은 여러 수치가 나올 가능성을 고려해야 한다. 이 시나리오에서 계량기가 거의 언제나 0을 가리킨다는 사실을 당신이 안다고 가정하자. 대개 점검용 기기는 그렇게 운용된다. 만약 다른 수치가 나오면 문제가 생겼다는 뜻이다. 그러나 그런 경우는 비교적 드물다. 보다 명확한 논의를 위해 당신은 수치가 99퍼센트의 시간 동안 0으로 나올 것을 기대한다고 가정하자.

이제 당신과 수석 엔지니어는 다음과 같이 보다 세부적인 프로토콜에 합의할 수 있다. 당신이 점 하나만 보내면 수치가 0이라는 뜻이다. 선 하나를 보내면 수치가 0이 아니며, 선 뒤에 구체적인 수치를 나타내는 8개의 기호 패턴을 보낼 것이라는 뜻이다. 이 새로운 프로토콜에서는 최악의 경우, 단순한 프로토콜보다 더 많은 기호를 보내게 된다는 점에 주목하라. 새로운 프로토콜은 0이 아닌 수치가 나오면 9개의 기호(선 다음에 8개의 기호 패턴)를 보낼 것을 요구하기 때문이다. 반면 단순한 프로토콜은 언제나 8개의 기호만 요구한다. 그러나 최선의 경우 새로운 프로토콜은 단순한 프로토콜의 8개와 달리 단 하나의 기호만 요구한다. 이 두 시나리오의 비용을 어떻게 비교할 수 있을까? 섀넌은 구체적인 확률을 활용하여 평균 비용을 계산할 것을 제안한다. 그러면 새로운 프로토콜에 따른 메시지당 평균 기호 수는 $0.99 \times 1 + 0.01 \times 9 = 1.08$로 계산할 수 있다. 다시 말해서 장기적으로 측정치당 송신 기호의 평균을 내보면 메시지당 1개의 기호보다 아주 약간 더 많은 기호만 보내는 셈이 된다. 즉, 새로운 프로토콜은 애초의 프로토콜보다 장기적으로 훨씬 효율적이다.[4]

이것이 섀넌의 정보이론 체계에 담긴 핵심 아이디어다. 즉, 전달되는 정보의 구조를 고려하는 영리한 프로토콜은 단순한 접근법보다 훨씬 좋은 능률을 올릴 수 있다(이것이 정보이론의 유일한 기여는 아니었다. 섀넌의 논문은 또한 특정한 정보에 대한 최선의 능률을 계산하는 방법을 보여주었다. 그래서 엔지니어들이 잡음의 간섭을 줄이는 방식에 있어서 혁신을 일으켰다. 덕분에 고속 전자통신과 밀집된 디지털 정보 저장이 가능해졌다).[5] 이런 통찰이 없었다면 아이튠즈에서 영화를 다운로드하는 일상적인 일도 몇 분이 아니라 며칠이 걸렸을 것이다. 또한 인스타그램 피드의 이미지들도 단 몇 초가 아니라 몇 시간이 걸려서 나타날 것이다.

이런 동일한 아이디어들은 디지털 통신을 넘어선 분야에도 적용된다. 섀넌의 중대한 1948년 논문이 널리 알려지기 시작한 직후 다양한 분야의 엔지니어와 과학자들은 그의 이론 체계가 지닌 포괄적인 유용성을 인식했다. 정보이론은 디지털 파일이나 컴퓨터 네트워킹의 세계와 멀리 떨어진 다른 맥락들에서도 등장하기 시작했다. 거기에는 언어학부터 인간의 시력, 생명 자체에 대한 이해까지 폭넓은 분야가 포함되었다(생물학자들은 DNA를 효율적인 섀넌 스타일의 정보 프로토콜로 이해할 수 있다는 사실을 깨달았다). 그리고 현재는 섀넌의 이론 체계가 통찰을 제공하는 또 하나의 영역을 추가할 것이다. 그것은 바로 사무실에서 이뤄지는 협력이다.

표준적인 업무 시나리오에서는 다양한 참여자들이 다양한 사안에 대해 서로 소통해야 한다. 그들은 회의 시간에 대해 동의하고, 합동 프로젝트의 다음 단계를 결정하고, 고객의 질의에 답변하며, 아이디어에 대한 피드백을 제공한다. 이런 협력 활동은 규칙에 따라 체계화된다. 이런 규칙들은 어디에도 기록되지 않은 관행을 반영한다는 점에서 암묵적이지만, 때로는 보다 공식적이다. 잠재고객으로부터 꾸준히 질의를 받는 소규모 컨설팅 회사를 예로 들어보자. 그들은 이 질의들을 평가하여 어느 것이 새로운 일감으로서 가치가 있을지 판단해야 한다. 그들이 하이브 마인드 활동과잉 업무 흐름을 따른다면 이 질의에 응답하는 방법을 결정하는 암묵적 규칙은 결국 결론에 이르기만을 바라면서 관련된 팀원 사이에 이메일 대화를 촉발할 가능성이 높다. 반면 보다 공식적인 규칙은 매주 금요일 아침에 회의를 열어서 그 주에 들어온 질의를 같이 검토하고 어떤 질의에 누가 대응할 것인지 결정하게 만들 것이다. 암묵적이든 공식적이든 사무실에서 이뤄지는 많은 활동은 일정한 방식의 규칙에 따라 체계화된다. 섀넌을 기리는 의미에서 이런 규칙을 '협력 프로토콜coordination protocols'이라 부르도록 하자.

섀넌의 정보이론 체계는 특정한 과제에 대해 우리가 선택하는 프로토콜이 중요하다는 사실을 가르친다. 어떤 프로토콜은 다른 프로토콜보다 많은 비용을 초래하기 때문이다. 고전적인 정보이론에서 특정 프로토콜의 '비용'은 과제를 완료하기 위해 전송해야 하는 비트의 평균 수를 말한다. 앞서 소개한 단순한 계량기 판독 사례처럼 평균적으로 더 적은 비트를 쓰는 프로토콜은 더 많은 비트를 쓰는 프로토콜보다 낫다. 그러나 업무 현장에서 협력 프로토콜을 평가할 때는 '비용'에 대한 더 세밀한 개념이 필요하다.

예를 들면, 우리는 '인지적 주기cognitive cycles'를 기준으로 비용을 측정할 수 있다. 이 주기는 프로토콜이 주의를 파편화하는 정도를 가리킨다. 그 내용을 명확하게 살피기 위해 1부에서 소개한 레스큐타임 연구자들처럼 하루 일과를 5분 단위의 '시기'로 나눠보자. 특정 협력 프로토콜의 인지적 주기 비용을 측정하려면 협력 과제를 위해 조금이라도 노력을 들인 시기의 수를 세면 된다. 앞서 말한 컨설팅 회사의 시나리오를 계속 이어가자면 새로운 고객의 질의를 평가하는 하이브 마인드 활동과잉 프로토콜은 수십 통의 이메일이 오가게 만들 것이다. 또한 각 메시지는 이 5분 단위 시기들을 오염시켜서 전반적인 인지적 주기 비용을 크게 높일 것이다. 반면 회의 프로토콜은 주당 단 한 번의 회의만 요구한다. 이 회의가 30분 정도 지속된다고 가정하면 이 프로토콜은 주당 6개 정도의 시기만 오염시킨다. 그래서 이 척도로 보면 훨씬 비용이 적게 든다.

업무 현장의 협력 프로토콜과 관련된 또 다른 비용은 '불편'이다. 어떤 프로토콜이 중요한 정보를 받기까지 길게 지체되거나 송신자 및 수신자의 입장에서 추가적인 노력을 요구하거나, 기회를 잃게 만든다면 불편이 발생한다. 이 사고실험을 위해 불편을 측정하는 수적 척도가 있다고 가정하자(여기서 실제 숫자는 별로 중요치 않다).

앞서 든 컨설팅 회사 사례로 돌아가자면 하이브 마인드 프로토콜은 주간 회의 프로토콜보다 불편 척도에서는 더 나을지 모른다. 잠재고객에게 응답하기 전에 다음 회의까지 기다려야 한다는 점이 쓸데없이 지체되는 것으로 인식될 수 있기 때문이다. 일부 경우에는 이런 지체가 심지어 일감을 잃는 결과로 이어질 수도 있다.

섀넌은 우리가 이런 비용에 세심한 주의를 기울이고 기꺼이 프로토콜을 개선하여 최적의 균형을 맞출 방법을 찾아야 한다고 가르친다. 우리의 시나리오에서 고객의 질의를 처리하는 하이브 마인드 프로토콜의 높은 인지적 주기 비용은 불편 측면에서는 점수가 높다고 해도 감당하기 어려워 보인다. 대신 인지적 주기 비용 측면에서 점수가 높은 주간 회의 프로토콜을 따르고 불편을 줄이는 방안을 찾는 편이 나을 수 있다. 예를 들어 다음과 같이 표준 운영 절차를 도입할 수 있다. 새로운 고객의 질의가 들어오면 누구든 해당 수신함을 관리하는 사람은 잠재고객에게 관심에 대한 감사를 표하고, 일주일 안에 회신하겠다고 약속한다. 그러면 회신 지연으로 고객이 불만을 품을 가능성이 줄어든다. 이런 대응에도 잠재고객이 돌아설 가능성은 있다. 그러나 신속한 초기 응답과 명확한 기대를 감안할 때 이런 최악의 시나리오가 전개될 일은 드물다. 다만 이 접근법은 인지적 주기 비용을 약간 높인다. 누군가가 각 수신 메시지에 신속하게 응답해야 하기 때문이다. 그러나 이 비용은 하이브 마인드 프로토콜이 초래하는 비용에 비하면 미미하다. 하이브 마인드 프로토콜은 새로운 각 잠재고객에 대해 방대한 이메일 스레드를 촉발한다. 평균적으로 이 하이브리드 프로토콜은 다른 두 대안보다 비용을 낮출 가능성이 높다. 따라서 해당 컨설팅 회사에게는 올바른 선택이 될 수 있다.

지식노동 환경에서 우리의 본능은 최악의 시나리오(나쁜 일이 일어나지 않도록 방지하는 방법은 무엇일까?) 같은 요소에 집착하거나, 까다로운(하지만 최적화된) 대안보다 단순한(하지만 비용이 많이 드는) 프로토콜을 선호하는 것이다. 정보이론 혁명은 이런 본능을 신뢰하지 말아야 한다고 말한다. 시간을 들여서 최고의 평균 비용을 지닌 프로토콜을 구축하라. 이 프로토콜은 당장 가장 자연스런 선택지는 아니더라도 장기적으로 엄청나게 능률을 올려줄 것이다.

이제 우리는 이 다양한 사실들을 종합하여 이 장에서 탐구한 핵심 원칙을 이야기할 준비가 되었다. 모든 업무 흐름의 핵심 요소는 사람들이 일을 조율하는 수단이다. 그리고 이 조율은 의사소통을 요구한다. 당신이 같은 용어를 쓰든 아니든 간에 이는 관련된 사람들이 언제 어떻게 의사소통을 할지에 대한 일련의 규칙, 우리가 말하는 협력 프로토콜을 사전에 합의할 것을 요구한다.

대다수 조직은 대다수 협력 활동에 기본적으로 하이브 마인드 활동과잉 스타일의 프로토콜을 활용한다. 내용을 구성하고 사람들에게 따르도록 설득하기가 간단하기 때문이다. 또한 그 유연성은 종종 조직들이 최악의 시나리오를 피할 수 있도록 해준다. 그러나 새년은 미리 노력해서 이런 과제를 위한 보다 명민한 프로토콜을 개발하면 종종 장기적 비용을 크게 줄일 수 있다는 사실을 가르쳐준다. 최적화된 프로토콜을 마련하기 위해 사전에 투자한 노력은 나중에 더 낮은 비용을 통해 몇 배의 보상을 안길 것이다. 이를 정식으로 정리하면 다음과 같다.

프로토콜 원칙
업무 현장에서 언제 어떻게 협력할지를 최적화하는 규칙을 설계하는 원칙. 단기적으로는 힘들지만 장기적으로는 훨씬 생산적인 운영으로 이어진다.

이제부터 프로토콜 원칙을 실행한 사례연구들을 살필 것이다. 당신은 기업 오피스 아워office hours˙의 유용성과 고객의 접근을 제한하는 일이 그들을 더 행복하게 만드는 양상에 대해 알게 될 것이다. 또한 대학 연구 그룹이 소프트웨어 개발팀처럼 체계화된 일일 현황 회의를 열었을 때 어떤 일이 생겼는지 알게 될 것이다. 그리고 다시는 이메일로 회의 일정을 정하지 말아야 하는 이유에 대한 주장도 듣게 될 것이다. 이 모든 프로토콜은 이메일 수신함이나 슬랙 채널을 통해 그냥 내키는 대로 연락하는 방식보다 더 복잡하다. 또한 때로 나쁜 일이 일어날 가능성을 높일 수 있다. 그러나 그들은 섀년의

• 의사나 교수의 일과 중 사무실 방문이 허용된 시간 – 옮긴이.

근본적인 통찰을 따라서, 때로 약간의 복잡성을 더하면 훨씬 높은 능률을 안길 수 있다는 핵심 아이디어를 받아들인다.

온라인 미팅 일정 서비스를 사용하라

나는 2016년에 한 비즈니스 이벤트에 패널로 참석했다. 당시 동료 패널 중 한 명이 데니스 모텐슨Dennis Mortensen이라는 뉴욕 기반 기술 창업자였다. 나중에 대화를 통해 알게 된 바에 따르면 그는 스텔스 모드를 지나 베타 테스트를 시작한 스타트업의 대표였다. 이 회사의 이름은 엑스닷에이아이x.ai이며, 이 회사의 제품은 첨단 인공지능기술을 활용하여 미팅 일정 수립이라는 진부한 과제를 해결한다.

초기 버전에서 엑스닷에이아이는 에이미Amy라는 디지털 에이전트 기능을 제공했다. 가령 당신이 이메일로 누군가와 미팅 일정을 잡아야 한다고 가정하자. 이 경우 참조란에 에이미와 연결된 전용 이메일 주소를 넣고 텍스트로 모임을 마련해 달라고 요청하기만 하면 된다. 예를 들면 "에이미, 다음 주 화요일에 밥과 미팅 일정 좀 잡아줄래요?"라고 쓰면 된다. 그러면(이 대목에서 마법이 일어난다) 에이미는 이메일로 밥과 소통하여 그와 당신의 일정에 모두 맞는 시간을 찾은 다음, 당신의 달력에 이벤트를 추가한다. 이는 사무실 생활에서의 사소한 개선처럼 들릴지도 모르지만, 그럼에도 대규모

투자를 끌어모았다. 내가 모텐슨을 만난 2016년에 엑스닷에이아이는 이미 에이미의 자연 언어 인터페이스에 2,600만 달러의 투자 자금을 썼다. 그들은 2018년까지 4,000만 달러의 총 투자금을 받았다.[6]

엑스닷에이아이 같은 자동 미팅 일정 수립 서비스를 제공하는 기업들이 투자자들로부터 그토록 많은 관심을 끄는 이유가 있다. 하이브 마인드 활동과잉의 열혈 지지자라고 해도 현재 대다수 지식노동자들이 이 흔하고 반복되는 과제를 처리하는 방식이 실로 비효율적이고 시간낭비라는 사실을 간과할 수 없다. 나는 미팅 일정을 잡는 표준 프로토콜을 '에너지를 최소화하는 이메일 핑퐁'이라 부른다. 그 양상을 보면 이메일 대화를 나누는 어느 시점에 미팅이 필요하다는 사실이 분명해진다. 이 과제는 짜증스럽고 시급하지 않기 때문에 모든 관련자가 게임을 벌인다. 그 무언의 규칙은 아주 잠시라도 일정 수립 책임을 최대한 빨리 다른 사람에게 넘기는 것이다. 예를 들면 이런 식이다.

"직접 만나서 이야기해야 할 것 같아. 언제가 좋을지 알려줘."

"다음 주 어때?"

"좋아. 화요일하고 수요일이 좋을 것 같은데."

"그날은 좀 바빠. 금요일은?"

"좋아. 몇 시에?"

"오전에 할까?"

"너무 늦지 않다면 11시 어때?"

"그 시간에 외부 미팅에 가야 해. 그럼 그다음 주는 어때?"

(이런 대화가 계속 이어진다.)

이 프로토콜의 인지적 비용은 크다. 이렇게 오가는 각각의 메시지가 수신함에서 보내는 시간을 요구하기 때문이다. 게다가 일정 수립을 위한 대화가 시작되면 다음 메시지가 도착할 때까지 자주 수신함을 확인해야 한다. 서로 준동기적quasi-synchronous 상호작용을 하는 와중에 몇 시간 동안 사라지는 것은 무례하기 때문이다.

어느 때든 이런 미팅 일정을 하나만 수립하는 것도 충분히 나쁘다. 하지만 현실적으로 대다수 지식노동자는 일정 수립을 위한 여러 대화를 동시에 진행한다. 2017년에 〈하버드 비즈니스 리뷰Harvard Business Review〉에 〈회의의 광란을 멈춰라Stop the Meeting Madness〉라는 인상적인 제목으로 발표된 논문에 따르면 현재 기업 임원들은 일주일에 평균 23시간을 회의에 쓴다.[7] 미팅 일정을 수립하는 데 필요한 의사소통의 막대한 양은 수신함을 과도한 수준으로 확인하게 만들고, 따라서 막대한 인지적 비용을 초래하는 주된 동인이 된다. 미팅 일정을 수립하는 수많은 대화 중 하나를 따라잡기 위해 수신함을 계속 기웃거려야 하는 경우 가치 있는 인지적 작업을 수행하는 능력이 크게 저하된다. 투자자들이 인공지능을 통해 이 인지적 비용을 크게 줄일 수 있을지 알아보기 위해 기꺼이 4,000만 달러를 쓰는 이유가 거기에 있다. 이 금액은 지식 부문이 에너지를 최소화하는 이메일 핑퐁을 완전히 중단할 때 얻을 수 있는 막대한 생산성에 비하면 작다.

보다 나은 미팅 일정 수립 프로토콜을 찾는다면 평균적으로 즉흥적인 이메일 대화보다 훨씬 비용이 적게 드는 여러 해결책이 있다. 첫 번째이자 가장 극단적인 해결책은 당신의 달력에 접근할 수 있고, 당신 대신 미팅 일정을 잡아줄 비서를 고용하는 것이다. 과거에는 이 선택지가 최고위 임원 말고는 불가능할 정도로 비용이 많이 들었다. 전담 직원에게 급여를 지불해야 하기 때문이다. 그러나 지금은 그렇지 않다. 온라인 프리랜서 서비스가 한정된 시간 동안 원격으로 특정한 과제를 수행하는 비서를 고용하는 일을 쉽게 만들었다. 나는 업워크Upwork라는 서비스를 이용하여 처음 파트타임 가상비서를 고용했을 때 그녀가 일주일에 2, 3시간만 들여서 나의 미팅 일정을 쉽게 처리할 수 있다는 사실을 알고 놀랐다. 미팅 일정 수립의 진정한 비용은 수신함을 확인하고 대화를 이어가느라 일을 숱하게 중단해야 하는 데서 나온다. 이 모든 값비싼 중단은 비서에게 맡기면 그렇게 많은 비용으로 불어나지 않는다.[8]

시간당 요금은 비서의 경력에 따라 다르다. 하지만 일정을 수립하는 데 실제로 소요되는 시간을 감안하면 평균적으로 주당 40달러 정도에 미팅 일정 잡는 일을 대부분 맡기는 편이 좋다. 물론 한 달에 추가로 발생하는 160달러의 비용이 적은 금액은 아니다. 나의 경험에 따르면 이 투자를 하기에 가장 적합한 지식노동자는 사업을 키우기 위해 자신과 회사에 돈을 투자하는 데 이미 익숙한 사업가다. 반면 대기업의 직원으로 일하는 사람의 경우 생산성을 늘리기 위해 자기 돈을 쓴다는 개념은 낯설게 다가온다. 이런 상황에서 외부 비서를 끌어들여 동료들과 소통하게 만들면 적개심 아니면 의심을 살 수 있다. 그래서 나는 직업적 삶에서 저술 활동과 관련된 압도적인 수의 미팅과 인터뷰 요청을 관리하는 데는 비서를 활용한다. 그러나 대학 교수의 업무를 처리하는 데는 대개 비서를 활용하지 않는다.

파트타임 비서와 성공적으로 협력하여 미팅 일정을 수립하려면 두 가지 조건이 필요하다. 바로 당신이 언제 시간이 나는지 확인할 수 있어야 하고, 당신의 달력에 새로운 이벤트를 추가할 수 있어야 한다. 이 조건을 충족시켜주는 많은 도구들이 있다. 나는 어큐이티Acuity 라는 온라인 일정 수립 서비스를 사용해왔다. 나는 매 학기초에 새로 비서를 고용한다. 그리고 향후 몇 달 동안 미팅을 할 수 있는 모든 시간을 시스템에 수동으로 입력한다. 그래서 비서가 미팅 일정을 잡을 때 어큐이티에서 가능한 시간을 선택하면 된다. 이 서비스를 유용하게 만드는 점은 구글 캘린더와 동기화가 된다는 것이다. 비서가 어큐이티에서 약속을 잡으면 자동으로 나의 캘린더에 뜬다. 마찬가지로 중요한 점은 내가 직접 캘린더에 일정을 잡으면 어큐이티에서 해당 시간이 자동으로 제거된다는 것이다.

물론 내가 직접 어큐이티를 활용하여 미팅 일정을 신속하게 수립하지 않는 이유가 궁금할 수도 있겠다. 누군가가 나를 만나고 싶어 한다면 비서에게 넘기지 않고 바로 어큐이티에서 서로에게 좋은 미팅 시간을 예약하게 만들 수 있다. 내가 이렇게 더 간단하고 저렴한 선택지를 취하지 않는 이유는 다양한 약속을 처리해야 하고, 그 약속들이 일정 수립의 관점에서 모두 같지 않기 때문이다. 예를 들어, 교수 사무실에서 가질 미팅을 예약할 때 나는 내가 캠퍼스에 있는 시간만 고려하고 싶다. 반면 팟캐스트 인터뷰를 예약할 때는 반대로 내가 집에서 일하고 홈 스튜디오를 활용할 수 있는 시간만 고려하고 싶다. 또한 어떤 미팅은 시급해서 가장 이른 시간을 찾고 싶다. 반면 다른 미팅은 급하지 않아서 나중에 일정이 덜 붐비는 기간으로 미루고 싶다. 미팅 요청이 올 때마다 가능한 모든 시간의 목록을 꺼내들고 대응하는 방식은 내게 맞지 않다. 대신 나는 이 까다로운 요구를 처리하는 일을 비서에게 맡길 수 있다.

대다수 지식노동의 경우는 이런 구분이 덜 중요하다. 당신은 표준적인 일과를 따른다. 그동안 일정한 시간을 방해 없이 일하는 시간으로 떼어놓고 나머지를 미팅과 약속을 위해 열어둔다. 이 경우 굳이 일정 수립을 위해 비서를 둘 필요는 없다. (몇 가지 예를 들자면) 어큐이티, 스케줄원스ScheduleOnce, 캘런들리 Calendly, 그리고 물론 엑스닷에이아이 같은 도구들은 다른 사람들이 당신이 한가한 시간에 당신과 미팅 일정을 잡는 일을 쉽게 만들어준다. 누군가가 미팅을 요청하면 간단하게 일정 수립 서비스의 링크를 보내면서 가장 좋은 시간을 고르라고 말하기만 하면 된다. 에너지를 최소화하는 이메일 핑퐁의 시대는 이제 하나의 메시지와 일정 수립 사이트에서 이뤄지는 약간의 클릭으로 환원되었다.

미팅에 여러 사람이 참여하면 이메일 핑퐁을 피하는 일이 더욱 시급해진다. 일정 수립에 필요한 메시지의 수가 참석자의 수와 함께 기하급수적으로 늘어나기 때문이다. 이런 경우 두들Doodle 같은 집단 설문 서비스를 활용할 가치가 있다. 잘 모르는 사람을 위해 설명하자면, 이런 서비스는 당신의 일정과 잘 맞는 복수의 날짜 및 시간 선택지를 입력하여 온라인 설문을 구성하도록 요구한다. 그다음 다른 참가자들에게 이 설문을 보내면 각자 그들에게 맞는 시간을 표시할 수 있다. 그래서 모두에게 적당한 시간을 쉽게 파악할 수 있다.

일반적으로 일주일에 한두 건 이상의 예정된 이벤트를 처리해야 하는 사람이라면 반드시 일정 수립 서비스나 필요한 경우 파트타임 비서를 이용해야 한다고 말하고 싶다. 그게 누구든 길게 늘어지는 일정 수립 대화로 인지적 주기를 낭비해야 할 이유는 없다. 당신은 거기서 얻는 이득이 적다고 생각할지 모른다. '이메일 몇 통 보내는 게 뭐가 어려워?'라고 말이다. 하지만 당신이 나와 같다면 이 모든 지속적인 일정 수립 대화가 사라지고 나면 부담이 확 줄어드는 것을 느끼며 놀랄 것이다. 이런 대화는 집중력의 가장자리부터 좀먹으며 우리를 계속 하이브 마인드식 수다 속으로 돌아가게 만든다.

클로드 섀넌의 이론 체계는 이런 현실을 부각시킨다. 미팅 일정 수립 프로토콜은 불편 비용을 약간 늘린다. 당신이 시스템을 구축해야 하고, 상대방은 바로 짧은 이메일 답신을 보내는 것이 아니라 웹사이트에서 시간을 선택해야 하기 때문이다. 그러나 인지적 주기가 너무나 크게 감소되기 때문에 비교 대상이 되지 않는다. 이런 미팅 일정 수립 프로토콜의 평균 비용은 지금 당장의 에너지만을 최소화하는 이메일 핑퐁이 요구하는 것보다 현저히 낮다.

오피스 아워를 정하는 것의 이점

　　　　　　　　나는 2016년 초 〈하버드 비즈니스 리뷰〉 사이트에 한 편의 글을 발표했다. 나는 이 글에 의도적으로 도발적인 제목을 달았다. 그 내용은 '소소한 제안: 이메일을 제거하라'였다. 나는 개인 블로그에 이메일이 초래하는 고유한 불행에 대한 글을 써왔다. 그러나 이 글은 결국 여러분이 지금 읽고 있는 내용들에 대해 내가 처음으로 주류 매체에 올린 에세이 중 하나였다. 나는 하이브 마인드 활동과잉 업무 흐름이 초래하는 문제를 검토한 후 글의 중간 부분에서 원대한 결론을 내렸다. "비체계적인 업무 흐름의 통치를 끝내고, 가치 생산과 직원 만족도를 최대화한다는 구체적인 목표 하에 처음부터 설계된 업무 흐름으로 대체할 의지가 있는 조직들은 큰 이점을 누릴 수 있다."[9]

초고에서 나는 여기서 주장을 마무리하는 것으로 만족했다. 그러나 편집자는 동의하지 않았다. 그는 이메일을 버린다는 생각이 너무나 생소한 것이어서 최소한 조직이 이메일 없이 어떻게 돌아갈 수 있는지 몇 가지 제안을 해야 한다고 타당하게 지적했다. 나는 아직 이 사고의 초기 지점에서 주의자본이론을 세부적으로 갖추지 못한 상태였다. 그래서 이메일을 무엇으로 대체하느냐는 편집자의 질문에 제대로 답변할 수 없었다. 사례가 절실했던 나는 나의 세계인 학계에서 흔한 활동을 통해 영감을 얻었다. 바로 오피스 아워였다. 다음은 내가 설명한 내용이다.

> 개념은 단순하다. 직원들은 더 이상 개인별 이메일 주소를 갖지 않는다. 대신 각 개인은 하루 중에서 의사소통이 가능한 2~3번의 시간 단위를 표시한 일정을 올린다. 이 '오피스 아워' 동안 그 사람은 직접 만나거나 전화 혹은 슬랙 같은 인스턴트 메신저를 통해 연락할 수 있다고 보장한다. 그러나 누군가가 공표한 오피스 아워 이외의 시간에는 그 사람의 주의를 끌 수 없다. 그 사람이 필요하면 다음에 연락할 수 있을 때까지 필요한 내용을 확인해야 한다.

실망스럽게도 이 글은 반이메일 혁명을 불러오지 못했다. 한 논평가는 오피스 아워가 여러 시간대에 걸쳐 일하는 조직에는 맞지 않는다고 정확하게 지적했다. 또 다른 논평가는 회의를 더 많이 하느니 차라리 이메일을 더 많이 쓰겠다고 말했다. 또 다른 논평가는 "지금 이메일을 금하려는 시도는 소 잃고 외양간 고치는 격으로 통하지 않을 것"이라고 결론 지었다. 이메일에 대한 나의 연구가 계속되는 동안 나는 오피스 아워에 대한 생각을 일단 한쪽으로 제쳐두었다. 그러나 나중에 깨달은 것처럼 이 해결책을 너무 성급하게 버리지 말았어야 했다.

소프트웨어 기업인 베이스캠프Basecamp의 공동 창업자인 제이슨 프리드Jason Fried와 데이비드 하이네마이어 핸슨David Heinemeier Hansson 은 인습타파자들이다. 그들은 2018년에 《일을 버려라 It Doesn't Have to Be Crazy at Work》라는 제목의 책을 펴냈다.[10] 이 책은 그들이 말하는 '차분한 회사'라는 효과적인 기업문화를 육성하기 위한 생각들을 담고 있다. 그들이 제안한 내용 중 하나가 '오피스 아워'라는 익숙한 전략이다. 프리드와 핸슨이 설명한 바에 따르면 그들의 회사는 많은 분야의 전문가들, 즉 "통계학, 자바스크립트 이벤트 처리, 데이터베이스 티핑 포인트tipping points에 대한 질문에 대답할 수 있는 사람들"을 보유하고 있다. 그래서 어떤 직원이 이런 분야에 대해 질문할 것이 있으면 그냥 해당 전문가에게 이메일만 "날리면" 답변을 구할 수 있다. 프리드와 핸슨은 이런 현실에 대해 상반된 감정을 갖고 있다. "(그것은) 멋지면서도 끔찍하다"고 말이다.[11]

멋진 측면은 이 전문가들이 동료들이 일을 풀어나가도록, 혹은 문제에 대한 효과적인 해결책을 파악하도록 도와줄 수 있다는 것이다. 반면 끔찍한 측면은 그들이 하이브 마인드 활동과잉에 빠져들어간다는 것이다. 그래서 종일 이런 즉흥적인 요청에 대응하는 데 자투리 시간을 할애하게 된다. 참 기쁘게도 베이스캠프가 선택한 해결책은 오피스 아워를 도입하는 것이었다. 이제 전문가들은 매주 그들이 질의에 응답할 수 있는 정해진 시간을 알린다. 일부 전문가의 경우 오피스 아워는 일주일에 1시간으로 드물다. 반면 다른 전문가들은 매일 1시간으로 잦다. 회사는 전문가들이 요구에 가장 잘 맞는 시간을 파악할 것이라고 믿는다. 일단 정해지고 나면 전문가들에게 질문할 수 있는 시간이 오피스 아워로 한정된다.

"하지만 월요일에 의문사항이 생겼는데 목요일까지 해당 전문가의 오피스 아워가 없다면 어떻게 해야 할까?" 프리드와 핸슨의 답변은 단호하다. "그냥 기다려야 한다." 그들은 이런 제약이 처음에는 과도하게 관료적인 것처럼 느껴질 수 있지만 결국에는 회사에서 "대히트"를 쳤다고 밝힌다. "알고 보니 기다리는 것은 대부분의 경우 큰일이 아니었다. 반면 우리의 전문가들이 다시 얻은 시간과 통제력은 엄청났다."[12]

추가로 조사해보니 베이스캠프가 한정적인 방식으로 오피스 아워를 활용하는 유일한 학교 밖 조직이 아니었다. 내가 〈보스턴 글로브The Boston Globe〉의 혁신 경제 칼럼니스트인 스콧 커스너Scott Kirsner로부터 알게 된 바에 따르면 오피스 아워는 창업투자사들 사이에서 오랫동안 인기를 끌었다. 그가 '오픈 오피스 아워 운동에 동참합니다'라는 제목의 칼럼에서 설명한 대로 플라이브릿지Flybridge, 스파크 캐피털Spark Capital, 폴라리스 파트너즈Polaris Partners를 비롯한 여러 보스턴 지역의 투자 그룹들은 매주 시간을 정해두고 기술 스타트업에 관심 있는 사람은 누구나 찾아올 수 있도록 한다. 이 시간 동안에는 "아무 조건 없이" 조언을 구하거나, 아이디어를 발표하거나, 그저 안면을 틀 수도 있다.[13] 나는 2012년에 펴낸 책 《열정의 배신So Good They Can't Ignore You》을 쓸 때 마이크 잭슨Mike Jackson이라는 실리콘밸리 기반 창업투자자에 대해 조사했다. 그때 알게 된 사실은 창업투자 업계에서 성공하려면 수많은 아이디어와 사람들에게 자신을 노출시켜야 한다는 것이었다. 하지만 이런 노출이 요청하지 않은 이메일 메시지를 통해 이뤄지면 안 된다. 그러면 그 메시지들을 따라잡으려다 뜻하지 않게 파묻힐 수 있다. 그는 "자칫하면 아무 생각 없이 출근했다가 종일 이메일만 할 수 있어요"라고 경고했다.[14] 오피스 아워는 투자자들이 이처럼 상충하는 힘들 사이에 균형을 잡는 좋은 수단을 제공한다.

클로드 섀넌의 이론 체계는 이런 사례들이 아주 잘 통하는 이유를 설명한다. 대다수 유형의 조율에서 미리 정해진 오피스 아워로의 이동은 그냥 즉흥적으로 메시지를 주고 받는 것에 비해서 인지적 주기 비용을 크게 줄일 것이다. 다만 의사소통을 하기 위해 다음에 예정된 오피스 아워까지 기다려야 하는 일은 불편 비용을 초래할 수 있다. 오피스 아워 프로토콜은 이런 지체가 있더라도 크게 부정적인 영향을 받지 않는 활동에 가장 잘 맞는 것으로 보인다. 베이스캠프의 전문가들과 보스턴의 창업투자자들이 오피스 아워를 받아들인 이유가 거기에 있다. 그들은 주의를 분산시키는 메시지가 초래하는 막대한 인지적 비용을 줄였다. 반면 그에 따른 지체는 일상적 유효성에 큰 영향을 미치지 않았다. 이 점은 또한 2016년에 모든 의사소통을 오피스 아워로 대체하자고 했던 나의 제안이 실패한 이유이기도 하다. 현재 이메일을 통해 처리되는 많은 조율의 경우 길게 지체되는 것이 큰 비용을 초래할 수 있고, 그것을 받아들이기 힘들 수 있다. 결론은 자주 실행하지만 시급하지 않은 조율 활동에 참여할 때 오피스 아워 프로토콜이 그 비용을 크게 줄일 수 있다는 것이다.

고객과 사전에
규칙을 정해 소통하라

1990년대 말, 첫 '닷컴' 열풍의 흥분에 휩싸인 10대였던 나는 내 친구 마이클 시몬스Michael Simmons와 함께 기술 기업을 공동 창업했다. 우리는 뉴저지 주 프린스턴Princeton 근처에 살았는데 그 지명이 고급스러운 느낌을 준다고 생각했다. 그래서 회사 이름을 프린스턴 웹 솔루션Princeton Web Solutions이라고 지었다.[15] 우리는 웹사이트 디자인에 초점을 맞춰서 동네의 소규모 사업체들을 위한 사이트를 손수 제작했다. 그러다가 마이클이 온라인으로 인도에 있는 프리랜서들과 연결되었다. 우리는 곧 두 가지 중요한 사실을 깨달았다. 첫 번째는 이 팀이 우리보다 웹 개발 실력이 월등하다는 것이었다. 두 번째는 그들의 작업료가 당시 미국 기준으로 상당히 낮다는 것이었다. 우리는 그들과 계약을 맺었다. 우리가 고객을 찾고 프로젝트를 관리하는 역할을 맡고, 인도 팀이 실제 그래픽 디자인과 HTML 코딩을 하는 조건이었다. 내 기억으로 첫 계약의 액수는 1,000달러 정도였다. 새로운 팀을 끌어들인 우리는 1만 5,000달러에서 4만 달러 수준의 계약을 따내기 시작했다. 문제는 우리가 1990년대에 사는 10대라는 것이었다. 즉 종일 학교에 머물러야 했고 휴대폰이 없었다. 그 결과 우리는 기본적으로 우리와 연락할 길이 없는 까다로운 고객들을 상대로 대규모 계약을 진행해야 했다.

이 문제에 대한 우리의 해결책은 정교한 고객 포털을 제작하는 것이었다. 각 고객은 고유한 사용자명과 암호를 가지고 포털에 접속할 수 있었다. 그러면 그들의 프로젝트에 대한 자세한 정보를 확인할 수 있었다. 그들의 웹사이트를 위한 샘플 디자인과 런칭 전 버전도 검토할 수 있었다. 또한 다가오는 주요 분기점을 나열한 달력도 제시되었다. '작업 일기'는 그날 완료된 작업에 대한 일일 업데이트를 담았다. 프로젝트에 대한 대다수의 상호작용은 세부적인 프로젝트 절차와 관련된 특정한 회의로 압축되었다. 우리는 회의에서 결정된 내용을 정리한 메모를 만들었다. 그리고 고객에게 서명을 요청하여 동의 여부를 확인했다(이렇게 하면 나중에 개발이 진행 중일 때 고객이 마음을 바꿀 가능성이 많이 줄어들었다). 이 서명된 메모의 스캔본도 포털에서 다운받을 수 있었다.

우리는 고객들에게 종일 학교에 있어야 하기 때문에 포털에 의존한다는 사실을 절대 직접적으로 설명하지 않았다(아마 그래도 고객들은 눈치챘겠지만 말이다). 그저 이런 상황이 문제가 되지 않도록 시스템을 만들었다. 현재 디자이너들은 종종 이메일을 처리하느라 너무 많은 시간을 쓴다고 불평한다. 우리는 당시 거의 비슷한 일을 했지만 기본적으로 이메일을 전혀 사용하지 않았다.

물론 우리만 고객과의 의사소통을 영리하게 처리하는 데 몰두한 것은 아니었다. 1장에서 나는 소규모 기술 스타트업을 운영하는 션이 업무 흐름을 뜯어고친 이야기를 소개했다. 이 이야기에서 그를 쓰러질 지경으로 몰아붙인 것은 무엇보다 고객과의 버거운 의사소통이었다. 특히 까다로운 고객들이 션에게 회사 내부 슬랙 설정에 접근할 수 있도록 해달라고 요청했을 때 문제가 터지기 시작했다. 그렇게 하면 슬랙 알림 소리가 배경에서 끝없이 울릴 것이었다. 각 메시지는 사람을 초조하게 만드는 또 다른 고객의 요구를 담고 있을 것이다. 당연히 션이 마침내 회사의 하이브 마인드 활동과잉을 더 나은 관행으로 대체하기로 결정했을 때, 그가 집중한 주요 영역 중 하나는 고객과 소통하는 방법이었다.

션의 회사는 모든 작업기술서에 '의사소통'이라는 항목을 추가하기 시작했다. 그는 내게 "프로젝트를 시작하기 전에 고객에게 이 모든 것을 알리고 싶었다"고 말했다. 새 항목은 고객과 회사 사이의 의사소통 규칙을 자세히 기술한다. 거기에는 션이 내게 강조한 대로 시급한 사안이 발생했을 때 해야 할 일도 포함되어 있다. 대다수 경우에 표준 절차는 고객과 매주 미리 예정된 화상회의를 하는 것으로 시작된다. 그다음에 회의 내용을 정리한 요약본이 고객에게 발송된다. 고객관계를 책임진 션의 동업자는 이런 변화를 불안해했다. 션은 이렇게 설명했다. "그는 고객들이 별로 좋아하지 않을 거라고 걱정했어요. 우리는 사용자경험을 다루는 회사이기 때문에 최고의 경험을 제공해야 하니까요. 하지만 고객들은 훨씬 좋아했어요. 핵심은 기대치를 잘 조정하는 거예요."

우리는 이 용어를 쓰지 않았지만 션과 나의 고교 시절 회사는 개선된 의사소통 프로토콜을 활용하여 우리의 조직과 고객 사이의 소통을 처리했다. 그렇게 함으로써 우리는 조율에 드는 평균 비용을 크게 줄였다. 나는 이런 고객 프로토콜의 다른 사례들을 살핀 후 도움이 되는 몇 가지 유용한 요점을 파악했다.

먼저 비용을 최소화할 때 고객의 비용도 고려해야 한다. 고객 프로토콜이 통하게 만드는 한 가지 핵심 요소는 고객도 마찬가지로 직면하는 인지적 주기 및 불편 비용을 줄이는 것이다. 당신에게 끝없는 메시지를 보내는 것을 실제로 좋아하는 고객은 드물다. 그들은 종종 이런 행동을 할 수밖에 없다고 생각한다. 연락을 취하거나 일이 제대로 완료되도록 할 다른 방법을 모르기 때문이다. 내가 프린스턴 웹 솔루션을 통해 배운 대로 우리가 만든 포털의 체계적인 속성은 고객들을 짜증나게 만들지 않았다. 오히려 그들에게 마음의 평화를 안겼다. 우리의 계약을 걱정하느라 인지적 에너지를 낭비할 필요가 없었기 때문이다. 반면 당신의 경험을 수월하게 만드는 동시에 고객의 경험을 값비싸게 만드는 의사소통 체계를 고안했다고 가정하자. 극단적인 예를 들자면 고객이 무언가 필요한 것이 있을 때마다 자세한 요청서를 팩스로 보내도록 강요하는 것이다. 이 경우 고객을 끌어들이기가 훨씬 어려워지며, 그렇게 된 데는 충분한 이유가 있다.

또 다른 요점은 명료성에 대한 필요다. 션의 회사는 모든 고객이 서명하는 작업기술서에 고객 프로토콜의 상세 내역을 넣었다. 이는 현명한 조치였다. 그들이 고객에게 주간 화상회의만으로 충분할 것이라고 가볍게 말하고 넘어갔다면 어땠을까? 처음 사소한 불편이 생기자마자 고객이 하이브 마인드로 돌아갈 가능성이 훨씬 높아졌을 것이다. 반면 계약서에 관련 내용을 명시해두면 고객은 사소한 불편을 그냥 감수할 것이다. 또한 시간이 지나면서 체계적인 시스템의 더 낮은 평균 비용을 즐기는 법을 배우게 될 것이다.

끝으로 당신이 최선을 다해도 이런 유형의 프로토콜이 아예 통하지 않는 고객은 항상 있기 마련이다. 나는 워싱턴 DC 소재 12인 기업에서 일한 커뮤니케이션 컨설턴트와 이야기를 나눈 적이 있다. 그녀는 대다수 고객을 상대로 선의 체계와 비슷한 것을 활용했다고 내게 말했다. 즉, 예정된 주간 화상회의를 진행한 후 모든 요점을 담은 요약본을 고객에게 발송했다. 다만 일부 고객에게는 위기 대응 서비스를 제공했다. 이 고객들은 홍보 위기가 오면 즉각 주의를 끌 수단을 필요로 했다. 그래서 그들에 대한 프로토콜은 근본적으로 "일이 터지면 바로 연락하라"로 정리할 수 있었다. 이처럼 프로토콜의 세부적인 내용은 구체적인 일의 유형에 좌우된다.

또한 특정한 사람들에게는 이 접근법을 적용할 수 없다. 그것은 일의 속성이 아니라 성격 때문이다. 한마디로 우위에 선 기분을 느끼려고 사람을 괴롭히는 것을 즐기는 갑질 고객들이 있다. 팀 페리스는 2007년에 펴낸 베스트셀러인 《나는 4시간만 일한다》에서 정확히 이런 상황에 대해 썼다. 그는 그의 보조제 회사인 브레인퀴컨BrainQuicken의 업무 흐름을 갱신한 과정을 설명했다. 이 대목에서 그는 스트레스를 안기는 호전적인 고객들을 결국 "해고"한 일에 대해 이야기했다. 악성 고객을 해고할 수 있다는 아이디어는 신경에 거슬릴 수 있다. 기술기업인 쇼피파이Shopify의 대표인 토비 뤼트케Tobi Lütke는 비즈니스 잡지 〈인크Inc.〉 기사에서 페리스를 소개하며 이렇게 설명한다. "그 문장이 페이지에서 유독 튀었어요. 경영대학원에 가서 고객을 해고해야 한다고 말하면 아마 쫓겨날 겁니다. 하지만 저의 경험에 따르면 정말 그렇게 해야 합니다. 그래야 정말로 같이 하고 싶은 고객을 가려낼 수 있어요."[16] 클로드 섀넌의 이론 체계는 이 고객 해고 전략의 논리를 입증하는 데 도움을 준다. 이 전략을 쓰면 단기적으로는 돈을 잃는다. 그러나 동시에 상당한 인지적 비용을 줄일 수 있다. 인지적 비용을 진지하게 대하기 시작하면 당장 매출에 보탬이 된다고 해도 당신에게 스트레스를 주고 결과적으로는 인지적 비용을 더 늘리는 고객들로부터 벗어나기가 쉬워진다.

이런 요점들을 종합하면 고객을 상대할 때 최적화된 의사소통 프로토콜이 하이브 마인드 활동과잉 업무 흐름을 넘어서기 위한 여행에서 필수적이라는 사실이 명확해진다.

이메일 주소를 개인과 연계하지 마라

우리의 일상적 삶에서 어떤 요소는

너무나 익숙해서 대안이 존재한다는 것을 상상하기 어렵다. 그런 사례 중 하나가 이메일 주소의 전형적인 형식인 '사람@조직'이다. 이 구조에는 간결한 면이 있다. 당신이 이메일을 보내면 이메일 프로토콜이 주소에 명시된 조직으로 메시지를 보낸다. 그다음에는 해당 조직의 이메일 서버가 @ 기호의 좌측에 있는 구체적인 수신자에게 메시지를 배달한다. 이메일 주소의 이 요소, 즉 수신란을 우리는 당연시한다. 그러나 한 걸음 물러나서 신선한 관점으로 바라보면 흥미로운 질문이 떠오른다. 왜 이메일 주소의 수신란은 거의 언제나 부서나 프로젝트, 혹은 활동이 아니라 사람일까?

이 질문에 대한 역사적 답을 찾으려면 초기의 원형적인 이메일 시스템으로 거슬러 올라간다. 1960년대 초에 컴퓨터들은 여전히 독자적인 운용실과 관리 직원이 필요한 거대하고 값비싼 메인프레임이었다. 이 기기를 활용하려면 차례를 기다려야 했다. 차례가 되면 당신의 프로그램을 처리해주기를 바라면서 대형 디지털 괴물을 일시적으로 통제할 수 있었다. 입력은 대개 천공카드를 통해 이뤄졌다. 이런 체계에 짜증이 난 MIT의 엔지니어들은 메인프레임에 대한 접근권을 분배하는 더 나은 방법이 있어야 한다고 생각했다. 그들이 1961년에 MIT 컴퓨터 연구소에서 처음 선보인 해결책은 호환시분할시스템 Compatible Time-Sharing System(CTSS)으로 불렸다. 이 시스템은 컴퓨터의 세계에 혁신적인 것을 도입했다. 그것은 바로 복수의 사용자들이 메인프레임에 연결된 단말기를 활용하여 동시에 같은 메인프레임에 접속할 수 있도록 하는 능력이었다. 이 사용자들은 엄밀히 말해서 동시에 컴퓨터를 제어하지 않았다. 대신 거대한 기기에서 돌아가는 시분할 운영체제가 여러 사용자들 사이를 빠르게 전환하면서 한 사용자를 위한 연산을 한 후 다음 사용자를 위한 연산으로 넘어갔다. 그러나 사용자가 보기에는 자신이 정말로 메인프레임을 독점한 것처럼 느껴졌다.

CTSS에서 이메일로의 도약은 자연스러웠다. 시분할이 도입한 속성 중 하나는 각 사용자 계정이 독자적인 파일을 담은 독자적인 디렉토리를 가진다는 아이디어였다. 파일 중에는 개인적인 것도 있었고 같은 시스템에 속한 다른 모든 사람이 접근할 수 있는 것도 있었다. CTSS의 영리한 초기 사용자들은 서로의 디렉토리에 메시지를 남길 수 있다는 사실을 깨달았다. 1965년이 되자 이 행동은 소프트웨어 엔지니어인 톰 반 블렉Tom Van Vleck과 노엘 모리스Noel Morris가 제공한 메일MAIL 명령어로 표준화되었다. 이 명령어는 각 사용자의 디렉토리에 '메일 박스Mail Box'라는 파일을 설치했다. 당신이 메일 명령어로 특정 사용자에게 메시지를 보내면 해당 사용자의 메일 박스 파일에 해당 문서가 첨부되었다. 사람들은 각자의 메일 박스 파일에서 도구를 활용하여 메시지를 읽거나 삭제할 수 있었다.

다시 말해서 초기의 이메일 계정은 개인과 연계되었다. 메인프레임 시분할시스템을 위한 사용자 계정이 원래 그렇게 설정되었기 때문이다. 이런 연계는 일단 형성된 후 그대로 굳어졌다. 나중에 표준이 된 '사람@조직' 형식을 만드는 데 가장 많이 기여한 엔지니어인 레이 톰린슨Ray Tomlinson은 이전에 메일 같은 시분할 메시지 도구의

보다 진전된 버전을 제작했다.[17]

이메일과 개인을 연계하는 이 자의적이고 무고해 보이는 결정은 하이브 마인드 활동과잉 업무 흐름이 부상하는 데 기여하고 말았다. 1부에서 주장한 대로 하이브 마인드는 우리가 소집단에서 항상 협력하던 자연스런 방식, 즉 비체계적이고 즉흥적으로 오가는 대화의 규모를 키운다. 이메일 주소는 사람과 연계되기 때문에 이 도구를 활용하여 이런 유형의 대화를 뒷받침하기 쉽다. 그에 따라 결국에는 무절제한 메시지 교환으로 이어지는 비탈길로 들어서게 된다. 이메일 주소가 프로젝트나 팀과 연계되는 대안적 세상에서는 하이브 마인드 업무 흐름이 훨씬 덜 자연스럽게 느껴질 것이다. 따라서 파급력을 얻기가 어려웠을 것이다.

이메일의 역사를 자세히 소개하는 이유는 이메일 주소를 개인과 연계하는 관습을 깨보자고 권유하기 위해서다. 특히 효율적인 의사소통 프로토콜을 추구할 때는 더욱 그래야 한다. 이메일과 사람 사이의 연결고리를 끊으면 한 번의 거창한 제스처로 의사소통을 전개하는 마땅한 방식에 대한 모두의 기대를 뒤흔들게 된다. 그래서 타당한 프로토콜로 처음부터 이 기대를 재구축하기가 훨씬 쉬워진다.

이 장에서 논의한 고객 의사소통 프로토콜을 예로 들어보자. 어떤 고객이 질문이나 문제가 있을 때 당신의 조직에 속한 특정 개인을 접촉하는 데 익숙하다고 가정하자. 이 경우 신속한 응답에 대한 기대를 낮추기가 어렵다. 그들은 "왜 날 무시하는 거죠?"와 같은 태도로 이런 상호작용을 개인화하고 응답이 지체되는 것을 개인적 모욕으로 간주하기 시작할 것이다. 이번에는 각 고객에게 '고객명@당신의조직.com'의 형태로 전용 이메일 주소가 할당된다고 상상해보라. 그러면 그들의 메시지가 개인에게 갈 것이라는 생각에서 벗어나기가 훨씬 쉽다. 마찬가지로 그 사람은 즉시 메시지를 볼 것이니 신속하게 답변해야 마땅하다는 생각에서도 벗어날 수 있다. 의사소통을 비개인화하면 최적화를 위한 보다 많은 선택지가 생긴다.

나는 이런 생각을 바탕으로 한 프로토콜을 활용하여 저술가로서 필요한 의사소통을 관리한다. 독자들에게 나의 이름과 연계된 하나의 이메일 주소만 제공했을 때는 메시지들을 감당하기 어려웠다. 단지 양이 많았을 뿐만 아니라 내용도 매우 복잡했다. 개인과 소통한다고 생각하면 자연스레 상대가 합리적인 대응을 할 것이라고 예상한다. 즉, 당신의 긴 이야기를 읽고 상세한 조언을 해주거나, 사업 기회에 대한 이야기를 나누기 위해 전화를 걸어주거나, 관련된 사람과 연결시켜줄 것이라고 기대한다. 한때는 이런 일을 기꺼이 해주었다. 그러나 독자들이 늘어나면서 그렇게 하기가 점점 어려워졌다.

나는 저술 활동을 위한 의사소통 프로토콜을 개선하기 위해 비개인적 이메일 주소를 도입했다. 그중 하나는 'interesting@calnewport.com'이다. 독자들은 흥미로운 링크나 단서를 이 주소로 보낸다. 이 주소 아래에는 다음과 같은 간단한 안내사항이 기재된다. "도움에 진심으로 감사드리지만 시간 제약 때문에 대개 답장은 하지 못합니다." 나의 경험에 따르면 'cal@calnewport.com'처럼 개인화된 주소의 경우, 이런 안내사항을 붙여봤자 소용이 없다. 일대일 소통에 대한 우리의 기대가 너무 강하기 때문이다. 하지만 'interesting@calnewport.com' 같은 비개인화된 주소에 안내사항을 붙여두면 불평이 거의 나오지 않는다. 사전에 형성된 기대가 없다면 처음부터 설정할 수 있다.

당신의 직업적 삶이나 조직에 저비용 프로토콜을 구축하는 여러 방식이 있다. 대부분의 경우 이메일 주소를 개인으로부터 해방시키는 것이 강력한 추진력을 제공한다.

이메일은 5문장 이하로 작성하자

2017년 뛰어난 학자이자 당시 USC 총장이던 C. L. 맥스 니키아스C. L. Max Nikias는 〈월스트리트저널〉에 특이한 사설을 실었다. 이 사설의 주제는 그를 전미공학학술원National Academy of Engineering과 미예술과학학술원American Academy of Arts and Sciences 회원으로 만들어준 연구 성과에 대한 것이 아니었다. 또한 그가 운용하는 60억 달러의 기금을 모금하기 위한 캠페인이나 새로 문을 연 캠퍼스, 혹은 USC 총장으로 재직한 이전 7년 동안 그가 만드는 데 도움을 준 100개의 후원 석좌교수직이 추가된 사실에 대한 것도 아니었다.[18] 그가 다룬 주제는 보다 보편적인 동시에 진부한 대상, 바로 이메일에 대한 것이었다.

니키아스가 설명한 바에 따르면 그는 총장으로 일하면서 하루 300여 통의 이메일을 받는다. 이것은 정말 문제였다. 그는 이렇게 쓴다. "리더가 된다는 것은 조직을 의미 있는 방향으로 이끄는 것이다. 하지만 이메일은 정반대의 효과를 내서 리더가 주도적으로 혹은 오랜 기간에 걸쳐 실질적 가치를 지닌 성과를 내지 못하게 막는다." 니키아스는 "화면에 고정된 채 끝없이 응답하면서" 시간을 보내는 운명을 피하기 위해 간단한 해결책을 고안했다. 바로 "모든 이메일을 (분량이) 평균적인 문자메시지 이상이 되지 않도록 간략하게 작성하는 것"이었다. 그렇다면 보다 깊이 있는 소통이 필요해서 문자메시지 길이의 답신으로 부족한 경우는 어떻게 해야 할까? 이 경우 그는 그 사람에게 전화를 걸거나 미팅을 하자고 요청한다. 그는 "어차피 인간적 소통의 핵심적인 뉘앙스는 사이버공간으로 잘 옮겨지지 않는다"고 설명한다.

니키아스가 짧은 이메일을 실험한 유일한 사람은 아니다. 2007년에 마이크 데이비슨Mike Davidson이라는 웹 디자이너가 개인 블로그에 '이메일 과부하에 대한 로우 파이Low-Fi 해결책'이라는 제목의 글을 올렸다.[19] 데이비슨은 이 글에서 이메일 소통의 비대칭적 성격에 대한 불만을 토로한다. 그는 이렇게 쓴다. "송신자가 여러 문단으로 답변해야 하는 2~3개의 개방형 질문을 한 문장에 담아 보내는 경우가 많다. 이 경우 송신자는 1분만 쓰면 되지만 수신자는 암묵적으로 1시간까지 써야 할지도 모르는 요청을 받게 된다." 그는 니키아스와 같은 포괄적인 해결책을 고안했다. 바로 모든 이메일을 짧게 쓰는 것이었다. 그 역시 SMS 문자메시지의 160자가 합리적인 기준이라고 판단했다. 그러나 글자수를 일일이 세려면 특수 소프트웨어 플러그인이 필요하기 때문에 대신 단순한 근사치를 활용했다. 즉, 모든 이메일을 5문장 이하로 작성하기로 했다.

데이비슨은 이 규칙을 "정중하게" 알리기 위해 'http://five.sentenc.es'라는 간단한 웹사이트를 만들고 간소한 홈페이지에 그 정책을 간략하게 설명해 두었다. 뒤이어 그는 모든 이메일 하단에 다음과 같은 서명을 추가했다.

Q: 왜 이 이메일은 5문장 이하인가요?

A: http://five.sentenc.es

데이비슨은 이 소개용 글을 다음과 같이 마무리한다. "모든 이메일을 보내는 데 같은 양의 시간(즉, '길지 않은 시간')을 쓰게 되면 이메일들 사이에 형평성을 유지하여 결국에는 더 많은 이메일에 신경쓸 수 있다."

이메일의 길이를 엄격하게 제한한다는 아이디어는 단순한 꼼수 이상의 의미를 지닌다. 이 아이디어는 요즘의 디지털 시대에 거의 밟지 않는 단계를 나타낸다. 그것은 어떤 일을 하기 위해 이메일을 활용해야 하는지, 혹은 활용하지 말아야 하는지에 대해 명확한 제약을 가하는 것이다. 하이브 마인드 활동과잉 업무 흐름은 이메일이 모든 유형의 유연하고, 비체계적이고, 지속적인 대화를 뒷받침하는 중립적인 매개체가 되기를 바란다. 단문 이메일 운동은 이런 남용에 반발한다. 그래서 이메일을 짧은 질문, 짧은 답변, 짧은 업데이트에 적합한 것으로 한정한다. 또한 이보다 복잡한 내용은 거기에 맞는 다른 유형의 소통으로 처리할 것을 요구한다. 이런 방식이 당장은 성가실 수 있다. 그러나 클로드 섀넌의 이론 체계에 비춰보면 장기적으로는 더 낮은 평균 비용을 제공하는 프로토콜이다.

한 예로 니키아스가 〈월스트리트저널〉 사설에서 설명한 내용을 살펴보자. 그는 대학 역사상 최대 규모의 확장 사업을 관장할 때 현장 감독들로부터 빠른 승인이 필요한 디자인 업데이트나 사소한 변경 요청을 담은 이메일을 꾸준히 받았다("벽돌 샘플부터 스테인드글라스 창문까지 모든 것에 대한 이메일"). 이는 이메일을 아주 잘 활용하는 사례다. 승인이 필요할 때마다 현장 감독들이 통화나 미팅으로 니키아스를 방해했다면 전체 일과를 잡아먹었을 것이다. 반면 니키아스가 자세히 설명한 대로 "실질적인" 논의가 필요해 보이는 사안의 경우 즉시 수신함에서 꺼내어 직접 전화 통화로 처리했다.

이런 단문 정책은 적절하게 실행하면 가장 적당한 유형의(신속하고 비동기적인) 의사소통에 이메일을 활용하는 효율적인 프로토콜이 된다. 그에 따라 다른 모든 유형의 의사소통은 더 나은 매체로 바꾸도록 강제할 수 있게 된다. 이메일을 항상 짧게 쓰는 것은 간단한 규칙이다. 그러나 그 효과는 심대할 수 있다. 더 이상 이메일을 어느 때든, 어떤 일에 대해서든 이야기하는 범용 도구로 여기지 않는다면 당신의 주의를 방해하는 힘은 약화될 것이다.

정기적인
현황 점검 미팅

　　　　　　　　2002년에 마이클 힉스Michael Hicks
와 제프리 포스터Jeffrey Foster는 메릴랜드 대학 컴퓨터공학과의 신임
조교수로 합류했다. 거기서 그들은 연구 그룹을 만들기 시작했다.
연구 그룹에 영입한 학생들을 가르쳐야 할 필요성에 직면한 그들은
컴퓨터공학 교수들 사이에서 거의 보편적인 전략을 채택했다. 그것
은 각 학생을 대상으로 주간 미팅을 열어서 진척된 상황을 점검하
고 연구와 관련된 문제를 같이 해결하는 것이었다.

　이 접근법은 한동안 잘 통했다. 힉스와 포스터는 많은 초임 교수
들처럼 감독할 학생이 2~3명밖에 되지 않았다. 또한 연구와 강의
외에 추가로 맡은 일이 비교적 적었다. 그러나 그들이 2010년에 발
표한 연구 생산성에 대한 기술 보고서에서 설명한 대로 경력이 진
전됨에 따라 이 표준적인 멘토링 전략은 "한계에 다다르기" 시작했
다.[20] 그들이 각자 감독해야 할 학생은 2~3명에서 6~7명으로 늘었
다. 멘토링 부하가 커지면서 논문을 검토하고 보조금 신청서를 쓰
는 외부 업무도 늘어났다. 그에 따라 자유시간이 더욱 줄어들었다.
각 학생과 갖는 주간 미팅은 "극도로 비효율적"이 되었다. 언제나
30분에서 1시간으로 같은 양의 시간을 할애했지만 적당했던 적이

거의 한 번도 없었기 때문이다. 즉, 현황 업데이트를 위해 10분만 필요한 적도 있었고, 특히 어려운 문제를 해결하기 위해 두어 시간이 필요한 적도 있었다.

힉스와 포스터의 갈수록 바빠지는 일정은 매주 이미 정해진 미팅 외에 추가 미팅을 끼워 넣기 어렵게 만들었다. 그 결과 미처 챙기지 못하는 학생들이 생겨나기 시작했다. 어떤 학생이 고전하고 있어도 해결책을 논의하는 데 일주일이 걸릴 수 있었다. 힉스와 포스터는 일대일 미팅이 연구 그룹에서 공동체의식을 형성하지 못한다는 사실을 인지했다. 그들은 "우리는 협력적인 연구 그룹이 아니라 개별적으로 뛰어난 학생들의 모임을 만들었다"고 썼다. 이 모든 사안을 고려하여 그들이 내린 결론은 단순했다. "명백히 뭔가를 바꿔야 했다."

변화를 촉발한 계기는 2006년에 힉스가 참석한 연구 미팅이었다. 그는 대학원 시절에 동료였다가 이후 소프트웨어 개발자가 된 사람과 이야기를 나누었다. 옛 동료는 힉스에게 스크럼을 너무나 잘 쓰고 있다고 말했다. 그의 회사는 소프트웨어 개발 작업을 체계화하기 위한 애자일 방법론으로서 스크럼을 활용했다. 이 아이디어의 뭔가가 힉스에게 반향을 일으켰다. 그는 학교로 돌아온 후 포스터에게 소프트웨어 개발 분야에서 쓰는 이 이국적인 조직적 기법을 소개했다. 그리고 스크럼이 연구 그룹을 보다 효율적으로 운영하는 데 필요한 것일지 모른다고 말했다.

5장에서 태스크 보드를 논의할 때 스크럼뿐 아니라 보다 포괄적으로 애자일 방법론을 소개했다. 이 전략의 다양한 요소 중에서 힉스와 포스터에게 가장 큰 반향을 일으킨 것은 일일 스크럼의 원칙이었다. 기억하겠지만 표준적인 스크럼에서 소프트웨어 개발팀은 업무를 스프린트로 나눈다. 스프린트는 특정한 기능을 개발하기 위해 2주에서 4주 동안 지속되는 단위를 말한다. 이 기간 동안 개발팀은 매일 아침 15분 동안 스크럼이라는 모임을 갖는다. 이때 각 구성원은 다음 3가지 질문에 답한다. (1)지난 스크럼 미팅 이후 무엇을 했는가? (2)어려운 점이 있는가? (3)다음 스크럼 때까지 무엇을 할 것인가? 미팅이 끝나면 남은 일과 동안 실제로 목표를 달성하는 데 매진한다. 소프트웨어 부문에서 이런 조율 수단은 종일 이메일이나 인스턴트 메시지를 교환하는 것보다 훨씬 효율적인 것으로 드러났다. 스크럼은 15분 제한을 강제하여 미팅이 길게 늘어지는 시간 낭비가 되지 않도록 전통적으로 모두 선 상태에서 진행된다.

힉스와 포스터는 연구 그룹에 일일 스크럼 개념을 도입했다. 먼저 매일 미팅을 하지 않고 월요일, 수요일, 금요일에만 미팅을 가졌다. 또한 미팅의 명칭을 '현황 점검 미팅'으로 바꿨다. 그밖에 세부적인 내용은 거의 같았다. 미팅은 15분 동안 진행되었고, 연구팀에 속한 전원이 전통적인 3가지 질문에 답했다. 심지어 그들은 선 채로 미팅을 진행하는 실험까지 실시했다. 그 결과 "놀랍게도" 시간 제한을 지키는 데 정말로 도움이 되었다. 힉스와 포스터도 미팅에 참석하여 학생들에게 그들의 일간 활동을 업데이트했다. 그들은 이 수정된 시스템을 '스코어score'라 불렀다.

힉스와 포스터의 스코어가 지닌 핵심 요소는 현황 점검 미팅을 보다 깊이 있는 기술적 논의와 명확하게 구분지었다. 현황 점검 미팅에서 학 한생이 진전을 이루기 위해 보다 세부적인 논의가 필요하다는 사실이 명백해지면 현장에서 바로 별도의 "기술 미팅" 일정을 잡는다. 구식 주간 회의 시스템과 달리 기술 미팅은 필요할 때만 열린다. 또한 일정을 잡을 때부터 목적이 명확하기 때문에 대단히 효율적인 경향을 지닌다. 즉, 모두가 논의의 목표를 알고 참석한다. 힉스와 포스터가 자세히 설명한 바에 따르면 모든 학생을 상대하는 상시 주간 미팅이 일정에서 제거된 덕분에 필요할 때 이런 주문형 미팅을 끼워 넣을 여지가 충분했다.

그들은 학생들도 스코어 접근법에 만족하는지 알아보기 위해 연구 그룹을 대상으로 정식 설문을 실시했다. 설문의 내용은 대학원생으로서 연구 경험의 7가지 측면을 평가하는 것이었다. 거기에는 '지도교수와 나누는 소통의 질', '생산성 수준', '연구에 대한 열의' 등이 포함되었다. 스코어가 실행되기 전부터 있었던 학생들의 경우에는 과거의 미팅에 대한 경험도 평가해달라는 내용이 추가되었다. 힉스와 포스터가 정리한 내용에 따르면 "응답 내용은 일관되게 긍정적이었다. 스코어는 우리가 고려한 모든 측면에서 학생들의 경험을 개선했다."

힉스와 포스터가 스크럼 방법론에서 가져온 정기 현황 점검 미팅 전략은 강력하면서도 폭넓게 활용할 수 있는 의사소통 프로토콜이다. 많은 지식노동 환경에서 일주일에 3번에서 5번에 걸쳐 짧은 미팅을 가지면 종일 이메일이나 인스턴트 메시지를 통해 즉흥적으로 이뤄지는 소통의 양을 크게 줄일 수 있다. 정기 모임을 갖는 동안 모두가 동기화되기 때문이다. 이 방식은 산발적인 메시지 교환을 통해 동일한 조율을 달성하는 데 필요한 다수의 인지적 주기를 현황 점검 미팅에 필요한 소수의 인지적 주기로 대체한다. 힉스와 포스터가 알린 대로 짧은 미팅의 정기적인 리듬은 또한 "가속"의 느낌을 창출한다. 그래서 일에 대한 의욕을 늘려주고 더 많은 생산성을 경험하는 데 도움을 준다. 또한 다른 사람들이 어떤 일을 하고 있는지 모두가 알기 때문에 단결심을 높여준다.

이 프로토콜은 약간의 불편 비용을 수반한다. 특히 의문에 대한 빠른 답변이나 난관을 극복하기 위한 도움이 필요할 때 다음 현황 점검 미팅까지 기다리는 일은 짜증스럽다. 그러나 내가 살펴본 바에 따르면 정기 미팅을 다양한 형태로 활용하는 집단의 경우 이런 나쁜 일은 사람들이 우려하는 것보다 훨씬 드물게 일어난다. 물론 이런 우려를 완화하기 위해 언제나 대비 프로토콜을 마련해 둘 수 있다("다음 현황 점검 미팅 전에 시급한 일이 생기면 직접 찾아올 것").

이런 스타일의 의사소통 프로토콜과 관련된 보다 큰 사안은 시간이 길어지고 집중력이 떨어지면 그 유효성이 급격하게 줄어든다는 것이다. 힉스와 포스터는 그들의 경험을 이렇게 전한다.

2007년 가을이 되자 현황 점검 미팅은 30분 가까이로 길어졌다. 학생들이 매우 기술적인 사안에 대해 지도교수와 더 오래 이야기를 나누었기 때문이다. 더 긴 미팅은 보다 기술적인 정보를 제공했지만 더 많은 집단적 관심사나 기여를 이끌어내지는 못했다. 오히려 지루하고 따분해질 뿐이었다. 그래서 우리는 재차 원칙을 정하여 미팅 시간을 짧게 유지했다.

그들이 실시한 설문조사에서 많은 학생들은 미팅 시간의 중요성을 강조했다. 이는 스크럼 커뮤니티에서 잘 알려진 사실이다. 짧고 체계적인 점검 미팅은 참가자들에게 힘을 부여한다. 반면 이런 모임이 더 느슨하고 보다 표준적인 스타일의 미팅으로 퇴보하도록 방치하면 지루한 부담이 될 뿐이다.

이 구분은 중요하다. 가령 학계에서는 여러 교수들이 공동 저술 연구 논문이나 학과 위원회 같은 프로젝트에서 협력하는 경우가 흔하다. 이때 "프로젝트를 진척시키는" 표준적인 방법은 대개 일주일에 한 번, 1시간 동안 진행되는 정기 회의를 여는 것이다. 이 방법에 따른 동기 부여는 달력에 표시된 약속(대다수 사람들이 존중하는 관습)을 활용하여 생산성을 촉발하는 것이다. 즉, 어떤 프로젝트와 관련하여 매주 만나게 되면 꾸준히 성과를 내도록 촉진하게 된다는 논리다. 이런 회의는 스크럼 스타일의 현황 점검 미팅과 전혀 같지 않다. 전자는 근본적으로 책임 방기에 불과하다. 다시 말해 독립적으로 성과를 낼 만큼 충분히 조직화되지 않았음을 인정하는 것이다. 그래서 진전이 이뤄지는 듯한 느낌을 강제로 느끼게 하기 위해 회의가 필요하다. 반면 후자는 스스로 더 많은 성과를 내도록 힘을 부여한다. 주간 회의는 너무 간격이 길고 모호하다. 또한 너무 많은 시간을 잡아먹고 종종 애매한 화법이나 말 돌리기로 의무를 회피하려는 사람들이 나타난다. 반면 현황 점검 미팅은 자주 열리며, 참가자들에게 구체적인 질문에 대한 답변을 요구한다. 즉, 무엇을 했는지, 무엇을 할 것인지, 무엇이 방해가 되는지 묻는다. 이 둘을 혼동해서는 안 된다.

당신이 공동의 직업적 목표를 위해 집단으로 일하고 있고, 이 일이 주의를 분산시키는 메시지나 목적 없는 회의를 너무 많이 초래한다면 잘 실행된 현황 점검 미팅 프로토콜이 생산성에 중대한 차이를 만들 수 있다. 힉스와 포스터가 발견한 대로 부담스럽고 주의를 분산시키며 오가는 수많은 소통을 잦지만 대단히 짧은 점검 미팅으로 압축할 수 있다는 사실은 실로 놀랍다.

7

전문화 원칙:
누구든 더 가치 있는 일을 해야 한다

생산성의 수수께끼

재야 학자이자 저술가인 에드워드 테너Edward Tenner는 1996년에 폭넓은 분야를 다룬 책인《왜 역효과가 발생하는가: 기술과 의도치 않은 결과의 복수Why Things Bite Back: Technology and the Revenge of Unintended Consequences》를 펴냈다. 그는 이 책에서 중요하면서도 곧잘 간과되는 주제인 "생산성 수수께끼"를 다룬다. 왜 업무 현장에 개인용 컴퓨터가 도래했는데도 예측한 만큼의 생산성이 나오지 않을까? 테너가 쓴 대로 "1980년대와 1990년대 초반에 컴퓨터 부문에 이뤄진 막대한 투자"는 사무직 노동자들이 "자율적이고, 통제력을 지녔고, 능력이 강화되었고, 절대적으로 생산성이 늘어난 것처럼" 느끼게 만들었다. 이는 근원적으로 긍정적인 방식으로 일을 변화시킬 2차 산업혁명에 비견되었다. "그러나 1980년대 말로 접어들면서 뭔가가 잘못되었다는 분위기가 형성되었다." 또한 1990년대 초반에 "테크노크라트 문화권에 속한" 사람들(경제학자, 경영학 교수, 컨설턴트 등)은 컴퓨터가 안겨줄 것으로 예측한 혜택이 완전히 실현되지 않았음을 깨닫기 시작했다.[1]

이런 회의는 일부 실망스런 데이터로 인해 촉발되었다. 테너는 경제학자인 스티븐 로치Stephen Roach가 발표한 연구 결과를 인용한다. 로치가 발견한 바에 따르면 1980~1989년 사이에 서비스 부문에서 이뤄진 첨단 기술 투자는 노동자당 116퍼센트 이상 증가했다. 반면 같은 기간에 산출량은 2.2퍼센트밖에 증가하지 않았다. 그는 또한 브루킹스 연구소Brookings Institution와 연준FRB의 경제학자들이 발표한 연구 결과도 인용한다. 그들이 계산한 바에 따르면 "1987~1993년까지 컴퓨터와 주변기기가 기업 생산 실질 증가분에 기여한 비율은 0.2퍼센트에 지나지 않았다."[2]

이런 데이터가 없어도 많은 사람들은 비슷한 결론에 이르고 있다. 즉, 어느 순간 세상 모든 곳에 자리 잡은 것처럼 보이는 PC의 약속이 실현되지 않았다는 것이다. 이 결함은 컴퓨터 혁명 이전과 이후에 모두 존재한 직업에서 특히 두드러졌다. 나의 할아버지는 나처럼 대학 교수였다. 나는 일과 중 대부분을 고속 무선 인터넷 접속 기능을 갖춘 강력한 휴대용 컴퓨터를 다루면서 보낸다. 반면 나의 할아버지는 은퇴한 후에야 첫 컴퓨터를 샀다(내가 설치를 도와주었다). 하지만 할아버지가 실제로 한 번이라도 컴퓨터를 사용했다는 증거는 없다. 할아버지는 원고를 노란 공책에 썼고 그것을 나중에 비서가 타자로 치게 했다. 또한 연구를 하는 데 인터넷이 필요 없었다. 그가 연구하는 주제를 포괄하는 방대한 개인 장서로 사무실을 채웠기 때문이다. 나는 컴퓨터가 단순화시킨 내 삶의 수많은 소규모 과제들을 제시할 수 있다. 그러나 학자들에게 가장 중요한 큰 그림에 해당하는 척도(연구 실적과 학문적 파급력)를 살펴보면 내가 할아버지보다 생산적이라고 주장할 수 없다. 특히 할아버지가 많은 저서를 썼고, 나중에는 라이스 대학Rice University의 종교학과 후원 석좌교수를 거쳐 대형 신학교의 교무처장으로 경력을 마무리했다는 점을 고려하면 더욱 그렇다.

테너는 이 수수께끼에 대한 여러 설명을 제공한다. 그의 주된 주장 중 하나는 컴퓨터가 결국 노동을 줄이기는커녕 더 많은 일을 만들었다는 것이다. 이 중 일부는 직접적이다. 컴퓨터 시스템은 복잡하며, 기존 기술이 한물가면서 몇 년마다 바뀌기를 반복한다. 또한 고장도 많이 난다. 그 결과 새로운 시스템을 익히고 작동하게 만드는 데 많은 시간을 투자해야 한다. 예를 들면 내가 이 장을 쓸 무렵 강연 에이전트가 나의 사무실을 방문했다. 우리는 업무 현장의 비효율성에 대해 대화를 나누었다. 그는 내게 세일즈포스Salesforce라는 고객관계관리시스템을 특정 필요에 맞춰서 운용하려고 고생한 이야기를 들려주었다. 그들은 시스템을 조정하며 수많은 시간을 쓴 후에 결국 그 일만 전담하는 전문가를 따로 고용해야 했다. 나의 에이전트는 롤로덱스와 명함을 쓰던 옛날에 비해 정말로 생산성이 증가했는지 확신하지 못했다.

그러나 가장 해로운 것은 개인용 컴퓨터가 초래한 비간접적 노동의 증가다. 테너는 개인용 컴퓨터의 주된 문제점은 개별 과제를 더 어렵게 만드는 것이 아니라 그 과제를 딱 충분한 정도로만 쉽게 만드는 것이라고 지적한다. 그는 이를 설명하기 위해 조지아 공대Georgia Tech의 경제학자인 피터 새손Peter G. Sassone이 1992년에 〈전미 생산성 리뷰National Productivity Review〉라는 학술지에 발표한 유명한 논문을 제시한다.[3] 새손은 1985~1991년에 5개 미국 대기업에 속한 20개 부서를 대상으로 연구를 실시했다. 그는 특히 개인용 컴퓨터 같은 새로운 사무용 기술의 도래가 미치는 영향에 주의를 기울였다.

새손이 기록한 바에 따르면 고도로 전문화된 일을 하고 급여를 받는 전문가들은 행정 업무를 하는 데 갈수록 많은 시간을 썼다. 그는 "이 연구에서 지적 비전문화가 대다수 조직에서 나타난 가장 지배적인 속성이었다"고 쓴다. 이 불균형의 직접적인 원인은 숙련된 전문가와 지원 인력의 비율을 왜곡시킨 역삼각형 인력 구조다. 그는 이런 현상이 발생한 이유로 "사무 자동화"를 든다. 많은 기업들은 지원 인력을 줄여서 값비싼 컴퓨터 시스템을 도입하는 비용을 충당했다. 이 지원 인력들은 과거에 컴퓨터가 "단순화"한 기능을 수행했다.

새손의 주장에 따르면 이런 대체는 불균형을 초래할 수 있다. 지원 인력을 없애면 숙련된 전문가들이 지적으로 덜 전문화된다. 컴퓨터가 그들이 직접 처리하기 딱 충분한 정도로만 쉽게 만들어준 행정 업무에 더 많은 시간을 들여야 하기 때문이다. 그 결과 지금은 시장을 위해 같은 양의 가치 있는 산출물을 생산하는 데 더 많은 전문가들이 필요하다. 그들이 전문화된 일을 자유롭게 수행할 수 있는 정신적인 주기가 줄어들었기 때문이다. 전문가들은 지원 인력보다 훨씬 높은 급여를 받는다. 그래서 후자를 전자로 대체하는 것은 많은 비용을 수반한다. 새손은 계산을 통해 연구 대상 조직들이 지원 인력을 더 채용하면 즉시 인건비를 15퍼센트 줄일 수 있다고 주장했다. 그만큼 전문가들이 보다 많은 생산성을 발휘할 수 있기 때문이다. 새손이 보기에 이 분석은 개인용 컴퓨터가 도입된 초기에 생산성이 정체된 이유에 대한 설득력 있는 답을 제시한다. 그는 "정말 많은 경우, 기업들은 지적 전문화를 증가시키는 것이 아니라 감소시키는 방향으로 기술을 활용했다"고 쓴다.

이후 새손이 제기한 비전문화 문제는 더욱 심각해졌다. 지식노동자들은 고도의 기술을 습득하고 그들의 두뇌로 높은 가치의 산출물을 생산하는 능력을 갖추었다. 그럼에도 컴퓨터 시스템과 씨름하고, 회의 일정을 수립하고, 양식을 채우고, 워드프로세서와 싸우고, 파워포인트를 상대로 고전하고, 무엇보다 언제나 모든 사람과, 모든 것에 대한 디지털 메시지를 송수신하느라 많은 시간을 쓴다. 우리는 더 이상 비서나 타자수가 필요 없기 때문에 진전을 이뤘다고 생각한다. 그러나 이런 판단을 할 때 우리가 실제로 실적을 뒷받침한 것은 얼마나 적은지 감안하지 않는다. 나는 내가 속한 학계에서 전문화가 소실되는 것에 너무 화가 났다. 그래서 2019년에 〈고등교육 크로니클The Chronicle of Higher Education〉지에 관련된 글을 실었다. 나는 이 글에서 교수들이 올릴 수 있는 지적 성과가 크게 줄어든 수많은 양상을 자세히 설명했다. 그렇게 된 주된 이유는 기술적 진전이 초 래한 잡무의 증가였다. 담당 편집자는 이 글에 '이메일은 교수들을 바보로 만드는가?'라는 도발적인 제목을 붙였다.[4] 이 글은 그 해에 가장 많이 읽힌 글 중 하나가 되었다.

테너의 지적에 따르면 경제학 교과서들은 어떤 지역에서 최고의 변호사인 동시에 최고의 타자수이기도 한 사람의 이야기를 통해 효 율적인 노동시장이라는 개념을 소개한다. 이 이야기의 명백한 결론 은 이 변호사가 타자수를 고용하지 않는 것이 멍청하다는 것이다. 그녀가 시간당 500달러를 받고, 타자수에게 시간당 50달러를 준다 면 자신은 변호사 일에 더 많은 시간을 쓸 수 있도록 타자 작업을 남에게 맡기는 것이 분명히 더 낫다. 업무 현장에 컴퓨터가 도래한 것은 과거 명백했던 현실을 흐릿하게 만든 것으로 보인다. 우리는 모두 타자기 앞에서 오랜 시간을 쓰는 변호사가 되었다.

근래에 업무 환경에서 진행된 이러한 역사에서 컴퓨터 기술의 도 래는 지식노동 분야에서 전문화가 약화되는 결과로 이어졌다. 위에 서 인용한 데이터가 말해주듯이 이 변화는 해당 분야에 중대한 경 제적 파장을 일으켰다. 그러나 우리가 우려하는 부분은 그것이 하 이브 마인드 활동과잉 업무 흐름을 넘어서려는 우리의 여정에도 상당한 영향을 미친다는 것이다. 비전문화된 업무 환경에서 발생하는 과제의 엄청난 수량과 다양성은 하이브 마인드 업무 흐름을 불가피하게 만든다. 서로 무관한 과제가 감당하기 버거울 정도로 들어오면 더 영리한 다른 업무 흐름을 만들 일정의 여유가 없어진다. 최적화된 절차로 모든 것을 따로 처리하기에는 당신에게 쏟아지는 과제가 너무 많다. 다시 말해서 예측할 수 없는 의무의 습격을 막아내다 보면 곧 즉흥적이고 비체계적인 메시지 교환이 익사를 막는 유일하게 타당한 선택지가 된다.

이 현실은 생산성을 떨어트리는 끔찍한 악순환을 초래한다. 과부하가 걸리면 하이브 마인드의 유연성에 기댈 수밖에 없다. 그러나 이 업무 흐름은 주의를 더욱 심하게 파편화한다. 그래서 업무의 효율성이 더욱 떨어지고 그 결과로 과부하가 더욱 심해지는 것이다! 이런 악순환이 계속되면 결국에는 비효율에 따른 절망적인 상태에 압도당하게 된다. 그러면 보다 영리한 업무 흐름을 신중하게 구축하는 일이 불가능해 보인다.

따라서 하이브 마인드 활동과잉을 다스리고 싶다면 먼저 비전문화 추세부터 다스려야 한다. 처리해야 하는 의무의 수를 줄이면 남은 의무를 처리하기 위한 업무 흐름을 최적화할 수 있는 여유가 생긴다. 그에 따른 생산성 증가의 원투 펀치는 당신 혹은 조직의 효율성을 완전히 뒤바꿀 것이다. 이 장은 당신이 하이브 마인드를 넘어서기 위한 중요한 단계로서 다음 원칙을 받아들일 것을 요구한다.

전문화 원칙

지식 부문에서는 더 적은 업무를 하되 각 업무의 질과 책임성을 높이는 것이 생산성을 크게 향상시키는 토대가 될 수 있다는 원칙.

덜 하는 것이 더 많은 것으로 이어질 수 있다는 생각이 처음에는 불편할 수 있다. 특히 경쟁적인 업무 환경의 맥락에서는 더욱 그렇다. 어떤 사람들은 수용하는 의무를 줄이거나 전문영역 밖의 과제를 거부하면 팀 플레이 정신이 부족하게 보이거나, 심지어 일자리를 잃을지 모른다고 두려워한다. 그러나 그렉 맥커운Greg McKeown이 2014년에 펴낸 베스트셀러 《에센셜리즘Essentialism》에서 주장한 대로 정반대의 역학이 작용할 가능성이 더 높다. 그는 이 책에서 샘Sam이라는 임원의 이야기를 들려준다. 샘은 실리콘밸리 기업의 임원으로서 "모범시민"이 되려고 노력한다. 그래서 모든 일을 받아들이다 보니 고질적인 중증 과부하에 시달리게 되었다. 결국 회사는 그에게 명예퇴직을 권고했다. 샘은 권고를 수락하고 컨설팅 사업을 하는 것을 고려하다가 멘토의 조언대로 회사에 남기로 결정했다. 다만 앞으로는 모든 일을 받아들이지 않고 중요하다고 생각되는 일만 받아들이기로 했다. 그는 어차피 잃을 것이 없다고 판단했다. 새로운 업무 방식을 회사가 못마땅해하면 그는 다시 명예퇴직을 선택하면 그만이었다.

맥커운이 회고한 바에 따르면 샘은 더 이상 갑작스런 프레젠테이션을 하겠다고 자원하지 않았고, 자신의 일과 관련 없는 화상회의에 참석하는 것을 중단했다. 그는 누가 회의 초대장을 보냈다고 해서 반드시 수락할 필요는 없다는 사실을 깨달았다. 또한 그는 더욱 자주 요청을 거절하기 시작했다. 어떤 일을 잘할 시간이 없거나, 그 일이 최우선순위가 아니라는 생각이 들면 그대로 솔직하게 말하고 거절했다. 샘은 이런 행동이 약간 "제멋대로 구는" 것 같다고 걱정했다. 그러나 이는 기우에 불과했다. 누구도 그에게 화를 내지 않았다. 오히려 분명한 태도를 존중했다. 또한 업무의 질이 크게 향상되어 경영진이 그에게 역대 최고의 보너스까지 줄 정도였다.[5]

샘의 이야기는 우리가 쉽게 잊는 당연한 사실을 부각시킨다. 그 것은 가치 있는 성과를 꾸준히 올리는 사람보다 가치 있는 것은 드 물고, 정말로 중요한 일에 집중할 여지가 주어지는 것보다 만족스 러운 접근법은 드물다는 것이다. 지금부터 소개할 전략들은 샘이 누린 전문화를 향해 개인과 조직이 나아갈 수 있도록 도와줄 것이 다. 즉 덜 일하지만 일을 훨씬 잘하도록, 하이브 마인드 활동과잉을 넘어서서 일을 조직하는 보다 느리고 더 효율적인 방식을 받아들이 도록 도와줄 것이다.

극한 프로그래밍, 애자일을 최대치로 끌어올리다

나는 2019년 봄에 〈리치 롤 팟캐스

트The Rich Roll Podcast〉에서 인터뷰를 가졌다. 인터뷰의 내용은 이 책에서 탐구하는 아이디어들에 대한 것이었다. 나는 소프트웨어 개발자들 사이에서 인기를 끈 애자일 방법론이 하이브 마인드 활동과잉 업무 흐름에 대한 보다 사려 깊은 대안의 흥미로운 예라고 말했다. 몇 달이 지나 해당 에피소드가 나간 직후에 나의 조지타운 대학 사무실로 프린터로 인쇄한 구식 편지가 배달되었다. 보낸 사람은 그렉 우드워드Greg Woodward라는 실리콘밸리 지역에서 오래 활동한 프로그래머이자 임원이었다. 그는 나의 인터뷰를 막 들었으며, 특히 애자일 방법론에 관심이 많다고 밝혔다. 그는 최적화된 업무 흐름의 잠재력을 제대로 이해하고 싶다면 그가 현재 CTO로 일하는 소규모 소프트웨어 스타트업에 대해 알아봐야 한다고 설명했다. 그들은 "모든 애자일 관행을 최대치로 끌어올린" 방법론을 활용했다. 그 이름은 적절하게도 '극한 프로그래밍'이었다. 이 방법론은 나를 놀라게 만들었다.

우드워드는 스탠퍼드에서 기계공학 박사학위를 딴 후 1990년대 중반부터 실리콘밸리에서 코드를 짜고 개발팀을 관리하기 시작했다. 그의 논문은 효율적인 알고리듬을 적용하여 나사의 우주왕복선 프로그램과 관련된 물리 시뮬레이션을 돌리는 방법에 대한 것이었다. 그는 소프트웨어 개발 분야에서 일한 첫 10년이 "짜증스러웠다"고 기억한다. 당시는 느리게 진행되는 워터폴waterfall* 일과와 두

---

* 유연한 애자일 방법론과 달리 순차적으로 진행되는 방법론 – 옮긴이.

꺼운 사양서에 이끌리던 시기였다. 코드를 짜는 더 나은 방식을 찾던 그는 2005년에 피보털 랩스Pivotal Labs에서 일자리를 얻게 되었다. 이 회사는 소프트웨어 개발에 대한 특이하면서도 엄청나게 생산적인 접근법으로 실리콘밸리 내부자들 사이에서 명성을 얻었다. 그들은 이 방법론을 극한 프로그래밍extreme programming, 줄여서 XP라 불렀다. 우드워드가 내게 설명한 바에 따르면 이 방법론은 끊임없이 최적화된다. 그는 "XP는 소프트웨어 개발과 관련된 모든 모범관행을 받아들여서 폭넓게 다듬은 다음, 통하지 않는 부분은 전부 폐기한다"고 말한다. 우드워드는 이 방법론의 신봉자가 되었다. 그는 피보털에서 여러 해를 보낸 뒤, 이후 경영을 도운 모든 회사에 XP 방법론을 도입했다.

다음은 XP의 이면에 놓인 (전부가 아닌) 일부 핵심 아이디어다. 대형 프로젝트에 참여한 프로그래머들은 대개 구성원이 10명을 넘지 않는 작은 개발팀으로 나뉜다. 원격 작업이 갈수록 흔해지는 시대에 XP 개발팀은 같은 공간에서 일한다. 또한 대면 의사소통이 디지털 의사소통보다 우선시된다. 우드워드는 현재 그가 관리하는 개발팀에 대해 이야기하면서 내게 이렇게 말했다. "우리는 종일 이메일을 확인하는 일이 거의 없습니다. 우리 개발자들은 말 그대로 며칠 동안 이메일을 한 번도 확인하지 않는 경우도 있습니다." 다른 팀원에게 물어볼 것이 있으면 그들이 자연스럽게 일을 중단할 때까지 기다린 다음에 가서 물어야 한다. 우드워드는 이런 대화가 "이메일보다 100배는 더 효율적"이라고 말한다.

내가 여러 소프트웨어 개발자들에게 들은 불평 중 하나는 마케팅 담당자나 고객 등 외부자들의 전자적 간섭에 시달린다는 것이다. 이는 지속적인 중단으로 이어져서 좋은 소프트웨어를 만드는 핵심 업무로부터 멀어지게 된다. 나는 우드워드에게 XP가 이런 방해요소를 어떻게 처리하는지 물었다. 그는 이렇게 설명했다. "프로젝트 매니저가 다른 팀이나 고객을 상대하는 연락 담당을 맡습니다. (외부자들은) 기능 요청이나 버그 통보 같은 것들을 할 때 프로젝트 매니저를 통하도록 훈련됩니다. 개발팀은 보호받는 거죠." 프로젝트 매니저는 이런 상호작용에서 나온 모든 과제를 우선순위 대기열에 넣는다. 그러면 팀은 한 과제를 완료한 후 다음에 완료할 과제를 결정하면서 한 번에 하나씩 대기열에 있는 과제를 처리한다.

XP의 극한 요소 중 하나는 페어 프로그래밍 pair programming 원칙을 준수한다는 것이다. 즉, 개발자들은 두 명이 1조를 이뤄서 한 대의 컴퓨터를 공유한다. 우드워드는 이렇게 설명했다. "잘 모르는 매니저는 두 명이 한 대의 컴퓨터로 동시에 작업하면 생산성이 50퍼센트로 떨어질 거라고 생각합니다. 하지만 실상은 생산성이 3~4배 높아집니다." 그의 말에 따르면 프로그래밍에서 중요한 단계는 실제로 컴퓨터에 기계적으로 명령어를 입력하는 것이 아니라 나중에 코드로 옮길 이면의 해결책을 고안하는 것이다. 그래서 다른 사람과 같이 일하면 서로의 아이디어에 반박할 수 있다. 그 과정에서 결함을 찾아내고 더 잘 통하는 새로운 요소를 고안할 수 있다.

우드워드는 이 개념을 설명하기 위해 나와 만나기 약 2주 전에 일어난 근래의 사례를 제시했다. 그때 그는 "성능을 대폭 향상시킬" 기능에 대한 아이디어를 떠올렸다. 샌프란시스코 사무실로 출근하는 도중에 얻은 아이디어였다. 그래서 "출근했을 때는 그 기능을 적용할 전략을 거의 다 파악했다고 생각"했다. 그는 그날의 파트너와 같이 앉아서 자신의 아이디어를 설명하기 시작했다. 논의는 45분 동안 이어졌다. 그의 파트너는 전략이 지닌 "몇 개의 문제점을 지적"했으며, 우드워드가 바란 만큼은 통하지 않을 일부 "특수 사례"도 찾아냈다. 뒤이어 그의 파트너는 시스템에서 하나의 메시지 유형을 제거하여 최악의 문제들을 피해가는 획기적인 아이디어를 제시했다. 덕분에 그들은 정오 무렵 새롭고 개선된 시스템을 돌릴 수 있었다. 우드워드는 이 일에 대해 이렇게 설명했다. "차에서 생각했던 방안을 그대로 추진했다면 분명 실행하는 데 며칠이 걸렸을 겁니다. 그러니까 생산성이 서너 배는 증가한 셈이죠." 그는 프로그래머들이 2인 1조로 일하는 것이 얼마나 더 효과적인지 회고하면서 "놀라울 정도로 강력하다"는 최상급 표현을 썼다.

XP 방법론이 지닌 생산성의 또 다른 원천은 집중도다. 파트너와 같이 일하면 일에 골몰하게 된다. 은근슬쩍 이메일을 확인하거나 느긋하게 인터넷을 하면서 집중력을 흐트러트릴 방법은 없다. 그랬다가는 그냥 멍하니 앉아서 당신이 다시 일에 집중할 때까지 기다려야 하는 파트너가 짜증을 낼 것이기 때문이다.[6] 게다가 프로젝트 매니저가 방해요소로부터 지켜주는 가운데 당면한 문제에 완전히 주의를 기울이기를 기대하는 업무 문화에서는 일과 중 대부분을 어려운 과제를 달성하는 일에 쓰게 된다. XP는 내가 접한 성공 사례 중에서 순수한 심층적 업무 환경에 가장 가깝다.

이런 집중도와 관련하여 XP의 또 다른 핵심 신조는 "지속 가능한 속도"다. XP 방법론을 따르는 대다수 사람들은 주당 70~80시간을 일하는 실리콘밸리의 관행에 맞서서 전통적인 주당 40시간 근로제를 고수한다. 우드워드는 "XP와 함께 출근해서 8시간 동안 열심히 일하고 퇴근해서는 다른 일을 생각하고 싶습니다"라고 설명했다. 이는 관대함에서 나온 조치가 아니라 인간 정신의 한계를 인정한 데 따른 것이다. 우드워드는 이렇게 말한다. "비XP 기업에서 일하는 엔지니어들은 실제로 일하는 시간이 하루 평균 2~3시간밖에 되지 않습니다. 나머지 시간은 인터넷을 하거나 이메일을 확인하면서 보내죠." 일에 대한 메시지를 보내지 않고, 일에 대한 회의에 참석하지 않으면서 실제로 일만 하면 하루 8시간도 상당히 벅차다. 우드워드는 XP 팀에 새로 들어온 엔지니어들은 대개 "얼떨떨한" 기분을 느낀다고 설명했다. 실제로 8시간 동안 집중해서 일하는 것은 버거울 수 있다. 그래서 많은 XP 신참들은 근무 첫 주에는 퇴근하자마자 침대로 직행한다. 어떤 엔지니어들은 이렇게 집중적으로 일하는 문화, 혹은 그 문화가 초래하는 극단적인 책임성에 결코 적응하지 못한다(XP 사무실에서는 농땡이를 피우거나 능력 부족을 숨길 수 없다). 그래서 곧 전통적인 소프트웨어 회사로 도망친다. 거기서는 어수선한 업무 방식 뒤로 부족한 능력을 숨기거나, 자신의 두뇌로 가치 있는 성과를 창출하는 어렵지만 만족스런 일을 실제로 하는 대신, 겉으로만 바쁜 척할 수 있기 때문이다.

　전문화 원칙의 핵심은 덜 하는 것이 더 낫다는 생각이다. 지식노동자들이 대다수 시간을 방해 없이 훈련받은 활동에 집중할 수 있도록 하는 업무 흐름을 설계하라. 그러면 수많은 활동을 하느라 주의가 분산되던 때보다 훨씬 많은 가치를 생산할 수 있을 것이다. 이것저것 여러 가지를 하는 쪽은 당장은 더 편리할지도 모른다. 그러나 장기적으로 생산적인 경우는 드물다. 극한 프로그래밍은 이런 현상을 배척하고 전문화에 매진할 수 있는 가능성을 제시한다.

　XP 개발팀은 그들을 채용하는 대기업의 입장에서는 성가실 수 있다. 그러나 그들이 놀라운 성과를 내는 경이로운 속도를 보면 그런 불편을 신경 쓰기 어렵다. 우드워드는 내게 이렇게 말했다. "8~10명으로 구성된 XP 팀이 40명에서 50명으로 구성된 비애자일 팀의 일을 할 수 있습니다. 그런 경우가 한두 번이 아닙니다." 현재 전문화가 심각하게 약화된 상태에서 시달리는 모든 지식노동 분야는 이처럼 생산성을 높일 수 있는 기회를 놓치고 있다. 지금부터는 XP 스타일 전문화의 혜택을 누릴 수 있는 전략들을 살필 것이다.

덜 하되, 더 잘하라

앤 라모트Ann Lamott 는 2010년에 쓴

에세이에서 글쓰기를 배우는 그녀의 학생들에게 고민스런 조언을 했던 일을 회고했다.[7] 그녀는 창작이 깊은 보람을 안겨준다고 말하는 한편 나쁜 소식을 들려준다. "그걸 할 시간을 만들어야 한다"고 말이다. 그녀의 설명에 따르면 작가 지망생들은 "휴대폰, 이메일, 문자, 트위터 등 광적인 연결성의 형태"가 초래하는 해악을 알아야한다. 그녀는 뒤이어 정말로 중요한 성과를 내고 싶다면 학생들이줄여야 할 활동들을 나열한다. 거기에는 헬스장 가기, 청소, 뉴스 시청 등이 포함된다. 이 조언은 단순하게 들린다. 그러나 라모트는 학생들이 이 부분으로 힘들어하는 경우가 많다고 말한다. 그들은 바쁜 삶을 산다. 그래서 그런 바쁜 일과를 줄인다고 하면 왠지 퇴보하는 것처럼 느낀다. 그녀는 "바쁘게 사는 습관이 얼마나 중독적인지안다"고 쓴다. 그러나 이 "부산함"은 지속적인 의미와 자부심을 제공하는 성과를 내는 일과 맞지 않다.

직업적 글쓰기 같은 흔하지 않은 작업에서는 주된 일을 잘하기위해 사소한 일을 덜 하는 것이 충분한 타당성을 지닌다. 우리는 소설가들이 오두막에 틀어박혀서 바깥 세상을 잊은 채 글쓰기에 골몰하는 모습을 곧잘 상상한다. 또한 우리는 이런 생활방식을 표준적인 사무실 업무라는 덜 낭만적인 환경에는 적용할 수 없다고 가정한다. 하지만 전문화 원칙은 그래야 한다고 주장한다. 대다수 지식노동 일자리가 글쓰기처럼 자율성과 목적이 뚜렷하지 않다는 것은맞다. 그러나 작가들을 최소화된 의무로 이끄는 기본적인 역학은주의를 집중해 가치를 생산하는 모든 인지적 노력에 적용된다. 컴퓨터 프로그래밍의 세계에서 XP는 엄격한 규칙을 통해 이런 미니멀리즘을 획득했다. 관리자들은 수십 년에 걸친 실행을 통해 연마된 이 규칙들을 집행한다. 그러면 아직 이런 구조가 자리 잡지 않은 지식노동 분야에서 이 목표를 향해 나아가기 위한 전략들은 무엇이 있는지 살펴보자.

일 줄이기 전략 #1: 잘하지 못하는 일은 다른 사람에게 넘겨라

나는 이 책을 위한 자료조사를 하던 초기에 스코트라는 창업자가 보낸 이메일을 받았다. 그는 4년 전에 성공적인 홈 데코 회사를 시작한 사람이었다. 스코트가 설명한 바에 따르면 회사를 창업한 직후 그는 고질적인 과부하에 시달렸다. 그는 내게 이렇게 말했다. "사업을 시작한 대다수 사람들이 하는 모든 일을 했습니다. 5~6명의 직원을 두었고, 마케팅과 인맥 구축을 위해 많은 사람들을 접촉했고, 인스타그램도 열심히 했죠." 그는 자신의 가치가 세련되고 혁신적인 가구를 디자인하는 능력에 있다는 것을 알았다. 그러나 정작 그는 "끊임없는 의사소통을 하느라 (그의) 나날을 보내고" 있었다.

스코트는 어느 시점에, 아마도 인스타그램 컨설턴트들과 너무 많은 전화 회의를 한 후, 이 강제된 바쁜 생활을 끝내기로 마음먹었다. "애초에 하려고 생각했던 일들을 더 이상 하지 않고 있었기" 때문이다. 그 대응으로 그는 일상적인 책임을 획기적으로 줄일 방법을 찾았다. 그가 취한 첫 번째 조치는 전국 유통 체인과 독점 도매 계약을 맺은 것이었다. 덕분에 유통이 크게 단순해졌을 뿐 아니라 마케팅, 영업, 고객서비스에 대처해야 할 필요성이 사라졌다. 뒤이어 그는 일상적인 주문을 쉽게 처리하기 위해 충분한 인력을 갖춘 소수의 제조 협력사를 찾았다.

스코트는 원하는 바를 협력사들에게 "사전에 명확하게" 제시하고 사업을 운영하는 데 도움이 되는 결정을 스스로 내리도록 권한을 부여한다. 그는 "구심점이 되고 싶지 않다"고 설명한다. 그는 위임의 중요성을 강조하기 위해 한 회의에 참석한 이야기를 들려주었다. 참석 인원이 모두 10명이었던 이 회의의 목적은 한 제품에 새로운 흑색 광택제를 사용할지 말지를 확정하는 것이었다. 그는 "정말화가 났어요. 그냥 한 명이 결정하도록 맡기면 되잖아요. 이메일에 모두를 참조란에 넣는 것도 이제는 그만두고 일을 해야 해요!"라고 말했다.

스코트는 이제 하루에 받는 이메일이 "몇 통밖에" 되지 않는다고 밝힌다. 그는 이렇게 되찾은 정신적 대역폭을 가장 많은 가치를 생산할 수 있는 영역에 할애한다. 그것은 "새로운 디자인 프로젝트, 중대한 전략적 결정, 오랜 디자인 문제에 대한 혁신적인 해결책"이다. 비즈니스의 많은 부분을 유통과 제조 협력사에 넘기면서 스코트가 얻는 이윤은 줄어들었다. 모든 것을 자체적으로 운영하고 충분한 주의를 기울이면 더 많은 매출을 유지할 수 있는데도 말이다. 또한 그는 일정 부분 통제력도 포기했다. 그는 더 이상 쉼 없이 인스타그램을 할 때처럼 브랜드 이미지를 개인적으로 관리하지 않는다. 또한 제조 협력사의 소재 제한도 감수해야 한다. 그래도 스코트는 개의치 않는다. 그는 거의 모든 에너지를 자신의 전문 분야, 즉 좋은 제품을 디자인하고 큰 그림을 그리는 전략적 결정을 내리는 데 집중한다. 덕분에 이 모든 생각을 광택제를 결정하기 위한 끝없는 회의 사이에 짬을 내서 하는 대안적 시나리오보다 회사의 장기적인 수익성이 크게 높아졌다.

스코트의 이야기는 일에서 더 많은 전문성을 기하기 위한 효과적인 전략을 말해준다. 그것은 당신이 잘하지 못하고, 시간을 많이 잡아먹는 일들을 다른 사람에게 넘기는 것이다. 이 전략을 활용할 때 극복해야 할 핵심 난관이 있다. 그것은 장기적인 혜택을 누리기 전에 단기적으로 대가를 치를 가능성이 높다는 것이다. 예를 들면 스코트는 장기적으로 훨씬 큰 성공을 거둘 수 있는 회사를 만들기 위해 이윤과 사업에 대한 통제력을 포기해야 했다.

많은 경우 외주 비용은 당신의 주머니에서 바로 지출된다. 2016년에 팟캐스터이자 창업자인 팻 플린 Pat Flynn은 넘치는 이메일 수신함을 감당할 수 없는 임계점에 이르렀다. 그는 '수신함 0'이라는 아이디어를 받아들이던 때를 떠올렸다. 이 아이디어는 일과를 끝낼 때 이메일 수신함을 비우는 것을 목표로 삼는다. 그러다가 어느 시점에 협력사와 청취자의 요구가 늘어나자 '수신함 100'을 새로운 목표로 정했다. 그러나 어느 날 그는 읽지 않은 메시지의 수가 9,000여 통으로 불어났다는 사실을 깨달았다. 사업을 하려 했는데 전문 이메일 관리자가 되어버린 것이다.

플린의 해결책은 비서를 고용하는 것이었다. 그가 '9,000통의 읽지 않은 이메일에서 수신함 0으로'라는 제목의 팟캐스트에서 자세히 밝힌 대로 비서가 그의 수신함을 잘 관리할 수 있는 시스템을 마련하는 데 여러 주가 걸렸다.[8] 그들은 그녀가 거의 모든 메시지를 스스로 처리할 수 있도록 규정집을 만들었다. 플린에게는 그가 응답해야 할 이메일만 전달되었다. 가장 중요한 점은 플린이 수신함을 계속 확인하지 않으면 사업에 지장이 생길지 모른다는 불안에서 해방되었다는 것이다. 고급 비서를 고용하려면 비용이 많이 든다. 그래도 플린은 스코트와 비슷한 결론에 이르렀다. 사업의 토대가 되는 전문화된 활동에 상당한 시간을 할애할 수 없다면 사업을 운영할 이유가 있을까?

사업가나 프리랜서의 경우 특별한 기술을 필요로 하지 않는 활동이 성장을 지체시킨다는 태도를 가지면 중요치 않은 잡무를 줄일 수많은 기회가 눈에 띄기 시작할 것이다. 내가 접한 다른 사례들로는 경리를 채용하여 회계와 청구서 업무를 맡기거나, 가상 비서를 활용하여 회의 및 출장 일정을 잡거나, 웹 디자이너에게 사이트 운영을 의뢰하거나, 소셜 미디어 컨설턴트를 통해 온라인 브랜딩을 진행하거나, 고객서비스 경력자를 영입하여 독자적인 결정을 내릴 권한을 부여하는 것 등이 있다. 생산성과 관련된 글을 주로 쓰는 로라 밴더캠Laura Vanderkam은 우리가 다른 사람에게 위임할 수 있는 일을 더 적극적으로 파악해야 한다고 주장한다. 그녀는 이렇게 쓴다. "가령 교사 자격증을 가진 경험 많은 교사들이 대부분의 과제를 채점하는 것은 타당하지 않다. (기술을 통해) 이 업무를 자동화하거나 채점 인력을 채용하고 결과를 통보하게 하면 교사들이 더 나은 강의 내용을 생각하고 모범관행을 공유할 시간이 생긴다."[9] 비핵심 업무를 덜어낼 기회를 찾기 시작하면 놀랄 만큼 많이 찾을 수 있다.

이 모든 외주 활동은 비용을 초래한다. 또한 일부는 당신이 관리하던 사안에서 손을 떼게 만들 것이다. 그러나 그것들은 모두 당신이 실제로 진전을 이루게 하는 소수의 일에 더 많은 시간을 쓰게 해줄 잠재력을 지닌다. 이 전략이 모두에게 맞는 것은 아니다. 다만 당신이 직업적 삶에서 자율성이라는 호사를 누린다면 과부하를 견딜 필요가 없다는 사실을 깨달아야 한다. 남에게 맡길 수 없는 일을 잘할 수 있도록 남에게 맡길 수 있는 일을 맡겨라.

일 줄이기 전략 #2: 자율성과 책임성을 교환하라

방금 논의한 전략은 자기 사업을 하는 사람들에게 적합하다. 그러면 대규모 조직에서 고질적인 과부하에 시달리는 사람들은 어떻게 해야 할까? 나는 아만다 Amanda라는 독자로부터 이 흔한 시나리오에 대한 흥미로운 해결책을 배웠다. 그녀는 2009년부터 세계적인 엔지니어링 디자인 회사에서 일하고 있다. 내게 설명한 바에 따르면 그녀는 회사에서 일한 첫 6년 동안은 묵묵히 일만 하며 최선의 성과를 내서 상사들의 신뢰를 얻으려 노력했다. 그녀의 사무실에 존재하는 고질적 과부하 문화를 감안하면 이는 쉬운 일이 아니었다.

아만다의 설명에 따르면 그녀의 회사에는 두 가지 범주의 일이 있다. 첫 번째 범주는 "수동적이고, 쉽고, 아무 생각 없이 할 수 있는 일"이다. 그녀는 "출근해서 이메일을 확인하고, 종일 이메일이 시키는 대로 한 다음 퇴근하는 것이 이런 일"이라고 말한다. 두 번째 범주는 "적극적이고, 어렵고, 집중적이고, 창의적인 일"이다. 이는 "주요 프로젝트를 위해 할 수 있는 가장 중요하고, 장기적이고, 영향력 있는 일을 생각하는 것"이다. 그녀가 일하는 사무실에서는 첫 번째 유형의 일이 대부분을 차지한다. 즉, 수신함을 따라잡아야 한다는 기대가 존재한다("우리는 이메일을 많이 씁니다"). 끊임없이 밀려드는 중구난방식 과제와 요청을 확인하다 보면 두 번째 범주의 일로 넘어갈 수 없다.

아만다는 하이브 마인드 수다와 고질적 과부하의 혼돈 속에서 자신이 파고들 가치 있는 틈새를 확보하는 데 성공했다. 당시 전체 엔지니어링 산업은 2D에서 3D 정보 모델로 전환되고 있었다. 아만다는 질문을 처리하고 개별 프로젝트를 지원하면서 회사가 이 전환을 이루도록 도왔다. 이 시기에 그녀는 내가 2012년에 펴낸《열정의 배신》을 읽었다. 이 책은 조직에서 가치를 인정받은 후에는 이 '경력 자본career capital'을 지렛대로 삼아 더욱 만족스런 입지로 나아가야 한다고 주장한다. 아만다는 이런 내용에 고무되었지만 불안하기도 했다. 그래도 그녀는 상사들에게 보다 전략적인 지위로 옮겨달라고 요청했다. 그러면 중구난방식 질문을 처리하고 개별 프로젝트를 돕는 대신 전체 지역을 위한 기술 전략을 수립할 수 있었다. 이 역할을 맡으면 전적으로 원격 근무를 하면서 한번에 소수의 장기 프로젝트만 진행할 것이었다.

아만다는 상사들이 자신의 요청을 들어주지 않을 것이라고 예상했다. 그러면 회사를 떠나 컨설턴트로서 비슷한 서비스를 제공할 요량이었다. 그런데 놀랍게도 그들은 새로운 구도를 시험해 보는 데 동의했다. 아만다는 이렇게 설명했다. "원격 근무를 하기 때문에 더 이상 회사에 대한 나의 가치를 증명하는 척도로서 일하는 모습을 '보이는 것'에 의존할 수 없었어요. 내가 생산하는 가치가 중요했어요. 그래서 이메일을 끄고, 휴대폰을 비행기 모드로 돌리고, 동료들에게 비상 연락처를 제공한 다음 일에 집중했어요." 그녀는 아무 생각 없이 하는 일을 뒤로 하고 다른 대안에 전념했다.

아만다가 시도한 구도에는 기회와 위험이 공존한다. 물론, 기회는 축소된 포트폴리오와 성과 중심 평가의 결합이 그녀가 하이브 마인드 활동과잉 업무 흐름에서 벗어날 수 있는 능력을 부여한다는 것이다. 그녀는 "일과를 감독하는 사람이 없기 때문에 최대한의 가치를 제공하기 위해 내가 가야 하는 곳까지 최단 경로를 그릴 많은 자유를 누린다"고 말했다. 덕분에 그녀는 회사에 대한 자신의 가치를 크게 늘릴 수 있었다. 이는 선순환을 통해 그녀가 더욱 많은 자율성을 얻도록 해주었다.

위험은 이제 그녀가 성과를 내야 한다는 것이다. 일하는 모습만 "보여주면" 가치를 증명할 수 있던 편한 방식에 대한 그녀의 지적은, 단지 일반적인 업무 문화를 가볍게 비판하는 것 이상의 의미를 지닌다. 많은 사람들에게 이 전략은 직업적인 안전망이 되어준다. 바쁨은 통제할 수 있다. 바쁘게 보이기로 마음먹으면 충분히 그렇게 할 수 있다. 반면 아만다가 매진하는 목표, 즉 높은 가치를 지닌 성과를 내는 것은 훨씬 까다롭다! 단지 가치 있는 성과를 내겠다고 결심하는 것만으로는 성공이 보장되지 않는다. 앞서 살핀 XP 사례 연구에서 그렉 우드워드가 밝힌 사실을 생각해 보라. 많은 개발자들은 극한 환경을 싫어했고, 결국 두어 주 만에 회사를 떠났다. 그들에게 가장 힘들었던 측면이 무엇이었을까? 바로 투명성이다. 좋은 코드를 만들지 못하면 명백히 실패한 것이다. 일부 개발자들은 이렇게 단호하게 실질적인 성과를 평가하는 방식을 불편하게 여겼다.

따라서 자율성을 얻기 위해 책임을 지겠다는 아만다의 전략은 고질적인 과부하에서 벗어나기 위한 강력한 접근법이다. 다만 위험을 수반하기도 한다. 그래도 당신이 고질적인 과부하가 장악한 대규모 조직에 갇혀 있고, 당신의 가치를 명백히 증명할 수 있는 전문성을 개발했다면 이 전략은 최고의 시도 중 하나가 될 수 있다. 만약 성공한다면 당신의 업무 흐름을 보다 효과적으로 재구성할 수 있다. 이 전략을 실행할 때 반드시 아만다처럼 과감하게 나설 필요는 없다. 때로는 대규모 프로젝트에 자원하기만 해도 사람들을 거슬리게 하는 일 없이 메시지를 무시하고 미팅 요청을 거절할 명분이 생긴다. 이제는 "가고 싶지만 대형 사업을 진행하느라 짬이 나지 않는다"는 반박할 수 없는 핑계가 있기 때문이다. 다만 이면의 경제적 원칙을 피하기는 어렵다. 자율성만큼 가치 있는 것을 얻으려면 역시 가치 있는 것을 제공해야 한다. 다시 말해서 일하는 방식을 개선할 자유를 원한다면 성과에 대한 책임을 져야 한다.

전문성 약화에 따른 과부하와 싸우는 많은 방법이 있다. 여기서 살피는 전략들은 지식노동의 가치제안과 직결된다. 모든 노력이 조직을 위한 같은 가치를 창출하지는 않는다. 저가치 활동에 더 적은 시간을 들이는 대신 고가치 활동에 더 많은 시간을 들인다면 전반적으로 더 많은 가치를 생산할 수 있다. 물론 단기적으로는 다른 비용이 발생할 수 있다. 가령 사전 비용이나 동료들이 겪는 불편, 혹은 아만다의 사례처럼 직업 안정성이 줄어든 것 등이 그 예다. 그러나 앤 라모트가 창작 수업을 듣는 학생들에게 강조한 대로 이런 시도는 거의 언제나 할 만한 가치를 지닌다. 정말로 중요한 일을 훨씬 효과적으로 할 수 있는 보상은 이 전문화가 초래하는 사소한 난관을 극복하기 위한 고통을 압도한다. 덜 하는 것이 더 많은 가치를 생산할 수 있다. 핵심은 당신의 직업적 삶에서 이를 받아들일 용기를 갖추는 것이다.

스프린트 방식으로 일하되
헤매지 마라

극한 프로그래밍 사례연구에서 얻을 수 있는 교훈의 핵심적 요소 중 하나는 한 번에 한 가지 목적을, 달성할 때까지 방해받지 않고 추구하는 일의 중요성이었다. '스프린트' 방식으로 일하는 것은 현재 소프트웨어 개발 분야 전반에 걸쳐 폭넓게 받아들여진다. 엄격한 XP 규칙을 전적으로 따르지 않는 팀들도 예외는 아니다. 스프린트 방식의 역사는 스크럼이 만들어진 때로 거슬러 올라간다. 스크럼은 1990년대에 소프트웨어 개발을 위해 고안된 최초의 애자일 방법론 중 하나다. 스크럼 스프린트 동안 팀은 달성 가능한 하나의 구체적인 과제에만 매달린다. 소프트웨어 제품에 새로운 기능을 추가하는 것이 한 예다. 복합적인 과제 목록이나 미팅으로 가득한 일정 혹은 복잡한 일간 계획 절차는 필요 없다.[10] 이 생산성 향상 수단은 소프트웨어 개발 분야에서 공인된 모범관행이 되었다. 이제는 스프린트 중인 개발팀에게 구글 캘린더로 미팅 요청을 하거나, 이메일로 무관한 프로젝트에 대한 도움을 요청하는 일이 부적절하다는 폭넓은 합의가 이뤄졌다. 대다수 소프트웨어 기업에서 개발자들은 스프린트 동안 메시지에 응답하지 않아도 전적으로 무방하다. 그것이 지금 에너지를 가장 잘 활용하는 방식이라고 인정하는 문화가 자리 잡았기 때문이다.

물론 소프트웨어 개발은 고도로 구체적인 작업이다. 문제는 단일 목표에 스프린트 방식으로 일한다는 이 특정한 아이디어를 프로그래밍의 세계를 넘어서 보다 전문화된 일을 하는 일반적인 방법으로 적용할 수 있느냐는 것이다. 우리의 목적에 비춰보면 다행스럽게도 기술 중심 투자펀드의 한 파트너는 지난 10년 동안 바로 이 질문을 탐구했다.

2009년에 구글은 떠오르는 기술 스타트업에 매출의 일부를 투자하는 창업투자펀드를 시작했다. 그 이름은 구글 벤처스Google Ventures 였다. 2015년에 이 펀드는 독립 사업체로 분사되었다. 현재는 그냥

GV로 불리며, 구글의 모회사인 알파벳이 유일한 펀드출자자(자금 원)다. GV와 구글의 긴밀한 관계 때문에 구글의 소프트웨어 관련 문화에서 나온 아이디어들이 GV로 퍼지는 것은 불가피하다. 그중 하나가 스프린트의 가치에 대한 인식이다.[11]

제이크 냅Jake Knapp이라는 GV의 파트너는 소프트웨어 개발에서 이뤄지는 스프린트에 대해 잘 알았다. 그는 구글에서 일할 때 개발 팀들이 이 전략을 실행하여 유효성을 높이도록 도왔다. 그래서 GV 로 옮겼을 때 스프린트 방식을 다른 유형의 사업 과제에 적용하는 실험을 시작했다. 그 결과 "디자인 스프린트"라는 개량된 버전을 고안하게 되었다. 디자인 스프린트의 목적은 기업들이 중요한 질문 에 효율적으로 답하도록 돕는 것이다. 그 방법은 임원들이 5일 연 속으로 (거의) 방해받지 않고 당면 문제에 집중하게 만드는 것이다. 냅과 동료 파트너인 존 제라츠키John Zeratsky, 브레이든 코위츠Braden Kowitz는 100여 개의 포트폴리오 기업을 대상으로 디자인 스프린트 전략을 활용했다. 그들은 2016년에 《스프린트Sprint: How to Solve Big Problems and Test New Ideas in Just Five Days》를 통해 디자인 스프린트 방법 론을 더 많은 사람들에게 소개했다.[12]

디자인 스프린트는 팀이나 조직이 어디에 노력을 집중해야 할지 파악하는 데 도움을 준다. 전통적인 업무 현장에서 이런 결정은 대 개 수많은 이메일 스레드를 수반한 채 몇 달 동안 전개되는 회의와 논쟁을 거친다. 그리고 결국에는 대부분 실패로 끝나는 신제품이 나 전략에 대한 값비싼 투자로 이어진다. 디자인 스프린트는 초기

논쟁을 시작하여 그에 따른 결정에 대한 시장의 피드백을 받기까지 이 모든 과정을 고도로 효과적인 일주일 동안의 활동으로 압축한다. 첫째 날에는 해결하려는 문제가 무엇인지 파악한다. 둘째 날에는 경쟁하는 해결책들을 대략적으로 제시한다. 셋째 날에는 어떤 해결책을 탐구할지 신중하게 결정한 후 검증할 수 있는 가설로 전환한다. 넷째 날에는 가설을 검증할 수 있도록 대강의 프로토타입을 만든다. 다섯째 날이자 마지막 날에는 실제 고객을 프로토타입 앞에 세우고 피드백을 통해 교훈을 얻는다. 이런 스프린트는 주로 신제품을 테스트하는 데 활용된다. 그러나 광고 전략을 시험하거나 특정 아이디어에 대한 타당한 시장이 있는지 여부를 파악하는 데도 활용된다.

디자인 스프린트는 전문화를 촉진한다. 참여자들이 5일 연속으로 단 하나의 중요한 문제에 집중하게 만들기 때문이다. 나는 이렇게 철저한 집중을 실제로 어느 정도나 실현할 수 있는지 알고 싶었다. 그래서 제이크 냅에게 연락하여 이 주제의 핵심과 맞닿아 있다고 생각되는 질문을 던졌다. "디자인 스프린트 동안에도 사람들은 여전히 이메일을 확인하나요?" 그는 스프린트 세션 동안 적용되는 엄격한 규칙은 "노트북, 휴대폰, 태블릿을 비롯한 어떤 것도 허용되지 않는다"는 것이라고 설명했다. 유일한 예외는 필요한 경우 프로토타입을 만들기 위해 넷째 날에 컴퓨터를 활용하는 것이다. 냅은 스프린트를 시도하는 팀에게 조언할 때 연결성 결여에 따른 스트레스를 받지 않도록 아예 자동응답기능을 '자리 비움'으로 설정하라고 말한다(그는 자동응답기능을 하이브 마인드 활동과잉의 끊임없는 알림으로부터 멀어지는 것을 걱정하는 참가자들을 위한 "압력 조절 밸브"라 부른다).

참가자들의 휴대기기 사용은 오전 10시부터 오후 5시까지 이어지는 스프린트 세션 전후에 허용된다. 또한 휴식시간에도 휴대기기를 확인할 수 있다. 다만 세션이 진행되는 방 바깥에서 해야 한다. 냅은 내게 보다 극단적인 접근법, 즉 일주일 내내 외부와의 의사소통을 전면적으로 금지하는 접근법이 "더 깊은 집중과 더 나은 결과를 이끌어낼" 수 있을지 모른다고 말했다. 문제는 현대의 지식노동자들에게 5일 동안 완전히 연락을 끊으라고 설득하는 것이 "만만치 않다"는 것이다. 그래도 그는 이런 단절의 "혜택을 경험하고 나면" 그런 아이디어가 덜 극단적으로 보이기 시작한다는 점을 지적했다.

제이크 냅의 디자인 스프린트 절차는 미래의 사업 방향을 좌우하는 중대한 결정을 내리는 데 대단히 적합하다. 그러나 지식노동의 다른 많은 분야에서도 효과를 발휘할 수 있다. 가령 나는 중요한 이벤트 기획 계약을 진행하는 커뮤니케이션 컨설턴트와 이야기를 나누었다. 프로젝트를 책임진 그녀의 파트너는 내부 워크숍 일정을 수립한다. 때로 며칠 동안 진행되는 이 워크숍에 참가하는 팀은 외부와 차단된 채 이벤트를 위한 최선의 계획을 수립한다. 아직 해결되지 않은 중대한 문제에 대한 진전을 이루려는 학계 연구팀에도 비슷한 스프린트를 적용할 수 있다. 실제로 나는 《딥 워크》에서 와

튼 교수인 애덤 그랜트가 바로 이 전략을 활용하여 와튼 역사상 최연소 석좌교수 중 한 명이 된 양상을 설명했다.

대다수 지식노동자는 의무와 약속 그리고 구시대의 업무 방식에 너무나 깊이 얽매여 있다. 그래서 한 번의 과감한 조치로 부담을 덜어낼 쉬운 방법이 없는 경우가 많다. 스프린트 절차는 간접적인 대안을 제공한다. 디자인 스프린트 세션의 문화를 도입한다고 해서 단기적으로 다른 일이 제거되지는 않는다. 다만 그 영향력은 억제할 수 있다. 그래서 전문화된 상태와 과작동 상태 사이를 오갈 수 있다(이 편이 항상 후자의 상태인 것보다 낫다).

정기적인 스프린트는 또한 업무 부하에 장기적인 변화를 일으킨다. 개별 지식노동자들이 전체적으로 더 적은 의무를 요청하는 일을 쉽게 만들어주기 때문이다. 표준적인 하이브 마인드 활동과잉 스타일의 사무실에서 더 적은 일을 요청하면 게으르게 비칠 수 있다('왜 일을 덜 하는 거야?'). 반면 스프린트가 흔한 문화에서는 집중적인 노력이 생산하는 막대한 가치를 제시할 수 있다. 또한 고질적 과부하를 초래하는 잡무를 이런 가치 생산의 장애물로 규정할 수 있다. 편리한 게으름과 실적을 개선하는 스프린트를 명확하게 구분하면 전자가 후자만큼 중요하다고 정당화하기가 더 어려워진다.

스프린트 절차가 성공하려면 모든 참여자의 동의가 필요하다. 스프린트에 참여할 때는 짜증이나 분노를 초래하지 않고 수신함과 채팅 채널에서 정말로 멀어질 수 있다고 믿어야 한다. 혼자 일한다면 고객에게 당신의 일이 근본적으로 두 가지 유형으로 나뉘며, 스프린트 모드일 때는 연락이 안 된다고 분명하게 설명해야 한다. 혹은 대규모 조직에서 일한다면 상층부에서부터 스프린트에 대한 열의가 퍼져나가야 한다. 정기적인 전문화 작업이 받아들여지면 곧 그 혜택이 명백해질 것이다. 제이크 냅이 내게 설명한 대로 팀들이 스프린트를 운영하도록 돕는 일이 안기는 최고의 보상은 참여자들에게서 형성되는 열의다. 고질적인 과부하는 우리를 불행하게 만든다. 그 짜증스런 족쇄에서 벗어나 우리가 훈련받은 일을 하고, 우리의 기술을 활용하여 최선의 성과를 낼 기회가 주어질 때 일은 성가신 것에서 실로 보람찬 것으로 바뀐다.

주의 예산을 수립하라

앞서 언급한 대로 나는 2019년에 〈크로니클 리뷰The Chronicle Review〉에 '이메일은 교수들을 바보로 만드는가?'라는 제목의 글을 실었다. 이 글은 이메일보다 많은 것을 다루었다. 나는 학계에 흔한 무계획적인 업무 흐름이 생산성을 발휘하는 능력을 저해하는 수많은 양상을 살폈다. 내가 다룬 주제 중 하나는 봉사 업무였다. 대다수 대학에서 교수들은 신청서를 검토하거나, 위원회의 직책을 맡거나, 자율 운영에 참여하는 등 학교 운영에 도움을 주는 활동에 시간을 할애한다. 이런 의무들은 학문적 삶에 필수적이다. 그러나 문제는 이런 과제를 배정하는 과정에 대한 통제권이 거의 없다는 것이다. 나는 "봉사 업무에 대한 전형적인 접근법은 너무 많은 일을 떠맡아서 따라잡으려고 허우적대는 지경이 될 때까지 물밀 듯 쏟아지는 요청을 수락하는 것"이라고 썼다.

브루스 얀즈Bruce Janz라는 철학과 교수는 나의 글에 화답하는 에세이를 썼다. 그는 이 에세이에서 감당하기 힘든 봉사 업무의 문제점을 자세히 설명했다. 그 내용은 다음과 같다.

> 문제는 많은 행정 책임자들의 태도에 기인한다. 그들은 새롭게 간소화한 절차가 최고이며, 약간의 양식이나 교직원들의 약간의 기여 혹은 다른 약간의 것만 필요할 것이라고 생각한다. 문제를 초래하는 또다른 근원은 멘토링이나 도움, 전략 수립, 지원, 브레인스토밍 혹은 다른 많은 것들을 위해 구성된 위원회들이다. 각 위원회는 같은 사람으로부터 약간 더 많은 것을 요구한다. 문제는 이런 행정적 위원회 중 어느 것도 통합이나 합리화를 추구할 동기를 갖지 않았다는 것이다. 그래서 같은 일이 계속 반복될 수밖에 없다.[13]

얀즈의 분석이 지적하는 대로 학계에서 발생하는 봉사 과부하의 주된 근원은 누군가의 도움을 요청하는 일에 내재된 비대칭성이다. 당신이 대학에서 행정 부서를 운영하거나 위원회를 구성하는 책임을 맡았다고 가정하자. 당신의 관점에서 보면 나나 브루스 얀즈에게 회의에 참석하거나, 설문조사에 응하거나, 파일을 검토해 달라는 요청은 전적으로 타당하다. 일단 많은 시간이 필요한 일을 요구하는 것이 아니다. 게다가 우리의 사소한 지원은 당신이 주된 목적을 이루는 데 필수적이다. 그런데도 우리가 당신의 요청을 거절하는 것은 완전히 반사회적이지 않다면 무례하게 보일 것이다.

물론 문제는 이런 요구가 쌓인다는 것이다. 다른 10여 개의 부서와 위원회가 모두 이처럼 타당한 요청을 한다고 생각해 보라. 그러면 우리는 갑자기 연구와 강의라는 우리의 주된 목적과 거의 관계없는 일에 속절없이 압도당하게 된다. 이는 비효율적일 뿐 아니라 순전한 분노를 유발한다.

이런 역학은 학계 너머로 확장된다. 일반적으로 지식노동자들도 비슷한 비대칭성 때문에 고질적인 과부하로 등을 떠밀린다. 마케팅 부서가 새로운 제품 캠페인에 대해 당신의 의견을 구하려고 미팅 요청을 날리거나, 상사가 간단한 이메일을 보내서 팀의 점심 세미나 시리즈를 조직해 달라고 요청하기는 너무나 쉽다. 이런 요청 중 하나라도 따로 거절하는 것은 인색하거나 게으르다는 인상을 준다. 그러나 이렇게 "간단한" 요청이 많이 쌓이면 해야 하는 온갖 일들에 계속 압도당하게 만든다.

극한 프로그래밍 사례연구에서 이 문제에 대한 해결책은 근본적으로 회사 내의 다른 사람들이 프로그래머들에게 어떤 일을 해달라고 직접 요청하지 못하게 금지하는 것이었다. 프로그래머들의 집중력은 우선순위 대기열의 최상단에 있는 기능을 구현하는 일에 고정된다. 그들에게서 필요한 것이 있으면 프로젝트 매니저에게 요청해야 한다. 그러면 프로젝트 매니저는 코드를 만드는 핵심 목표를 지키려고 노력하는 한편 그들을 성가시게 해도 될 만큼 실제로 타당한 일이 무엇인지 파악한다.

안타깝게도 이 모델은 모든 지식노동 직위로 확장되지 않는다. 가령 교수들이 모든 봉사를 중단한다면 대학이 돌아가지 않을 것이다. 마찬가지로 XP 기업의 프로그래머들은 고립될 수 있지만 다른 많은 지식노동자들은 질의와 요청에 실제로 대처할 수 있어야 한다. 그것이 협력의 핵심이기 때문이다. 우리에게 필요한 것은 이런 업무 요청이 이뤄지되 한 사람이 너무 많이 수락해야 하는 경우를 방지해주는 아이디어다. 나는 앞선 글에서 그런 아이디어를 제시했다.

나는 거기서 이렇게 썼다. "한 가지 해결책은 봉사 의무가 초래하는 제로섬 상쇄 관계에 직접적으로 맞서는 것이다. 교수들의 시간은 한정되어 있다. 이런 현실을 무시하는 대신 우리는 이 상쇄 관계를 명확하게 제시해야 한다. 즉, 교직원이 해마다 봉사에 할애해야 하는 시간을 정확하게 명시해야 한다." 뒤이어 내가 설명한 대로 이 계획에서 교수들은 해당 학기에 학과장과 약속한 시간 예산을 초과해서는 안 된다.

나의 봉사 예산 제안은 확고한 계획이라기보다 사고실험에 가깝다. 그래도 과부하에 대한 엄중한 현실을 부각시킨다. 과부하가 흔한 부분적인 이유는 그 규모가 숨겨져 있기 때문이다. 교수들은 언제나 모호하고 지속적인 양상으로 바쁘다. 이렇게 구분되지 않는 활동들이 뒤엉켜 있으면 딱 '하나만 더' 얹기가 쉽다. 그러면 이번에는 논의를 진전시키기 위해 봉사 시간을 세심하게 측정해야 하며, 학장의 승인 없이는 정해진 예산을 초과할 수 없다는 새로운 새로운 규칙이 제정되었다고 가정해 보자. 이런 시나리오에서는 극단적인 봉사 과부하 상태에 이르기가 어려울 것이다. 가령 당신이 학장이고, 정상급 학자를 영입하는 데 많은 돈을 투자한 경우를 생각해 보자. 모든 봉사 요청을 따라잡을 수 있도록 그녀의 주간 봉사 예산을 30시간으로 늘려달라는 요청을 받았을 때 거기에 서명하기가 어려울 것이다! 엄연한 수치에 직면하면 과부하를 정당화하기가 어려워진다. 대부분의 시간을 행정 업무에 쓴다면 굳이 인기 학자를 채용할 이유가 있을까? 반면 수치가 애매하면 우리 모두가 바쁘다는 현실을 무시하기가 훨씬 쉽다.

보다 일반적으로 지식노동 부문에서 내가 제시한 가상의 봉사 예산 같은 것을 만든다면 과부하에 맞서는 강력한 전략이 될 것이다. 이런 유형의 전략이 통하게 만드는 세 가지 핵심 요소가 있다. 첫째, 당신의 시간과 주의가 한정되어 있다는 전제에서 출발해야 한다. 둘째, 현재 당신의 시간과 주의 중 얼마를 예산을 배정할 업무 범주에 할애하는지 파악해야 한다. 셋째, 당신이 이런 유형의 일을 얼마나 해야 하는지 결정하는 사람은 더 많은 일을 요구하는 현재의 책임에 맞서야 한다. 설령 그 사람이 당신이라고 해도 말이다.[14]

학계에서 이런 유형의 전략이 이미 널리 퍼져 있는 작은 분야는 바로 피어 리뷰 peer review 요청이다. 논문을 발표하려면 연관 분야의 교수들에게 피어 리뷰를 받아야 한다. 그래서 대다수 교수들은 논문을 검토해 달라는 요청을 많이 받는다. 이런 요구를 다스리는 흔한 전략은 학기당 몇 편의 논문을 검토할지 한도를 정하는 것이다. 한도에 다다른 경우 그 사실을 설명하면서 정중하게 추가 요청을 거절해야 한다. 이 접근법이 잘 통하는 이유는 더 많은 일을 수락할 수 없는 이유를 제공하기 때문이다. 즉, 요청하는 사람이 그래도 당신이 수락하도록 압박하는 유일한 방법은 당신이 댄 이유가 충분치 않다고 암묵적으로 주장하는 것뿐이다.

당신이 논문 리뷰를 부탁할 때 내가 그냥 "글쎄요, 지금 너무 바빠서요"라고 말하면 이렇게 계속 조르기가 쉽다. "알아요. 하지만 저한테 정말 중요한 일이에요. 이번 리뷰만 해주시면 안 될까요?" 반면 내가 "해드리고 싶지만 이번 학기에 벌써 검토 논문이 10개까지 한도가 다 찼어요"라고 말하면 어떨까? 당신이 계속 밀어붙이려면 "학기당 10개보다 더 많이 검토해야 해요"라고 주장해야 한다. 이는 강력한 주장이 아니다. 10개는 많은 분량이고, 그 정도 한도면 상당히 합리적이기 때문이다.

학계를 넘어서 내가 접한 또 다른 성공적인 예산 수립 전략은 심층적 업무 대 피상적 업무의 비율을 정하는 것이다. 나는 《딥 워크》에서 이 전략을 처음 제안했다. 그 내용은 매주 몇 시간을 각각 핵심 숙련 활동 그리고 다른 유형의 피상적인 지원 및 행정 업무에 쓸지 상사와 미리 협의하는 것이다. 그렇게 하는 목적은 당신이 조직에서 생산하는 가치를 극대화하는 균형을 추구하기 위해서다. 협의가 이뤄지면 업무 시간을 측정하고 각 범주로 나눈 다음 최적 비율에 얼마나 가깝게 다가갔는지 보고하면 된다.

《딥 워크》가 나온 후 많은 독자들은 이 전략을 성공적으로 활용했다고 내게 알려주었다. 그 유효성의 핵심은 상사가 업무량을 구체적으로 파악하도록 강제하는 것이다. 당신이 가치 있는 일을 잘하면 상사는 거의 전적으로 피상적 업무로 구성된 업무 비율을 고집하지 않을 것이다. 이는 분명히 제시하면 비합리적이라는 사실이 자명하기 때문이다. 또한 당신이 측정 결과에 따라 현재 시간을 어떻게 쓰고 있는지 보고하면 과부하를 직접적으로 덜어줄 변화를 승인하기가 훨씬 쉽다. 그렇게 하지 않으면 왜곡된 당신의 업무 비율이 실은 조직을 위한 최선이라고 인정하는 꼴이 되기 때문이다(그렇지 않다는 것이 거의 확실한 데도 말이다).

회의 예산도 흔히 쓰인다. 그 내용은 회의에 쓸 시간을 미리 정해두는 것이다. 이 시간은 그 주 동안 회의에 써도 무방하다고 생각하는 총 시간에 추가되어야 한다. 뒤이어 회의 요청이 들어오면 해당 시간 안에서만 일정을 잡아야 한다. 그러면 회의 과부하에 시달릴 일이 없다. 공용 캘린더나 온라인 일정 수립 도구를 쓰면 거절하는 수고를 아낄 수 있다. 회의 일정을 정하는 사람이 당신의 가용 슬롯이 다 찬 것을 볼 것이기 때문이다.

이 전략은 많은 자율성을 누리는 창업자들 사이에서 특히 인기가 많다. 내가 아는 한 창업자는 직원과 고객 들을 대상으로 정오 이전에는 미팅을 하지 않는다는 간단한 규칙을 적용한다. 덕분에 그는 매일 방해받지 않고 중요한 일을 처리할 수 있다. 내가 아는 또 다른 창업자는 더 극단적인 전략을 쓴다. 그는 외부 인사와의 미팅 일정을 목요일 오후로 한정한다. 그래서 다음 자유 시간이 될 때까지 몇 주를 기다려야 하는 경우가 드물지 않다. 그래도 그는 전혀 개의치 않는다. 그에게는 키워야 할 회사가 있기 때문이다.

절차 원칙 부분에서 논의한 태스크 보드도 업무량 예산 수립 전략을 실행하는 강력한 도구다. 태스크 보드를 활용하여 업무를 정리하는 일은 이 맥락에서 두 가지 혜택을 제공한다. 첫째, 현재 각자의 업무가 얼마나 많은지 쉽게 파악할 수 있다. 둘째, 이는 대개 모두가 참석하는 현황 점검 회의의 형태로 업무 할당량을 조정하는 체계적인 시스템이다. 당신이 이미 과도한 업무와 씨름하고 있다면 태스크 보드에 바로 드러난다. 그래서 팀 리더가 당신에게 과도한 업무를 맡기기가 훨씬 어려워진다. 특히 다른 사람들의 업무량이 덜할 때는 더욱 그렇다. 또한 당신이 과도한 업무량을 맡아야 할 때도 그 정도가 모호하지 않다. 즉, 당신이 애쓴 만큼 공로를 인정받을 수 있다. 반면 하이브 마인드 활동과잉 업무 환경에서는 이메일을 통해 업무가 즉흥적으로 분산된다. 그래서 업무 과무하에 시달릴 뿐 아니라 희생을 인정받지 못하는 경우가 허다하다.

후자는 종종 간과되는 불평등 문제로 이어지기 때문에 매우 중요하다. 5장의 서두에서 주장한 대로 회사를 마구잡이로 운영하면 홉스식 역학이 작동한다. 그래서 무례하고 불쾌한 사람들은 일을 덜하고도 무사한 반면 합리적인 동료들은 과부하에 시달리게 된다. 노벨 물리학상을 수상한 고 리처드 파인만Richard Feynman은 한 인터뷰에서 위원회 업무를 최소화하기 위해 일부러 일을 형편없이 한다는 유명한 말을 한 적이 있다. 그러면 결국에는 사람들이 더 이상 도움을 요청하지 않게 되기 때문이다. 이렇게 뻔뻔한 염세적 태도를 용인할 사람은 거의 없다. 정말로 이런 사람들에게 보상을 주고 싶은가?

카네기 멜론 대학의 린다 밥콕Linda Babcock이 이끄는 연구팀은 이 주제를 다룬 중요한 논문을 발표했다.[15] 그 내용은 이런 역학이 어떻게 여성에게 불균등한 영향을 미치는가에 대한 것이었다. 연구팀은 현장 및 실험실 연구에서 모두 여성이 남성보다 "승진에 도움이 되지 않는" 봉사 업무에 자원할 가능성이 높다는 사실을 확인했다. 또한 여성은 남성보다 이런 업무에 대한 요청을 자주 받으며, 더 많이 수락한다. 연구팀은 이렇게 지적한다. "이런 경향은 여성에게 심각한 결과를 초래할 수 있다. 거의 눈에 띄지 않고 영향력도 없는 일을 남성보다 많이 떠안으면 높은 자리로 올라가는 데 훨씬 오랜 시간이 걸린다."

업무가 배정되는 양상을 못 본 척하면 당장은 편하다. 프로젝트를 배정하는 입장에서는 팀원들이 이미 얼마나 많은 일을 하고 있는지 그 현실에 직면하고 싶지 않다. 그냥 배정해 버리면 편하니까! 하지만 불명확성이 안기는 이런 편리함은 실질적인 대가를 초래한다. 즉, 생산성을 향상시키는 전문화를 저해하고, 일부 집단이 불균등한 처우를 받게 만든다. 반면 업무량에 대한 정량적 현실에 직면하게 되면 한 사람에게 극단적인 양의 업무를 떠맡기는 일 자체가 극단적인 행동이 된다. 다시 말해서 지식노동자들이 얼마나 많은 의무를 맡아야 하는가에 대한 문제에 있어서 책임성은 합리성을 달성하는 데 중요한 역할을 한다.

지원을
강화하라

　　　　　　　전문화를 향한 모든 시도에서 던져야 할 핵심적인 질문은 모두가 일을 덜 하기 시작하면 남은 일은 어떻게 하냐는 것이다. 이런 업무 중 다수는 가치 있는 성과를 내는 데 그다지 중요하지 않다는 사실이 명확해지면서 그냥 사라진다. 가령 극한 프로그래밍을 하는 프로그래머들은 동료들보다 미팅에 참석하고 이메일에 응답하는 데 훨씬 적은 시간을 쓴다. 이런 추가적인 활동이 없어도 회사는 멀쩡하게 돌아간다. 그러나 집중적인 업무를 향한 전환은 불가피하게 제거할 수 없는 일부 행정 잡무를 남긴다. 이런 업무를 처리하는 한 가지 해결책은 에드워드 테너와 피터 새슨이 처음 관찰한 지적 전문화의 쇠퇴를 향한 추세를 되돌리고 그 대신 지원 인력을 늘리는 것이다.

　현대의 대다수 지식노동 조직은 개별 구성원을 가치 생산 업무와 행정 업무가 마구 뒤섞인 작업을 실행하는 범용 컴퓨터처럼 대한다. 이런 작업은 종종 불평등하게 분배되며 특정한 목적을 위해 전혀 최적화되어 있지 않다. 반면 '전문화 조직'에 속한 인력은 보다 이원화되어 있다. 한 집단은 XP 조직의 개발자들처럼 거의 전적으로 고가치 성과를 내는 데 전념한다. 또 다른 집단은 거의 전적으로 조직을 운영하는 데 필요한 다른 모든 행정 업무를 맡는다. 새손의 연구결과가 보여주듯이 이런 방식으로 지원 인력을 더 많이 고용한다고 해서 반드시 수익성이 저하되는 것은 아니다. 전문가들은 집중적으로 일하게 해주면 더 많은 가치를 생산한다. 이런 추가적인 가치는 지원 인력을 유지하는 비용을 보충하고도 남을 수 있다. 모두가 컴퓨터 인터페이스를 통해 행정 업무까지 스스로 처리하도록 만들어서 인건비를 줄이려는 시도는 간소화라는 착각만을 제공할 뿐이다. 이런 표피적인 수치들은 지식노동에서 가치를 생산하는 인지적 기어들gears이 새로운 요구 때문에 정체되는 양상을 가린다.

전문화된 업무와 행정 업무를 명확하게 구분하는 문화로 돌아가는 것은 하이브 마인드 활동과잉을 넘어서 생산성을 크게 높이는데 필수적이다. 그렇다고 해서 사무용 컴퓨터 혁명 이전의 시대를 지배하던 비효율적인 〈매드 맨Mad Men〉* 스타일로 돌아가야 한다는 말은 아니다. 당시에는 모든 사무실 밖에 전담 비서가 앉아 있었고, 임원은 구술로 메모를 작성했다. 또한 어디에나 우편물 카트를 밀고 다니며 커피를 배달하는 사환이 있었다. 이후 기술이 크게 발전하면서 훨씬 수준 높은 지원 방식에 대한 비전이 실현되었다. 그래서 전문화 상태로 돌아갈 때 훨씬 효율적이고 보람을 안기는 방식으로 지원 인력을 강화할 수 있다.

• 1960년대의 광고회사를 무대로 한 드라마 - 옮긴이.

다음은 이 목표를 달성하기 위한 몇 가지 아이디어다.

강화 아이디어 #1: 지원을 체계화하라

베로니카Veronica는 한 대학의 고객서비스 담당으로서 질의에 응답하고 주문을 처리하는 업무를 맡았다. 그녀의 사무실은 이메일을 활용하여 모든 의사소통을 처리했다. 베로니카는 이 책을 위해 나와 가진 인터뷰에서 이렇게 말했다. "출근하면 이메일을 전부 '끝내는' 게 일이었어요. 어떤 때는 수신함을 비우려고 8시간 연속으로 책상에 앉아 있기도 했어요." 다시 말해서 그녀의 일은 다스리기 힘든 다양한 과제가 끊임없이 밀려오는 과부하 속에서 이뤄졌다. 그녀의 설명에 따르면 당시 그녀는 그런 업무 방식이 "정상적"이라고 생각했다. 그녀는 주로 수신함을 통해 세상과 소통하는 많은 지원 인력들처럼 어떻게 다른 방식으로 일할 수 있는지 알지 못했다.

뒤이어 그녀는 지역 법원에서 일하는 공무원으로 전직했다. 전반적인 업무의 유형은 대학에서 일할 때와 비슷했다. 그녀는 청구서를 작성하고 사건 파일을 갱신했다. 그러나 한 가지 중요한 이유 때문에 일에 대한 느낌은 많이 달랐다. 그녀의 새로운 일자리는 사무실에서 전자적 의사소통을 전혀 활용하지 않았다. 베로니카가 설명한 바에 따르면 사건에 대한 정보를 입력하고 갱신하는 맞춤식 사건 관리 시스템이 있었다. 그러나 직원들 사이의 의사소통은 모두 물리적인 수단을 통해 이뤄졌다. 직원들이 하는 다양한 업무는 각각 구체적인 업무 흐름과 연계되어 있었다. 그에 따라 구체적인 문서는 한 사람에게서 다른 사람에게로 전달되었다. 일부 경우에는 법규 때문에 문서를 넘길 때 서명 내지 보관용 추가 사본이 필요했다. 비공식적인 질문이 있을 때는 담당자를 찾아가서 직접 물었다.

디지털 네트워크를 활용하면 이런 구식 업무 흐름의 개별 단계를 훨씬 효율적으로 진행할 수 있다고 주장할 수 있다. 가령 이메일에 PDF 파일을 첨부하면 되는데 군이 양식을 들고 다른 사람의 사무실로 가는 것이 시간낭비로 보일 수 있다. 그러나 모든 것이 보다 효율적이라는 이메일을 통해 이뤄지던 곳에서 일한 베로니카는 그렇게 보지 않는다. 그녀는 새로운 직장에서 하는 업무를 "거래"로 표현했다. 즉, 뭔가가 필요한 사람은 직접 당신을 찾아오고, 당신은 그 자리에서 즉시 업무를 처리한다. 양식을 들고 이동하면 이메일로 보낼 때보다 느리다. 그러나 생산성의 관점에서 베로니카는 그 방식이 덜 효율적이라고 생각하지 않는다. 당장 눈앞에 놓인 일과 수신함에 예측할 수 없이 쌓이는 비동기적 대화들 사이를 오가면서 더 이상 주의를 파편화할 필요가 없어지면 개별 과제를 하는 시간이 줄어든다.

베로니카는 또한 이메일 없는 사무실이 안기는 다른 혜택도 알려주었다. 그것은 "직원들이 모두 종일 직접 소통한다는 것"이다. 그래서 컴퓨터 화면을 바라보며 나날을 보낼 때처럼 고립된 느낌을 받지 않는다. 감당할 수 없는 속도로 들어오는 의무로 가득한 수신함을 피하는 데 따른 또 다른 심리적 혜택도 있다. 그녀는 "가장 좋은 점은 사무실에서 일을 전부 끝낸다는 거예요. 애초에 집에 일감을 들고 갈 수가 없어요"라고 내게 말했다.

베로니카의 이야기에서 우리가 얻을 교훈은 문서 기반 사무실로 돌아가야 현명하다는 것이 아니다. 그 교훈은 지원 업무에서는 업무 흐름이 중요하다는 것이다. 베로니카가 거친 두 가지 일자리는 모두 거의 비슷한 유형의 지원 업무를 수반했다. 그러나 첫 번째 일자리는 하이브 마인드 활동과잉에 기반한 반면 두 번째 일자리는 업무를 보다 세심하게 체계화했다. 그 차이는 명확했다. 첫 번째 일자리는 베로니카에게 불행과 비효율성을 안겼지만 두 번째 일자리는 이런 문제점을 바로잡았다.

지속 가능한 전문화 조직을 구축하려면 지원 업무에 이런 체계적인 절차가 필요하다. 새로운 지원 인력을 뽑고 수신함을 가리키며 "쓸 만한 인력이 돼라"고 말하는 것은 불행과 높은 이직률에 이르는 지름길이다. 지원 직책을 재도입하는 데 성공하려면 보다 체계적인 업무 흐름이 필요하다. 그 절차를 운영하는 세부적인 방식은 구체적인 업무 유형에 따라 크게 다를 수 있다. 다만 일반적으로 업무 절차는 각 단계를 명확하게 제시해야 한다. 지원 인력이 다음에 무엇을 할지 모르는 모호한 상황에 처해서는 안 된다. 이런 불확실성은 에너지를 소진시키며, 끝없고 짜증스러운 즉흥적인 대화를 만들어낸다.

또한 거래 방식의 업무가 대개 동시에 진행되는 업무보다 낫다는 사실을 명심하는 것이 중요하다. 가능하다면 지원 인력이 끝날 때까지 한 번에 한 가지 일만 하고, (계속 오가는 메시지 교환이 아니라)

직접 가서 사안을 처리하도록 절차를 구성하라. 당장은 바로 메시지를 보내는 것이 시간을 아끼는 것처럼 보인다. 그러나 모두가 그런 식으로 일하면 결국 수신함에 파묻혀서 어떤 일이든 타당한 진전을 이루기 힘들어진다.

강화 아이디어 #2: 지원 인력과 전문가 사이에 영리한 인터페이스를 구축하라

나는 학교 이메일의 수신함을 합리적으로 관리하기 위해 지메일 필터를 설정했다. 이 필터는 행정 관련 안내문을 자동으로 주 수신함에서 제거하고 나중에 검토할 수 있도록 라벨을 붙인다. 이렇게 필터를 설정하는 절차는 간단하다. 나는 주 수신함에 행정 관련 안내문이 들어올 때마다 발신자의 주소를 필터에 추가했다. 그 수는 곧 빠르게 불어났다. 현재 이 필터에는 27개의 이메일 주소가 포함되어 있다. 이 주소들은 각각 행정 관련 안내문을 정기적으로 보내는 원천이다. 어느 순간부터 나는 이 필터를 갱신하는 일을 그냥 포기해버렸다. 내 관심을 얻기 위해 경쟁하는 사람들이 너무 많았기 때문이다.

우리 대학의 문제점은 대다수 지식노동 조직에서 흔한 것이다. 그것은 각 지원 부서가 대부분 독립적으로 운영된다는 것이다. 그들은 각자의 내부 목표를 최대한 효율적으로 달성하는 데 집중한다. 내게 꾸준히 이메일을 보내는 부서는 모두 27개다. 그들로서는 그 메시지들을 보내는 것이 전적으로 합당하다. 전파해야 할 정보가 있고, 그 정보를 대량 이메일로 살포하는 것이 목표를 달성하는 명백히 효율적인 방식이기 때문이다.

상호작용이 반대 방향으로 이뤄질 때도 같은 문제가 발생한다. 대규모 조직에서 일하는 사람은 누구나 복잡하고 모호한 양식이 초래하는 고통에 익숙하다. 이 양식은 어떤 서비스를 요청할 때 지원 부서에서 작성해 달라고 요구하는 것이다. 이 경우에도 각 부서를 개별적인 목표를 최대한 효율적으로 달성하려는 소규모 독립 조직으로 보면 복잡한 양식을 쓰는 것이 합당하다. 지원 인력의 입장에서 최대한 유용한 양식으로 정보를 입력하게 만들면 처리하기가 더 쉽기 때문이다.

물론 문제는 지원 부서가 독립 조직이 아니라는 것이다. 그들은 더 큰 조직 안에서 일하며, 그들의 내부적 효율성이 반드시 실적에 영향을 미치는 것은 아니다. 대다수 지식노동 환경에서 조직을 떠받치는 가치 있는 산출물을 직접 생산하는 것은 전문가다. 이런 현실을 감안할 때 지원 부서가 추구해야 할 더 나은 목표는 다음과 같아야 한다. 그들은 전문가의 핵심 업무에 최대한 영향을 적게 주는 가운데 행정 업무를 효과적으로 실행해야 한다. 진지한 관점에서 보면 이 척도는 지원 부서가 일을 덜 효율적으로 해야 한다는 것을 뜻할 수도 있다.

이 아이디어가 의미를 지니는 접점은 전문가와 지원 인력이 상호작용하는 다양한 '인터페이스'다. 앞서 나의 학교 이메일 사례가 말해주듯이 모든 부서가 운영을 가장 쉽게 해주는 방식으로 인터페이스를 설계하도록 놔두면 안 된다. 이 경우 곧 모두가 합리적으로 처리할 수 있는 수준보다 많은 의사소통에 휩쓸리게 된다. 이보다 나은 인터페이스는 모든 관련 정보를 요약하고, 관심 있는 사람을 위해 더 많은 세부적인 내용이 있는 링크를 담은 공통 주간 소식지다. 소식지를 활용한다는 규칙은 지원 부서의 운영을 조금 더 어렵게 만든다. 원할 때마다 안내문을 그냥 발송할 수 없기 때문이다. 그래도 정보는 여전히 전파되며, 이번에는 방해를 줄이는 방식으로 이뤄진다.

보다 극단적인 사례로서 가령 주차 관리소가 주차권 갱신 신청서를 작성해 달라고 하거나, 출장 담당이 모든 출장건을 사전에 등록해 달라고 하는 등 전문가의 시간과 주의에 대한 요청을 일종의 '주의 자본 옴부즈맨'에게 보내는 방안을 상상할 수 있다. 이 옴부즈맨은 불필요한 요청을 솎아내고, 다른 요청들을 통합하며, 심지어 요청을 들어주기 더 쉽도록 지원 부서와 협상할 수도 있다. 이는 약간 이상하게 들린다. 하지만 정말로 그럴까? 가령 구글은 이미 고액 연봉을 받는 개발자들이 더 많은 가치를 생산하는 데 도움을 주기 위해 무료 식사와 드라이 클리닝 지원에 상당한 금액을 투자한다. 이런 맥락에서 옴부즈맨을 두는 비용은 그에 따른 추가적인 가치에 비하면 사소할 수 있다.

이와 다른 방향으로는 전문가들이 지원 부서를 접촉할 때 활용하는 인터페이스를 최적화하는 방안을 고려할 수 있다. 그 목표는 전문가의 시간과 주의에 미치는 영향을 최소화하는 것이다. 소비자와의 상호작용을 다루는 세계에서는 지난 10년 동안 '인비저블invisible ui'를 향한 노력이 이뤄졌다. 이는 너무나 단순하고 유연해서 소비자들이 전혀 인터페이스로 여기지 않는 인터페이스를 말한다. 알렉사나 구글 홈 같은 디지털 비서 기술이 현재 가장 흔한 예다. 사용자는 컴퓨터 화면에서 메뉴를 검색하여 정보를 찾거나, 메시지를 보내거나, 음악을 재생할 필요가 없다. 그냥 원하는 대로 요청하기만 하면 해당 기기가 필요한 것을 파악한다. 마찬가지로 대규모 조직의 맥락에서도 복잡한 웹 인터페이스와 씨름하여 휴가를 신청하거나, 지원금 신청서를 제출할 필요가 없다면 어떨까? 즉, 채팅창에 하려는 일을 입력하기만 하면 담당자가 사무실로 찾아오거나 전화를 걸어서 필요한 추가 정보를 얻어가도록 만들 수 있다.[16]

위에 언급된 사례들은 보다 명확한 사고를 촉진하기 위한 것이다. 실제로 인터페이스를 최적화하는 세부적인 방법은 구체적인 업무 유형에 좌우된다. 최적화에 대해 생각하는 보다 추상적인 방식은 각 지원 부서가 계수기를 둔다고 상상하는 것이다. 이 계수기는 약간의 마법을 통해 해당 부서가 그 주에 다른 직원들로부터 주의를 징발한 총 시간을 집계한다. 뒤이은 목표는 핵심 기능을 수행하는 가운데 이 시간을 최대한 줄이는 것이다. 물론 이런 계수기는 존재하지 않는다. 하지만 이 상상은 지원 업무에 대한 새로운 접근법이 초래하는 사고의 전환을 명확하게 포착한다.

끝으로 나도 이런 개념에 대해 약간의 두려움을 느낀다는 사실을 인정하지 않을 수 없다. 전문화를 강화하려는 시도는 윤리적 위험을 지닌다. 그것은 자신의 일을 즐기는 전문가와 과부하에 시달리는 하부 지원 인력이 극명하게 분리될지 모른다는 것이다. 나는 지원 부서가 자기 편한 대로만 일할 것이 아니라 전문가의 일이 더 수월해지도록 기꺼이 자신의 일을 더 어렵게 만들어야 한다고 주장했다. 이런 주장은 우리의 논의를 앞서 말한 윤리적 위험으로 몰아가는 것처럼 보인다. 나는 이 점을 고려하여 두 가지 변론을 제시하고자 한다.

먼저 전문가의 가치 생산을 최적화하는 지원 방식을 재설정하는 일이 지원 인력의 직업적 삶을 불행하게 만들 필요는 없다. 앞서 내가 제시한 첫 번째 아이디어는 하이브 마인드 활동과잉 과부하를 피해갈 수 있도록 지원 절차에 더 많은 체계를 도입하는 방식에 대한 것이었다. 이 아이디어는 여전히 유효하다. 지원 부서를 최대한 효율적으로 만드는 것에서 조직이 최대한 많은 가치를 생산하도록 돕는 것으로 목표를 바꾼다고 해서 거기에 수반되는 업무의 질이나 지속가능성을 저해할 필요는 없다.

두 번째 변론은 나의 제안을 좋아하든 아니든, 내가 이야기한 내용이 경제적 현실이라는 것이다. 어떤 지식노동 조직이 경쟁적 시장에서 가치 있는 인지적 산출물을 생산한다고 가정하자. 이 경우 지원 부서들이 이 산출물을 우선시하도록 만드는 것이 모든 부서가 근시안적으로 각자의 내부 목표에 집중하도록 허용하는 것보다 조직을 보다 성공적으로 만들 것임은 자명하다. 명확히 말하자면 어떤 부서도 무시당하거나 덜 중요하게 취급되어서는 안 된다. 또한 누구도 불행을 초래하는 업무 환경을 견디도록 만들어서는 안 된

다. 그러나 이런 근본적인 원칙을 넘어서 기업이 민주주의 체제가
아니라는 것도 사실이다. 모든 직원이 그들의 업무를 둘러싸고 같
은 자유를 보장받아야 하는 것은 아니다. 보다 직설적으로 말해서
어떤 지식노동 조직도 인사과의 내부적 효율성 때문에 시장을 정복
한 적은 없다.

강화 아이디어 #3: 스스로 자신의 지원 인력이 되어라

앞선 두 가지 아이디어는 대규모 지식노동 조직에서 지원 인력의
역할에 대한 것이다. 이 아이디어들을 실행하려면 대표나 대형 부
서의 장 등 권한이 있는 직위에 있어야 한다. 당신은 이런 통제력이
없는 직원이지만 충분한 지원을 받지 못해서 고통받고 있을 수 있
다. 그래도 완전히 방법이 없는 것은 아니다. 이런 경우 최후의 수단
으로 스스로 자신의 지원 인력인 것처럼 일할 것을 제안한다.

그렇게 하는 한 가지 방법은 일과를 두 가지 범주로 나누는 것이
다. 가령 12시부터 1시까지 그리고 3시부터 5시까지는 지원 업무
를 하는 시간으로 정할 수 있다. 다른 모든 시간에는 전문화 조직처
럼 일할 수 있다. 즉, 직접적으로 가치를 생산하는 숙련 업무에만 집
중하는 것이다. 이 시간 동안에는 행정 업무와 관련된 이메일에 응
답하거나 회의에 참석하지 마라. 당신이 XP 개발자인 것처럼 가
장 잘하는 일에 전념하라. 반면 지원 업무 시간에는 당신의 또 다른
전문가 자아가 최대한 효과적으로 일하도록 돕는 것이 목표인 지
원 인력인 것처럼 일하라. 다만 무작정 이메일에 파묻히지 말고 위

에서 제시한 조언을 실천하라. 행정적 문제들을 처리하면서 느끼는 과부하를 최소화하는 절차를 실행하라(절차 원칙 장에서는 이 목적에 활용할 수 있는 구체적인 전략들을 제시한다). 심지어 당신은 직업적 삶의 이 두 가지 측면 사이에 놓인 인터페이스를 최적화할 수도 있다. 그 방법은 나중에 지원 인력 자아가 처리할 수 있도록 전문가 자아가 행정 업무 관련 자료를 넣어둘 단순한 수거함을 놓아두는 것이다. 이 목적을 위해 텍스트 파일을 만들어둘 수도 있고, 양식 내지 메모를 넣을 실제 플라스틱 수거함을 책상에 놓아둘 수도 있다(이 아이디어는 원래 데이비드 앨런이 제안한 것이다).

보다 진전된 방법을 쓰고 싶다면 두 개의 이메일 주소를 사용하는 것을 고려하라. 나는 교수로서 이 방법을 어느 정도 활용한다. 두 개의 이메일 주소 중 하나는 대학측에서 내게 할당한 'george-town.edu' 도메인의 주소다. 나는 이 이메일로 모든 공식 연락을 받으며, 최대한 행정적인 문제를 취급하는 데 활용한다. 또 다른 주소는 우리 학과에 있는 서버로 호스팅되는 'cs.georgetown.edu' 도메인의 주소다. 이 이메일은 다른 교수들이나 내가 지도하는 학생 및 박사후 연구원 그리고 연구 협력자 들과 연락하는 데 활용된다. 전자는 나의 지원 인력 자아에게, 후자는 나의 전문가 자아에게 속한다.

또 다른 전술은 하루 전체를 지원 역할에 할당하는 것이다. 가령 화요일과 목요일은 지원 업무를 하는 날, 월요일과 수요일, 금요일은 전문 업무를 하는 날로 정할 수 있다. 모든 일자리가 이런 극명

337

한 분할을 허용하는 것은 아니다. 그러나 당신의 일자리에서는 가능하다면 이렇게 깔끔하게 구분하는 것이 명확성을 높여준다. 내가 만난 사람들 중에는 아예 장소까지 바꾸면서 이 규칙을 실천하는 사람들도 있다. 가령 지원 업무를 하는 날에는 사무실에 출근하고, 전문 업무를 하는 날에는 집에서 일하는 식이다.

다른 유형의 인력인 것처럼 꾸민다는 아이디어는 과하게 보일 수 있다. 그러나 활동을 명확하게 구분하면 놀랄 만큼 효율성이 증가한다. 1부에서 논의한 대로 지원 업무와 전문 업무 사이를 빠르게 오가는 일은 인지적 역량을 감소시킨다. 그에 따라 일하는 속도가 느려지고 일의 질이 저하된다. 한 시간 동안은 어려운 프로젝트에만 매달리고, 뒤이어 한 시간 동안은 행정 업무에만 매달리는 식으로 일하라. 그러면 두 시간 동안 주의가 분산된 채 두 가지 일을 뒤섞을 때보다 더 많은 총 산출물을 생산할 수 있다.

기술은 전문화가 감소하고 과부하가 증가하는 길로 우리를 떠밀었다. 개인용 컴퓨터 때문에 전문가들이 더 많은 지원 업무를 처리하게 된 이후 버거운 수의 의무를 감당하는 것이 새로운 관행이 되었다. 그에 따라 하이브 마인드 활동과잉 업무 흐름이 분주한 직업적 삶과 씨름하는 최고의 선택지로 굳어졌다.

따라서 일을 새롭게 상상하려면 먼저 더 많은 전문화가 필요하다. 가치 생산 기술을 지닌 지식노동자들이 그 기술을 활용하는 데 집중하게 하라. 다른 모든 일은 탄탄하고 영리하게 구성된 지원 인력들이 처리하게 하라. 덜 하는 (하지만 더 나은) 것을 향한 이 변화는 전문 업무와 지원 업무 사이의 균형을 토대로 삼는다. 또한 이 변화는 지식노동이 현재의 비효율적인 혼돈에서 탈피하고 훨씬 체계적인 것으로 진화하는 데 필수적이다.

21세기의 달 탐사

1998년에 사회비평가인 닐 포스트먼은 "기술적 변화에 대해 우리가 알아야 할 5가지"라는 중요한 강연을 했다.[1] 그는 현대 기술을 둘러싼 모든 문제에 대한 해법을 갖고 있는 것은 아니지만 30여 년에 걸친 연구에서 얻은 아이디어들을 나눠주겠다는 말로 강연을 시작했다. 그가 제시한 각각의 아이디어는 심대했다. 예를 들어 그는 모든 기술적 변화에 내재되어 있는 근본적인 상쇄관계에 대해 다음과 같이 말했다. "신기술이 제공하는 모든 장점에는 그에 상응하는 단점이 있다." 또한 그는 이 장단점이 결코 사람들에게 "균등하게 배분되지" 않는다고 주장했다.

내가 주목하고 싶은 것은 4번째 아이디어다. 이 아이디어는 내가 이 책에서 구축하려 했던 지적 토대가 명확하게 드러난다.

기술적 변화는 부가적이지 않다. 그것은 생태적이다. 새로운 매체는 어떤 것을 더하는 것이 아니라 모든 것을 변화시킨다. 1500년에 인쇄기가 발명된 이후, 구 유럽에는 단지 인쇄기만 더해진 것이 아니었다. 그것은 유럽 자체를 바꾸었다.

포스트먼의 아이디어는 너무나 많은 사람들이 이메일 같은 디지털 의사소통 도구에 대해 갖는 혼란스러움과 인지부조화를 분명하게 보여준다. 우리는 이성적으로 생각했을 때 이메일이 이전의 기술들보다 메시지를 전달하는 더 나은 수단이라는 사실을 안다. 이메일은 보편적이고, 빠르고, 무료다. 팩스 기계 안에 걸린 용지를 꺼내거나 낡은 서류철을 묶은 빨간 줄을 푸느라 애를 먹은 적이 있는 사람이라면 이메일이 과거 사무직 종사자들의 삶을 짜증나게 했던 문제들을 깔끔하게 해결한다는 데 이의가 없을 것이다. 그러나 동시에 우리는 생산성과 더불어 스트레스와 과로의 근원인 수신함에 완전히 질렸다. 존중과 혐오가 뒤섞인 이 이중적인 반응은 많은 지식노동자를 혼란과 짜증에 찬 체념 상태에 빠트렸다.

포스트먼의 아이디어 덕분에 이야기가 조금 더 명확해졌다. 문제는 우리가 이메일을 부가적인 요소로 생각한다는 것이다. 즉, 2021년의 사무실은 1991년의 사무실에 단지 더 빠른 메시지 교환을 더한 것과 같다고 생각한다. 그러나 이런 생각은 틀렸다. 이메일은 부가적인 요소가 아니라 생태적인 요소다. 2021년의 사무실은 1991년의 사무실에 약간의 요소를 더한 것이 아니다. 완전히 다른 사무실이다. 2021년의 사무실에서 일은 끝없이 이어지고, 즉흥적이며, 비체계적인 메시지의 흐름으로 전개된다. 이는 내가 '하이브 마인드 활동과잉'이라 이름 붙인 업무 흐름이다. 우리는 과거에 이런 방식으로 일하지 않았다. 그러나 지금은 하이브 마인드에 완전히 얽매여서 겉모습만 바쁜 생활에 짓눌린다. 또한 갈수록 끝없는 대화에 시달리면서 정작 중요한 일을 완수하는 데 어려움을 겪는다.

이 책의 1부에서 나는 이 역학을 자세히 설명하려고 했다. 나는 하이브 마인드 활동과잉 업무 흐름을 정의하는 데 더하여 그것이 우리의 직업적 삶을 어떻게 쇠퇴시키는지 다양한 방식을 설명했다. 또한 거기에 더하여 그것을 보편적으로 만드는 복잡한 힘들을 자세히 살폈다(알고 보면 그것은 경영 이론가인 피터 드러커가 초기에 주장한 지식노동자의 자율성과 많은 관련이 있다). 나는 이메일이 하이브 마인드 업무 흐름을 가능하게 만들었지만 불가피하게 만든 것은 아니라고 주장했다. 다시 말해서 우리는 이런 방식으로 일하는 데 고착된 것이 아니다. 이 책의 제목인 《하이브 마인드, 이메일에 갇힌 세상》은 나의 비전을 보다 자세히 묘사한 '하이브 마인드 활동과잉 업무 흐름이 없는 세상'이라는 구절을 간략하게 줄인 것이다.

이런 현실을 제시한 가운데 나는 이 책의 2부에서는 방향을 돌렸다. 즉, 이 업무 흐름의 부정적 측면을 대체할 수 있는 긍정적인 기회에 초점을 맞췄다. 아마도 이 책의 후반부에서 내가 제시한 가장 중요한 내용은 1장에 나오는 내용일 것이다. 거기서 나는 1900년에서 2000년 사이에 육체노동자의 생산성이 평균 50배 이상 높아졌다고 지적했다. 이 사실이 중요한 이유는 '지식노동'이라는 용어를 만든 피터 드러커가 말년에 이르러 지식노동자의 생산성이 1900년의 육체노동자의 생산성과 같은 수준에 머물러 있다고 평가했기 때문이다. 다시 말해서 우리는 지식노동이라는 이 새로운 경제를 운용하는 방법에 대해 피상적인 수준의 지식조차 갖고 있지 않았다. 즉, 하이브 마인드 활동과잉 업무 흐름의 족쇄에서 벗어남으로써 기대할 수 있는 생산성 향상은 엄청나다. 구체적으로는 GDP를 수천억 달러 규모로 늘릴 수 있다. 근래에 나와 이 문제에 대해 이야기를 나눈 한 실리콘밸리의 억만장자 CEO는 이렇게 말했다. "지식노동자의 생산성은 21세기의 달 탐사와 같습니다."

나는 이처럼 어마어마하게 중요한 노력에 체계를 부여하기 위해 '주의자본이론'을 제시했다. 지식노동의 주요한 자본 원천은 인간의 뇌(더 정확하게는 정보에 초점을 맞추고 더 가치 있는 새로운 정보를 생산하는 뇌의 능력)다. 이 사실을 인정하면 기본적인 자본주의 경제학이 힘을 얻는다. 즉, 이 자본을 활용하는 세부적인 방식에 성공이 좌우된다는 사실이 명백해진다. 이 이론의 관점에서 보면 하이브 마인드 활동과잉은 주의 자본을 활용하는 많은 방법 중 하나에 불과하다. 물론 이 업무 흐름은 쉽고 유연하다는 장점이 있다. 그러나 동시에 자본 투자수익률이 낮다는 단점도 갖고 있다. 이는 이미 접한 적이 있는 내용일 것이다. 단순한 자본 활용 방식에서 출발하여 결국 더 복잡하지만 수익성 높은 선택지로 나아가는 이야기이기 때문이다. 내가 보여주었듯이 이 이야기는 일찍이 산업혁명을 통해 기술과 상업을 분열시키는 충돌이 이뤄지던 시기부터 거듭 반복되었다.

2부의 다른 부분에서는 보다 현명한 업무 흐름을 설계하기 위한 여러 원칙들을 살폈다. 구체적으로는 모두를 수신함 중심으로, 중구난방으로 일하도록 놔두는 것이 아니라 보다 효율적으로 지식노동을 실행하는 방법들을 제시했다. 후반부에 담긴 아이디어들은 전략집을 구성하기 위한 것이 아니다. 나는 비즈니스 전문가가 아니라 학자다. 다만 나는 그 구체적인 내용들이 조직 혹은 개인의 직업적 삶에 맞는 새로운 전략의 개발을 촉진하는 데 도움이 되기를 바란다.

닐 포스트먼은 강의 말미에 이렇게 말했다. "과거 우리는 마치 몽유병 환자처럼 기술적 변화를 경험했습니다. 이는 어리석은 행태입니다. 특히 방대한 기술적 변화가 일어나는 시대에는 더욱 그렇습니다." 그의 말은 절대적으로 옳다. 디지털 시대의 지식노동은 어떤 역사적 척도로 보더라도 근래의 현상이다. 우리는 기술적 돌파구의 여파 속에서 대충 쉬운 업무 흐름을 선택해 구축해왔다. 이것이 복잡하고 새로운 유형의 업무를 조직하는 최고의 방법이라고 가정하는 것은 실로 몰역사적이고 근시안적이다. 우리는 첫 번째 시도에서 올바른 방법을 찾지 못했다. 그건 어쩌면 매우 당연한 일이다. 이런 맥락에서 보면 이 책에 담긴 나의 노력은 기술에 대한 반동적 거부와 무관하다는 사실이 명백해진다. 오히려 현재의 러다이트들은 향수에 젖어서 하이브 마인드 활동과잉에 매달리는 사람들이다. 그들은 갈수록 고도로 기술화되는 세상에서 우리가 일하는 방식을 개선하려고 애쓸 필요가 없다고 주장한다.

지식노동에 수반되는 좌절의 윤곽을 파악하게 되면, 이런 노력이 생산성뿐 아니라 보람과 지속 가능성도 크게 늘려줄 잠재력을 지녔음을 알게 된다. 이는 아직까지 거의 누구도 이야기하지 않는 가장 흥미롭고도 영향력 있는 도전 중 하나일 것이다. 포스트먼은 이렇게 결론 짓는다. "우리는 두 눈을 크게 뜨고 앞으로 나아가야 합니다. 그래야 기술에 이용당하지 않고 기술을 활용할 수 있습니다." 당신은 수신함에 지친 수많은 사람들 중 하나로서 수시로 주고받는 연락에 집착하는 문화 속에서 일을 잘하는 더 나은 방식이 분명 존재할 것이라고 믿는가? 그렇다면 지금은 눈을 크게 떠야 할 때다.

나는《딥 워크》원고를 끝낸 거의 직후에 이 책에 대한 작업을 시작했다. 당시 나는 디지털 네트워크의 시대에 지식노동에 악영향을 주는 문제들의 복잡한 지형을 피상적으로만 파악했다는 사실을 알았다. 하지만 머릿속에 맴도는 생각들을 정리하여 유용한 이론적 기틀을 다지는 데 꽤나 애를 먹었다. 2015년 가을에《딥 워크》가 출간 준비에 들어가면서 나의 생각은 차기작으로 넘어가고 있었다. 그 무렵의 어느 날 나는 메릴랜드 주 베데스다Bethesda에 있는 반스 앤드노블Barnes & Noble(불행하게도 지금은 문을 닫았다)의 페이퍼백 서가를 훑어보고 있었다. 그때 재런 러니어Jaron Lanier의 책인《미래는 누구의 것인가Who Owns the Future?》를 우연히 접했다. 나는 그가 인터넷 아키텍처의 경제적 영향에 대한 비판을 과감하고도 명확한 대안을 제안하는 것으로 보완한 것에 강한 인상을 받았다. 그 책을 들고 복도에 서 있는 동안 내가 씨름하던 조사 자료와 직관의 흐릿한 덩어리를 즉시 명료하게 만드는 깨달음이 내 머릿속에 떠올랐다. 일을 하는 데 이메일이 필요하지 않다면 어떨까?

내가 이 비전에 대해 처음 말한 사람은 아내인 줄리Julie였다. 그녀는 내가 21살 때 랜덤하우스Random House와 처음 출간 계약을 맺은 이래 도서 콘셉트를 가늠하고 형성하는 데 도움을 주었다. 그녀는 초기 단계의 도서 아이디어를 거르는 핵심 필터였다. 그래서 그녀가 보인 긍정적인 반응은 전체 과정을 움직이게 만들었다. 나의 비전을 두 번째로 들은 사람은 오랜 출판 에이전트이자 멘토로서 역시 21살 때부터 같이 일한 로리 압케마이어Laurie Abkemeier였다. 그녀도 이 콘셉트를 개발해보라고 격려했다. 그래서 길고, 빙 돌아가고, 지적으로 힘든 자료조사 과정이 시작되었다. 이 과정은 궁극적으로 내가 이 책을 시장에 내놓는 것으로 이어졌다. 포트폴리오Portfolio의 담당 편집자인 니키 파파도풀로스Niki Papadopoulos는 임프린트 발행인인 에이드리언 재크하임Adrian Zackheim과 더불어 이 책에 대한 열의를 보였다. 그들은 《디지털 미니멀리즘Digital Minimalism》(2019년에 먼저 출간됨)과 같이 이 책의 출판권을 사들였다. 니키는 이 책을 만드는 과정에서 핵심적인 역할을 했다. 그는 이 주제들을 보다 포괄적으로 다루기 위한 나의 어조와 접근법을 다듬어주었다. 그의 노력에 무한한 감사를 표한다. 또한 마고트 스타마스Margot Stamas와 릴리언 볼Lillian Ball을 비롯한 포트폴리오의 홍보팀에게도 감사드리지 않을 수 없다. 나는 《디지털 미니멀리즘》이 출간되었을 때 그들과 긴밀하게 협력했다. 그런데 운 좋게도 이번 책을 위해 다시 협력하게 되었다. 마케팅을 맡은 메리 케이트 스키한Mary Kate Skehan과 출판을 위한 세부적인 측면을 관리한 킴벌리 메일런Kimberly Meilun도 마찬가지다.

많은 동료 저술가, 친구, 가족, 이웃들이 오랫동안 이 책의 콘셉트에 대한 이야기를 듣고 현명한 조언을 해주었다. 대충 간추리기에는 너무 수가 많지만 그들의 관대한 피드백은 명백히 나의 아이디어를 다듬는 데 큰 역할을 했다. 끝으로 〈뉴요커〉의 담당 편집자인 조슈아 로스먼Joshua Rothman의 기여를 언급하고 싶다. 그는 집필 기간에 이 책에서도 다룬 주제에 대해 두 편의 글을 써달라고 요청했다. 덕분에 연관된 자료들을 수집하는 속도를 높일 수 있었다. 또한 편집자로서 그가 제시한 지침은 해당 주제들에 대한 생각과 저술을 개선하는 데 도움을 주었다.

NEW MAIL

인터뷰/번역: 전선영
유튜브채널 [That Korean Girl 돌돌콩] 운영자

Q_   박사님의 7번째 책 《하이브 마인드, 이메일에 갇힌 세상》이 드디어
세상에 나왔네요. 그간 출간하신 박사님의 책들을 살펴보면, 그중 몇 권은 특
히 서로 밀접하게 연결되어 있다는 생각이 드는데요. 이번 책 《하이브 마인드,
이메일에 갇힌 세상》은 전에 출간된 《열정의 배신》, 《딥 워크》, 《디지털 미니
멀리즘》과 어떻게 연결이 되나요?

A_   지금까지 나온 책들을 크게 두 그룹으로 묶을 수 있겠네요. 일
단 처음에 낸 3권의 책, 《성공하는 사람들의 대학생활 백서》, 《올에이
우등생들의 똑똑한 공부 습관》, 《고등학교에서 슈퍼스타가 되는 법 How
To Be a High School Superstar》을 학교생활 3부작으로 묶을 수 있습니다. 제가
학생이던 시절에 쓴 책들이에요. 그리고 그 후에 출간된 《딥 워크》, 《디

지털 미니멀리즘》, 그리고 이번에 나온 책《하이브 마인드, 이메일에 갇힌 세상》까지를 또 다른 한 그룹으로 묶을 수 있어요. 제가 컴퓨터학과 교수로 살면서, 기술과 문화에 관한 이야기를 쓴 책들입니다.《딥 워크》와《하이브 마인드, 이메일에 갇힌 세상》에서는 기술이 우리에게 미치는 영향, 특히 업무 영역에서 예기치 않게 우리가 경험하게 된 악영향에 관한 얘기를 다뤘습니다. 우리가 그에 대해 뭘 할 수 있는지에 관한 얘기도 했고요. 그 두 책 사이에 출간된《디지털 미니멀리즘》에서는 업무 외 개인 사생활의 영역에서 기술의 영향에 관한 이야기를 했습니다.

출간 순서가 좀 꼬였는데, 사실 이번 책《하이브 마인드, 이메일에 갇힌 세상》은《딥 워크》가 출간된 후 바로 작업을 시작한 책이에요. 그래서 이 책의 초반부에 나오는 인터뷰 중에는 2016년에 한 것들도 있습니다. 그런데,《디지털 미니멀리즘》을 쓰느라 잠시 이 책의 작업을 중단했었어요. 당시 급변하고 있던 문화 때문이었습니다. 미국에서는 특히 거의 하루아침에 일어나다시피 한 변화였는데, 스마트폰이 삶을 윤택하게 하는 도구에서 우리를 피로하게 하는 도구로 탈바꿈하는 걸 볼 수 있었던 시기였죠.《디지털 미니멀리즘》에 대한 이야기가 꼭 필요한 시기라고 생각해서 그 책을 먼저 완성해서 출간한 후, 다시《하이브 마인드, 이메일에 갇힌 세상》집필로 돌아왔습니다. 그리고, 학교 3부작과 기술과 문화 3부작 사이에 나온 책이《열정의 배신》인데, 제가 졸업을 하고 박사 후 과정을 하면서 쓴 책으로, 커리어에 대한 조언을 담고 있습니다.

Q _ 박사님의 글을 좋아하는 이유가 여러 가지가 있는데요. 큰 이유 중 하나가 바로 고민하던 문제에 적절한 이름을 붙여주신다는 점이에요. 사람들이 생산성이나 업무 능률에 관한 고민을 할 때, 그에 대한 어려움을 겪는 이유 중 하나가 "대체 이 문제를 뭐라고 어떻게 표현해야 할지 모르겠다"는 느낌 때문인 것 같거든요. 그런데 박사님은 거기에 '딥 워크', '디지털 미니멀리즘', '타임 블로킹'처럼 명확한 이름을 붙여주시잖아요. 그렇게 한번 개념화가 되고 나면, 그에 대해서 찾아볼 수 있고, 다른 사람들과 그에 대한 얘기를 나눌 수도 있고, 문제점을 해결하기도 용이해지는 것 같습니다. 이번 책《하이브 마인드, 이메일에 갇힌 세상》에서 등장하는 핵심 개념은 '하이브 마인드 활동과잉'인데, 이게 무엇인지, 또 왜 나쁜지 설명해주실 수 있나요.

A _ '하이브 마인드 활동과잉'은 이번 책에서 빌런처럼 다뤄지는 개념이죠. 1990년대에 들어서면서 이메일이 업무의 영역에 들어오기 시작했는데, 그간 우리가 쓰던 팩스와 음성 사서함, 메모 같은 통신 수단의 문제점을 해결해주는 새로운 대안으로 도입이 됐죠. 이 이메일이 점점 더 보급되고 흔히 이용되면서 나타난 현상이 바로 하이브 마인드 활동과잉입니다. '회사에서 이뤄지는 모든 소통은 굳이 따로 일정을 잡지 않아도 디지털 메시지를 쓰면 수시로 할 수 있다'는 생각이 자리 잡으면서 팀원 간의 소통, 고객과의 소통, 회의 일정 조정 등을 다 이메일로 하기 시작했죠. 이런 소통 방식에 모두가 익숙해지면서 머지않아 이보다 더 신속하게 메시지를 주고받을 수 있는 인스턴트 메신저들까지 업무에 도입됐습니다. 슬랙Slack이나 마이크로소프트 팀Microsoft Teams과

같은 것들이죠. 구체적인 방식이 뭐가 됐든, 대충 상황을 봐가며 메시지를 주고받으면서 업무를 처리하는 방식이 하이브 마인드 활동과잉을 유발하게 됩니다. 다른 사람들과 함께 일을 진행하며 디지털 메시지를 사용해서 소통을 하다 보니, 이메일이나 메신저의 수신함을 굉장히 자주 확인해야 하죠. 작업이 지체없이 진행이 되려면, 신속하게 확인하고 대답해야 하니까요. 끊임없이 업무를 체계화하고, 수많은 의사결정이 이뤄져야 하는 상황에서 우리가 수신함에서 벗어날 수 있는 시간은 그리 많지 않습니다.

그런데 이게 왜 문제가 되는 걸까요? 이렇게 끊임없이 의사소통을 살펴야 하는 상황을 우리 뇌가 지원할 수 없기 때문입니다. 일하다가 말고 수신함이나 채팅창을 확인하러 가는 매 순간, 우리 두뇌는 인지적인 맥락 전환을 수행하게 되죠. 이게 대가가 큽니다. 시간도 걸리고요. 수신함을 체크한 후 다시 하던 일로 돌아오면, 이 인지적 맥락 전환의 여파로 집중력도 떨어지고 명확하게 생각하는 능력도 저하되며, 피로감과 불안감도 야기됩니다. 하이브 마인드 활동과잉은 쉽고, 편하고, 탄력적으로 느껴지죠. 하지만 이 때문에 지식노동자들이 정작 중요한 일에 두뇌를 활용할 수 있는 능력이 저하되고 있는 겁니다.

Q _   이 책에서 박사님이 다루시는 건, 이메일이 아예 없는 세상은 아니죠. 방금 말씀하신대로, 이 책은 하이브 마인드 활동과잉이 없는 세상에 대한 이야기이고, 하이브 마인드 활동과잉을 유발하는 이메일들이 사라져야 한다고 보시는 건데요. 구체적으로 어떤 종류의 이메일이 하이브 마인드를 촉발하나

요? 또 어떤 종류의 이메일은 여전히 유용하게 사용될 수 있나요?

A_ 이메일은 정보를 전달하는 데 있어서 여전히 아주 유용한 수단입니다. 예를 들어, 제가 쓰는 에세이들을 매주 구독자분들께 보내드리는데, 몇천 장을 종이에 복사해서 우편으로 보내드리는 것보다 한 번에 이메일로 보내드리는 게 훨씬 효과적이죠. 공지사항을 전달할 때도 이메일은 유용합니다. "구내식당에 오늘 미트 로프가 나온답니다"와 같은 얘기도 이메일로 전달하기 좋은 정보고요. 전자파일을 전달하는데도 이메일은 아주 효과적입니다. 이메일이 처음 등장했을 때 굉장히 매력적이었던 이유 중 하나가 팩스를 대체할 수 있다는 점이었죠. 계약서의 전자파일을 이메일에 첨부하면, 먼 곳에 있는 사람에게도 바로 전달할 수 있으니까요. 또한, 급하지 않고 간단한 질문을 해결하는 데에도 이메일은 유용합니다. 예를 들어서, 내가 원하는 정보를 상대방이 갖고 있고, 딱히 급하진 않지만 그 정보가 필요한 경우, 전화를 하거나 부재중 음성 메시지를 남기는 것보다 이메일을 보내는 게 훨씬 편리하죠. 받는 사람이 확인할 수 있을 때까지 수신함에 보관되고, 확인하는 대로 바로 답을 보내줄 수 있으니까요.

이메일이 하이브 마인드 활동과잉을 불러일으키며 문제가 되기 시작하는 지점은 몇 번이나 이메일을 주고받아야 할 때입니다. 상호 의사소통을 해야 하는 경우, 예를 들면 다른 사람과 의논해서 의사결정을 해야 할 때, 함께 전략을 구상하거나 계획을 짜야 할 때 등, 몇 번이고 이메일을 주고받아야 하는 경우, 이메일은 그렇게 유용한 소통 수단이 아닙니다.

Q_ **이메일을 몇 번씩 주고받는 게 왜 특히 문제가 되죠?**

A_ 두 가지 큰 문제점이 있습니다. 첫 번째로, 인지적 맥락 전환을 수행할 때 우리가 치르는 대가예요. 우리가 하던 일을 멈추고 메시지가 가득 차 있는 수신함으로 주의를 돌릴 때를 생각해볼까요. 우리가 하던 일을 갑자기 바꿀 때 뇌는 새로운 맥락에 적응하려고 합니다. 이 이메일은 이 프로젝트에 관한 것, 저 이메일은 저 프로젝트에 관한 것, 어떤 건 급한 일이고, 어떤 건 내가 답변을 해줘야 하고…. 수신함이라는 전환된 맥락에서 어떤 신호를 증폭시키고 억제할 것인지 우리 뇌가 적응하려 하죠. 근데 우리가 또 이 적응 과정을 곧바로 또 중단시켜요. 왜냐면, 혹시 뭐 큰일이 없나 재빨리 확인만 한번 하려고 한 거거든요. 별일이 없다는 걸 확인하고 나면, 다시 하던 일로 돌아가려고 하죠. 근데 수신함을 살펴보느라 이미 한 번 맥락 전환을 촉발시켰잖아요. 그 전환 과정이 완료되기 전에 하던 일로 돌아가면서 또 한 번 맥락 전환을 하려고 하는 거예요. 우리 뇌는 이런 일을 감당하기에 적합하지 않습니다. 굉장히 지치는 일이고, 이것만으로도 초조함이 초래되고도 남죠.

다른 하나는, 사람은 사회적 존재라는 사실입니다. 우리는 일대일 관계를 진지하게 받아들이죠. 인류학적으로 이는 우리의 생존과 관계된 문제이기도 합니다. '아, 나를 필요로 하는 사람들의 메시지가 쌓이고 있는데 나는 답을 하고 있지 않아'라는 생각이 우리를 굉장히 불편하게 하죠. '죽고 사는 문제도 아닌데 뭐. 조금 있다가 처리해도 괜찮아.'라고 아무리 자신에게 말을 해도, 뇌 깊숙한 곳에서는 '이거 정말 스트레스받는다.'라는 생각을 하고 있는 거예요. "우리 부족의 일원이 나를 원하는데, 나는 그걸 무시하고 있어. 이건 생사가 걸려 있는 일이다. 다음번에 기근이 오면 나한텐 음식을 안 나눠 줄 테니까."라는 생각이, 뇌가 작동하는 방식의 일환으로 깊이 박혀 있어서, 아무리 그 생각에서 벗어나려고 해도 안 되는 거죠. 이 때문에 우리는 맥락 전환의 늪에서 쉽게 빠져나올 수가 없는 거고요.

Q ＿ 맥락 전환으로 우리가 치르는 대가가 얼마나 큰지는 어떻게 알 수 있나요? 개인적 차원에서 치르는 대가도 있겠지만, 팀이나 회사 차원에서의 손실도 있을 텐데요. 이걸 정량적으로 평가하려는 연구랄지, 시도가 있었을까요?

A ＿ 지식노동에서 이 측정이 까다로운 것은 사실입니다. 제조업의 경우 이 측정이 좀 더 명확했죠. 예를 들어, 제품 공정과정에서 조립라인을 개선하려는 상황이에요. 기존의 방법으로는 자동차 한 대를 생산하는데 이만큼의 시간이 걸렸는데, 새로운 방법을 도입했더니 그 시간이 얼마만큼 줄었더라는 식의 명확한 측정이 가능했죠. 하지만, 지식노동에선 이런 측정이 어렵습니다. 가장 큰 이유 중 하나는 대부분의 지식노동자들이 한번에 다양한 역할과 업무를 감당하기 때문이죠. 이 때문에 단기적으로는 누가 얼마나 일을 잘하는지를 측정하기 어려운 경우가 많습니다.

하지만 이에 대한 표적 연구는 있어요. 사람들에게 업무 완성도가 정량적으로 측정 가능한 일을 줬어요. 그리고 그 사람들 중 반만 따로 떼어서, 업무를 하는 중간에 고의로 방해를 했죠. 방해 요소를 경험한 후 사람들이 다시 하던 일로 돌아갔을 때의 업무 능력을 측정했더니, 업무 능력이 떨어진다는 걸 알 수 있었고요. 머리를 많이 써야 하는 업무에서, 방해 요소 때문에 업무 능력이 몇 퍼센트가 저하됐다는 사실을 이렇게 미시적인 수준에서는 분명하게 측정을 해서 밝혀낼 수 있습니다. 하지만 거시적으로는 무엇을 측정해야 하는지 좀 불분명한 경우가 많죠.

Q _ 우리가 그런 대가를 치르고 있음에도 불구하고, 왜 이메일 수신함 중심의 업무 흐름이 좀처럼 바뀌지 않는 걸까요. 변화를 가로막고 있는 가장 큰 장애물이 뭔가요?

A _ 가장 큰 이유는, '자율성'을 강조하는 지식노동의 특성 때문일 겁니다. 지식노동만의 독특한 속성이기도 해요. 그 시작은 20세기 중반으로 거슬러 올라가는데, '지식노동'이라는 말이 만들어지기도 전이죠. 제조업에서 지식산업으로 옮겨오면서, "새로운 형태의 노동은 어떤 식으로 이뤄질 것인가?"라는 질문이 대두되었습니다. 이 질문에 굉장히 골몰했던 사람 중 하나가 피터 드러커인데, "지식노동"이란 말을 만들어낸 사람이기도 하지요. 피터 드러커는 지식노동이 어떤 식으로 진화해가는지에 대해 전 세계적으로 굉장히 영향력이 있었던 사람이었어요.

이 사람이 펼친 주장 중에서도 특히 영향력 있었던 게 뭐냐면, 바로 "자율성이 핵심이다."라는 얘기였죠.

지식노동에서는 일하는 사람에게 어떻게 일을 할 것인지 일일이 지시할 수 없습니다. 매니저의 역할은 노동자들에게 업무 목표를 주는 거예요. 일단 목표가 설정되고 나면, 어떻게 일을 해서 그 목표를 달성하는지는 일하는 사람 본인이 직접 결정하도록 맡겨두는 거죠. 일리가 있는 이야기예요. 드러커가 강조하고 싶었던 건, 지식노동에서의 업무는 제조업에서의 조립라인 업무처럼 분해가 되지 않는다는 겁니다. 예를 들어, 광고 회사에서 카피라이터가 하는 일을 제조업의 조립라인에서 했던 것처럼 분해해서 분배하기는 어려우니까요. 카피라이터가 본인 만의 방법으로 창의성을 발휘할 수 있게 놔둬야 한다는 거죠.

문제는 뭐냐면, 여기서부터는 제 주장인데요, 이 자율성의 개념을 우리가 과잉 적용하고 있다는 겁니다. 자율성을 지식노동의 '업무 실행'에만 적용하는 게 아니라 '업무 흐름'에까지 적용하고 있는 거예요. 어떤 일을 해야 하는지, 각 프로젝트의 어느 정도의 시간을 할애할 것인지, 어떻게 협력하고 소통할 것인지, 이런 결정까지 개인이 자율적으로 하도록 맡겨버린 거에요. 생산성과 직결이 되는 문제들인데, "생산성은 개인의 영역이야"라고 던져놔버렸죠. "우리는 업무의 목표만 제공할 테니, 어떻게 하면 효율적으로 일할 수 있는지는 각자 알아서 밝혀내세요."라고 하는 환경에서, 사람들은 자연스럽게 가장 쉽고, 편하고, 유연하다고 느끼는 방법을 택하게 됐습니다. 효율적인 업무 흐름에 대한 고민을 조직 차원에서 안 하다 보니, 개인적 차원에서는 끊임없이 이메일 수신함을 들락날락 해야 하는 업무 흐름에서 벗어날 수가 없고, 그만 하이브 마인드 활동과잉에 갇혀버린 겁니다.

Q_   해결책에 관한 얘기를 해볼까요. 하이브 마인드 활동과잉에서 벗어나기 위해 급진적인 해결책을 도입한 회사들을 책에서 소개하시잖아요. 이 문제를 인식조차 하지 못하고 있는 조직들도 많은데, 그 회사들이 특히 이 문제의 심각성을 먼저 인식하고 해결책을 모색하기 시작한 계기가 있었을까요?

A_   한계치에 달한 거예요. 책에서도 소개한 UX 디자인 회사의 경우, 처음에는 슬랙을 없앴고, 결국 이메일도 거의 안 쓰게 됐어요. 특별한 공지사항을 전달할 때 아주 가끔 이메일을 쓰긴 하지만, 일상적인 업무처리에는 이메일을 쓰지 않는다고 하더라고요. 그 회사가 그런 변화를 꾀하게 된 이유는 다름 아닌 직원들의 번아웃 때문이었어요. 회사 고객 중에 요구가 굉장히 많은 고객들이 있었고, 그 고객들은 엔지니어들이 업무를 할 때 쓰는 슬랙 채널의 접근 권한을 요구했어요. 그리곤 문제가 있을 때마다 슬랙에 와서 엔지니어들과 메시지를 주고받았죠. 그게 끝이 없었고, 결국 핵심 엔지니어 두 명이 회사를 그만뒀어요. "더는 이런 식으로 일을 못 하겠다"고 하면서요. 그때 회사의 공립 창립자 중 한 명이 과감한 결단을 내린 거죠. "여기까지예요. 우리 회사에서는 이제부터 슬랙을 쓰지 않습니다. 온종일 이메일 교환만 하는 일도 없을 거고요. 이것 때문에 회사 문을 닫게 된다면 차라리 문 닫겠습니다. 이렇게 계속 가다간 우리 모두 미쳐버릴 거에요."라고 공표했죠. 이처럼, 하

이브 마인드 활동과잉에서 벗어나기 위해 갖가지 새로운 방법을 모색했던 선구자들은 대부분 기존의 업무 흐름에 완전히 절망했기 때문이었어요. 한계점에 도달해서 "정말로 일을 이렇게 할 수밖에 없는 걸까?"라는 질문을 던질 수밖에 없었던 거죠.

Q _ **문제를 인식한 회사들이 저마다 다양한 방법으로 이 문제를 해결하려고 했을 것 같은데요. 성공적인 변화를 이끌어낸 사례들에서 공통적으로 발견되는 접근법이랄지, 마인드 셋의 변화가 있었나요?**

A _ 지금까지 우리는 이메일을 유지하는 선에서 어떤 해결책을 도입할 수 있나 고민을 해왔죠. '수신함을 좀 더 효율적으로 관리하는 습관이 필요해', '수신함을 좀 덜 자주 체크하자', '이메일 제목을 좀 더 잘 달아야 해', '이메일 확인과 답장 속도에 대한 기대치를 다시 설정해야 해', '집에서는 이메일을 체크하지 않아도 돼' 등등 많은 노력이 있었어요. 하지만 이런 해결책들을 아무리 시도해봐도, 업무에 관한 소통이 이메일로 이뤄지는 한, 궁극적인 문제는 해결되지 않습니다. 이메일 중심의 작업 흐름이 조직 내에 만연하다면 결국 직원들은 이메일을 계속 체크하지 않을 수가 없기 때문이죠. "나는 이메일을 하루에 한 번만 확인할 거야!"와 같은 결심은 지속되기가 힘듭니다. 열 다섯 명의 팀원들과 이메일로 소통하며 함께 프로젝트를 진행하는데, 나만 하루에 한 번 이메일을 확인한다고요? 그럼 내가 다른 열 다섯 명의 일을 지연시키는 건데요. 그게 될까요? 하이브 마인드 활동과잉에 기초한 업무 흐름이

지속되는 이상, 단순히 당신과 수신함의 관계를 변화시키는 방법으로는 이 문제를 해결하기 힘들 겁니다. 회사 차원에서 "아, 지금의 업무수행 방식에는 문제가 있구나. 수시로 주고받는 메시지 중심의 소통에서 자유로워져야 하는구나. 다른 걸로 대체를 해야 하는구나."라는 인식을 하게 된다면, 수신함을 터질 듯이 채웠던 압력이 점점 내려가고 늘 이메일을 체크해야 한다는 강박도 자연스레 사라질 겁니다. 이 책으로 제가 이끌어내고자 하는 큰 변화도 바로 이거예요. 수신함을 어떻게 하면 더 잘 이용할 수 있을까에 대한 고민은 이제 그만하고, 좀 더 근본적인 문제를 건드려야 합니다. 끊임없는 이메일 교환을 유도하는 현재의 업무 흐름에 대해 궁극적으로 재고해봐야죠.

Q _ 저 같은 경우는 매니저도 아니고, 경영진도 아니고, 회사의 일개 직원인데요. 회사 차원에서 현재 업무 흐름에 대한 구조적인 변화가 없는 상황에서, 개인적으로 시도해볼 수 있는 해결책도 있을까요?

A _ 좋은 소식은 개인적으로도 할 수 있는 게 많다는 겁니다. 일단 문제가 뭔지를 인식했다면, 내가 통제할 수 있는 것들에 집중하는 겁니다. 제가 추천하는 방법은 본인이 정기적으로 처리해야 하는 업무 절차의 목록을 한 번 쭉 적어보는 거예요. 그게 뭔지 감이 잘 안 잡힌다 싶으면, 이메일 수신함을 한번 잘 살펴보세요. 날을 하루 잡아서 이메일이 도착하면 스스로 한번 물어보세요. '무엇 때문에 이 이메일을 주고받아야 하는 거지?'라고요. 평균적으로 직원 한 명이 5개에서 15개의 다른

업무를 감당한다고 해요. 본인이 감당해야 하는 각각의 업무에 대해서 "어떻게 하면 수시로 교환되는 메시지의 양을 줄일 수 있는가"라는 질문을 던져보고, 그 방법을 나름으로 생각해보는 거죠.

아, 이 과정에서 잊지 말아야 할 게 있어요. 본인이 꾀하는 변화에 대해서 주위 사람들한테 떠들거나 소란을 떨 필요가 없다는 거예요. 조용히 시작해서 실행해보는 겁니다. 여기에는 심리적인 이유가 있어요. 말하자면 이런 거죠. 다른 사람들과 함께 일하는 환경에서 어떤 변화를 도입한다고 할 때, 그에 대한 사람들의 의견을 먼저 구하면 사람들은 그 변화에 찬성해 줄 확률이 높아요. 반대로, 그 사람들에게 발언권을 전혀 주지 않은 상태에서 변화를 강요는 방식으로 도입하면 반발이 일어날 확률이 높죠. '상대방이 뭔가를 시도하는데, 내게 피해가 온다. 그런데 나는 그에 대해서 아무런 발언권이 없었다.'라고 할 때, 사람은 본능적으로 "나는 이거 싫은데?"라고 하기 쉬워요.

예를 들어, 팀 차원에서 "업무 흐름을 개선할 수 있는 방법에 대해 함께 생각해봅시다."라고 했을 때 앞으론 어떻게 할 것인지, 다들 그에 대해 이해했는지, 팀원들이 모두 발언권을 가진 상태에서 논의하면, 이 변화는 지속될 확률이 높겠죠. 근데 당신 혼자 변화를 꾀하려고 계획을 다 세운 후, 상사에게 가서 "앞으론 저한텐 이메일 보내지 마세요. 다른 방법으로 연락하셔야 합니다."라고 하면 상사는 당신이 꾀하는 변화가 본인에게 피해를 준다고 생각할 거예요. 그리고 그에 대해 본인은 발언권이 없었기 때문에, 그 변화가 좋은 건지 아닌 건지 이성적으로 판단하기 전에 "안 된다"고 할 확률이 높은 거죠. 개인적으로 해결책을 모색하되, 조용히 실행해보는 겁니다. 그 과정에서 뭔가 문제가 생기면, 그때 정중히 사과하고 문제를 적극적으로 해결하면 되죠. 내가 이걸 왜 하는지, 그 뒤엔 어떤 원리가 있는지 등을 일일이 설명할 필요 없습니다.

Q _ **꼭 구조적인 변화가 선행되지 않아도 된다는 말씀인가요?**

A _ 제가 생각하는 가장 이상적인 방법은, 회사 차원에서의 "우리는 이제부터 하이브 마인드 활동과잉에서 벗어날 겁니다. 팀 단위로 그 대체재를 찾아주세요."라는 움직임이 있고, 구체적인 방법은 팀 단위로 모색하는 거예요. 예를 들어, 삼성의 CEO가 "오늘부터 회사 차원에서 모든 직원들이 하이브 마인드 활동과잉에서 벗어날 수 있는 방법을 모색하겠습니다." 한다고 해서 대체재를 찾는 건 거의 불가능해요. 위에서부터 위계적으로 지시하는 건 오히려 상황을 악화시킬 수도 있고요. 실질적으로 업무를 수행하는 사람들의 의견이 반영될 수 있어야죠.

개인적인 차원에서의 모색하는 해결책은 아마 팀 단위에서 모두가 논의해서 도입하는 해결책보다야 좀 덜 효과적일 수 있겠지만, 지금의 상황보다는 아마 훨씬 나을 겁니다. 개인적 차원의 변화를 꾀할 때, 가장 집중할 사항은 매일 수신하는 이메일의 개수도 아니고, 이메일을 읽고 쓰는 데 들어가는 시간도 아니고, 이메일의 제목을 얼마나 효율적으로 붙이는지도 아니에요. 예고 없이 수시로 교환되는 이메일의 개수를 줄이는 거예요. 이거야말로 당신이 얼마나 자주 인지적 맥락 전환을 하는지 지표가 되어주기 때문이죠.

간단한 예를 들어볼까요? 상사가 이번 주에 당신과 미팅을 하고 싶다고 했어요. 미팅을 잡는 가장 쉬운 방법은 "언제 시간 괜찮아요?"라고 물어보는 거죠. 상사가 그렇게 물어오면, 당신이 "월요일은 어떠세요?"라고 답장하고, 그럼 상사는 또 "월요일은 바쁜데, 화요일은 어때요?"라고 하고, 이러면서 메시지 교환이 시작되죠. 이 미팅을 하나 잡는데 오간 이메일의 개수가 10개라고 해볼게요. 5개는 당신이 쓴 거고, 5개는 상사가 쓴 거라고 할 때, 당신은 이메일을 쓸 때마다 상사의 답장에 대기해야 하잖아요. 미팅을 이번 주에 해야 하는 상황이고, 일정 잡는 걸 미룰 수가 없으니까요. 메시지 하나당 수신함을 10번 체크한다고 하면, 이 미팅 하나를 잡는데 수신함을 50번 체크하는 셈이 되죠. 이 사태가 심각하다고 생각된다면 그 대안을 생각해보는 거죠.

자, 다시 처음으로 돌아가서, 상사가 "이번 주에 미팅 할 수 있나요? 언제 시간 괜찮아요?"라고 물어봐요. 그때 5분 정도 시간을 들여서 이번 주 일정을 확인한 후, 가능한 시간대를 한꺼번에 10개 정도 보내는 거예요. 그 순간에는 이게 너무 귀찮죠. "부장님은 언제가 좋으신데요?"라고 간단한 답장을 보낼 수도 있는 건데, 그 대신 5분이란 시간을 들여서 일정을 추리는 수고를 감당해야 하니까요. 하지만 그렇게 5분을 할애한 덕분에 수신함을 50번 덜 체크해도 된다고 생각해보세요. 게다가 수신함을 한 번 체크할 때마다 맥락 전환 때문에 손해 보는 업무 역량이 5분에서 15분 정도가 되는데, 그게 쌓이면 엄청나겠죠.

Q _   하이브 마인드 활동과잉으로 부터 벗어나려는 노력을 시작한 후, 맞는 방향으로 옳게 가고 있는지 어떻게 알 수 있느냐는 질문을 드리려고 했는데, 이미 대답해주신 것 같아요. 예고 없이 교환되는 메시지의 수가 줄어들면 잘 가고 있다는 신호라고 봐도 되는 거겠죠?

A _   맞아요. 그게 핵심이죠. 하이브 마인드 활동과잉에서 이미 벗어난 회사들에는 공통점이 있어요. "내일 하루 이메일을 체크하지 않는다면, 무슨 일이 벌어질 것 같나요?"라고 물었을 때, 그 회사들의 직원들은 "뭐 큰 문제 없을 것 같은데요?"라고 하죠. 이메일을 아예 안 쓰는 게 아니라, 이메일을 하루 이틀 확인하지 않는다고 해도, 업무상 크게 지장이 없다는 겁니다. 이쯤 되면 하이브 마인드 활동과잉에서 벗어났다고 볼 수 있겠죠.

　　　　책에서 언급한 UX 회사의 CEO를 인터뷰할 때 이야기에요. 제가 물어봤어요. "지금 이메일 수신함을 열어서 어떤 메일이 들어있는지 읽어 주실 수 있나요?"라고요. 그래서 그분이 수신함에 어떤 이메일이 들어 있는지 쭉 읽어줬는데, 마치 25년 전쯤에 우리가 쓰던 우편함을 열어보는 거랑 비슷한 느낌이었어요. 회계사가 보내준 청구서 사본, 기술적인 문제가 있어서 해당 업체에 보고하고 받은 영수증 등 예전에 우리가 우편물로 받곤 했던 것들이 거기 들어있었죠. 그 외에 사적인 메시지들이 몇 개 있었는데, 예를 들어, 직원과 나눈 월급인상에 관한 대화 같은 건 어디에 공적으로 노출할 필요가 없으니까 이메일로 했더라고요. 물론 그 일들이 안 중요하다고 하는 게 아니에요. 하지만 지금 당장 체크하지 않는다고 해서 큰일이 나는 내용은 아니니까요. 저는 많은 사람들이 그 단계까지 나아갔으면 좋겠습니다.

Q _ 분명 변화를 반기지 않는 사람들도 있었을 텐데요. 특히 이메일이라는 수단은 쉽고, 편하고, 무료니까요. 게다가 새로운 업무수행 방식을 도입할 때 단기적으로 감수해야 하는 불편함도 있었을 테고요. 이메일에서 벗어난 회사들은 실제로 변화에 반대하는 사람들을 어떻게 설득했나요?

A _ 제가 발견한 사실 하나는, 현재의 업무 흐름을 두둔하는 사람이 그렇게 많지 않다는 거예요. 흥미로운 지점이죠. 우리가 흔히 하는 실수 중 하나는, '다른 것들은 그대로 둔 채, 이메일만 덜 쓰면 어떻게 달라질까?'라는 생각으로 접근하는 거예요. 하이브 마인드 활동과잉이라는 근본적 원인을 바꾸지 않고 이메일만 덜 쓰려고 하면 그 결과가 처참할 수밖에요. 실제로 많은 사람들이 이 단계에서 포기하기도 하고요. 그런데 "일을 하려면 끊임없이 메시지를 주고받아야 하는 이 방식 자체를 바꿔야 한다"는 사실을 일단 명확히 한 후, 메시지 교환이 필요 없는 새로운 업무 진행 방식으로 옮겨간다면, 이메일의 홍수에서 살지 않아도 된다는 사실을 머지않아 알 수 있어요. 이걸 잘 설명하면 대부분의 사람들은 이 변화를 환영합니다.

　　사람들이 약간 긴장하는 부분이 있다면, 외부 소통에 관한 건데요. 팀원들끼리의 소통은 그렇다 하더라도, 고객들이 우리를 접촉할 땐 이메일 없이 어떻게 하느냔 거죠. 그런데, 제가 살펴본 바에 의하면,

고객들이 원하는 건 일하는 사람에 대한 접근 권한이 아니에요. 그 사람들을 괴롭히는 것도 원치 않고요. 고객들이 원하는 건 명료함이죠. 문제가 생겼다거나 질문이 있을 때, 확실히 처리할 수 있는 방법을 고객들은 알고 싶어 해요. 그래야 빨리 처리하고 본인은 그 문제에서 벗어날 수 있으니까요. 그런데 명확한 설명을 제공하지 않으면, 고객으로서는 "이메일 보내서 물어봐야겠다"가 기본 설정이 되는 거죠. 문제는 빨리 해결될수록 좋으니까 신속하게 답장을 받을수록 좋다고 생각하고요.

그런데 꼭 이메일 교환이 아니어도 문제를 해결할 수 있는 명확한 방법이 있고, 그 방법을 믿을 수만 있다면 고객들은 불만이 없어요. 책에서 언급했던 회사의 이야기이기도 한데요. 처음에는 고객에게 슬랙 채널에 접근 권한을 주고, 문제가 생길 때마다 거기 와서 엔지니어들에게 직접 메시지를 보내게 했어요. 신속한 답변을 원하는 고객을 만족시킬 방법이라고 생각했죠. 그러다가, 방법을 바꿨어요. 일주일에 한 번 정기적으로 전화 통화를 하는 걸로요. 전화로 얘기를 하면서 그간 일이 어떻게 진행됐는지를 고객에게 설명하고, 고객이 질문이 있다면 그때 다 물어볼 수 있도록 했어요. 통화가 끝나면, 그날 얘기한 것들을 정리해서 문서로 고객에게 보내주도록 했고요. 이로써 고객이 원하는 걸 다 만족시켜줄 수 있다는 걸 머지않아 알게 됐어요. 고객이 요구하는 게 있다면 어떤 방법을 통해 알려야 하는지를 명확하게 하고, 그 요구를 간과하지 않을 거라는 확신을 주는 거죠. 고객들도 오히려 이 방법을 더 선호하는 것으로 나타났죠. 외부 소통에 관해서라면 이게 핵심이라고 생각합니다. 접근 권한보다 명료함을 제공하는 것이죠.

Q_   이게 어떻게 보면 고객이랑 정기적으로 전화로 미팅을 하는 거잖아요. 그런데 사실 미팅이라면 지긋지긋해하는 사람도 많죠. '미팅이 필요 이상으로 많다, 줄여야 한다'는 움직임이 일어나기도 하고요. 그런데, 박사님은 미팅에 대해 그리 회의적이지 않으신 것 같아요. 책 곳곳에서 오피스 아워나 태스크보드 검토 회의 같이 실시간으로 소통할 수 있는 미팅을 효율적으로 활용하라는 이야기를 하셨고, 대신에 미팅을 아주 체계적으로 조직하라는 조언을 하셨어요. 저는 이게 미팅 시간을 효율적으로 활용하는데 있어서는 아주 좋은 충고라고 생각해요. 하지만 그 외에도 미팅에는 업무 수행하는 사람들이 싫어할 만한 문제적 요소들이 많잖아요. 예를 들어서 미팅이 산발적으로 잡혀 있어서 업무시간이 파편화되고 딥 워크를 할 수 있는 충분한 시간을 확보할 수 없다거나, 논의할 게 많이 없는 날에도 꼭 30분, 60분 단위로 미팅이 잡혀서 시간이 낭비된다거나 하는 문제들이요.

A_   미팅은 양면성이 있어요. 일단, 여러 사람이 함께 의사결정을 할 때는 미팅과 같은 실시간 소통이 메시지 교환 같은 비실시간 소통보다 훨씬 효과적입니다. 하지만 그렇다고 해서 온종일 미팅을 해야 한다면 그런 재앙이 또 없죠. 핵심은 "어떻게 하면 재앙을 초래하지 않으면서 실시간 소통의 장점을 누릴 수 있는가"가 되겠죠.

하이브 마인드 활동과잉이 활개를 치는 환경에서는 미팅도 그런 식으로 하게 됩니다. 누구나 언제든 "그럼 미팅을 잡아서 얘기합시다."라고 수시로 미팅을 잡을 수 있고, 그러다 보면 금방 미팅의 수가 엄청 많아지죠. 미팅의 횟수를 생산성의 척도라고 생각하는 사람들도 있는데, 그렇지 않습니다. 미팅 외에 업무를 진행할 수 있는 뚜렷한 체계가 없는 상황에서, 미팅이 잡혀 있으면 그건 어쨌든 가게 되니까 "일단 미팅부터 잡고 보자"라는 생각하게 되는 거죠.

그런데 하이브 마인드 활동과잉을 없애고, 업무 수행 절차에 분명한 체계가 잡혀 있으면, 미팅은 그 절차의 일부로 들어오게 됩니다. 그러면 아주 효과적인 미팅을 진행할 수 있어요. 예를 들어, 소프트웨어 개발자들의 경우, 일찌감치 스크럼이나 칸반과 같은 애자일 시스템을 쓰기 시작했죠. 이 시스템을 중심으로 아주 투명하게 업무 흐름을 조직하고, 일일 미팅을 했어요. 이 미팅은 15분 정도로 짧은 시간 안에 아주 체계적으로 이뤄지는데, 한 명씩 돌아가면서 지금 어떤 업무를 하고 있는지, 또 혹시 다른 사람의 도움이 필요한 부분은 없는지를 공유하고, 있다면 바로 보드에 적어두죠.

미팅 일정을 잡는 데 있어서 몇 가지 팁이 있다면, 첫 번째로, 오피스 아워를 좀 더 적극적으로 활용하라는 거예요. 미팅에서 이뤄지는 소통의 80퍼센트는 오피스 아워에 모아서 처리할 수 있습니다. 비대면으로 논의하기엔 좀 복잡한 얘기라면 오피스 아워에 오라고 하세요. 다른 사람에게 질문이 있다면 그 사람의 오피스 아워에 가면 되고요. 두 번째 팁이 있다면, 미팅이 가능한 시간을 미리 좀 제한해두는 거예요. 예를 들어, 미팅은 오후 1시에서 4시 반 사이에만 한다고 정해두는 거죠. 미팅을 잡아야 하는데 이미 그 시간대가 꽉 찼다면 미팅의 수를 줄이거나 다음 주로 미뤄야 한다는 걸 알죠. 이게 두 가지 팁이라면 팁인데, 가장 중요한 건 업무 수행에 새로운 체계가 필요하다는 큰 전제 하에서 미팅을 생각하는 겁니다.

Q _ 마지막으로 책에 관해서 덧붙이고 싶으신 말씀이 있나요?

A_ 오늘날 우리가 사무실에서 일하는 방법은 우리가 첫 번째로 시도한 방법이었고, 또 가장 쉬운 방법이기도 했습니다. 기술과 상업의 역사를 살펴보면, 가장 먼저 시도한 방법, 가장 손쉬운 방법, 가장 간단한 방법이 끝까지 고수되었던 경우는 드물어요. 이에 비춰서 생각해본다면, 이메일로 끊임없이 메시지를 주고받으며 일하는, 이 가장 손쉽고 편한 방법이 우리가 일하는 유일한 방법이라고 믿는 건 오만이라고 생각합니다. 그럴 리가요. 시간이 지나면서, 우리는 늘 더 영리하게, 또 더 계획적으로 기술을 적용하는 방법을 터득해왔습니다. 물론 더 영리하고 계획적으로 기술을 이용하는 방법이란 게 때론 어려움과 불편, 수고와 노력을 수반하기도 하지만요. 우리가 던져야 할 진짜 질문은, '이 변화를 먼저 시작할 것인가, 아니면 뒤늦게 따라 갈 것인가'입니다. 물론 일찍 시작할수록 좋겠지요.

Q _ 끝으로 한국의 독자들에게 한 말씀 해주세요.

A_ 제 새 책이 한국에서 출간된다는 소식을 들으니 기쁩니다. 한국은 아주 일찍부터 제 책에 관심을 가져주신 나라이고, 제 독자층이 가장 두터운 나라 중 하나이기도 합니다. 그간 제 책을 많이 사랑해주신

한국의 독자분들께 진심으로 감사드립니다. 아직 한국에 한 번도 가본 적이 없는데 팬데믹이 끝나면 꼭 한국에 한번 가고 싶어요. 그때 독자분들을 직접 만나는 책 이벤트도 할 수 있으면 좋겠습니다.

머리말 왜 하이브 마인드에서 벗어나야 할까?

1 Chris Anderson, *Free: The Future of a Radical Price*(New York: Hyperion, 2009), 4.

2 Radicati Group, Inc., *Email Statistics Report*, 2015-2019, Palo Alto, CA, 2015. 3.

3 Jory MacKay, "Communication Overload: Our Research Shows Most Workers Can't Go 6 Minutes without Checking Email or IM," *RescueTime*(블로그), 2018. 7. 11, https://blog.rescuetime.com/communication-multitasking-switches/.

4 Gloria Mark 외, "Email Duration, Batching and Self-Interruption: Patterns of Email Use on Productivity and Stress," *Proceedings of the 2016 CHI Conference on Human Factors in Computing Systems*, 2016. 5, 1717-28. 표2 참조.

5 Adobe, "2018 Consumer Email Survey," 2018. 8. 17, www.slideshare.net/adobe/2018-adobe-consumer-email-survey.

1부 우리는 어떻게 이메일에 갇히게 되었나

01 단톡과 이메일은 끝없는 소통을 부른다

1 Victor M. González, Gloria Mark, "'Constant, Constant, Multi-tasking Craziness': Managing Multiple Working Spheres," Proceedings of the 2004 SIGCHI Conference on Human Factors in Computing Systems, 2004. 4, 113-20. 이 논문이 '명성이 높다'고 한 이유는 700회 이상 인용되었고, 현대의 업무 현장에서 일어나는 주의 분산과 주의에 대한 기사와 논문에서 거의 보편적으로 언급되기 때문이다.

2 González, Mark, "'Constant, Constant,'" 이 논문의 표 1은 이 역전을 나타내는 데이터의 초기 형태를 담고 있다. 마크는 나와 가진 인터뷰에서 예외적인 데이터 포인트를 지적하는 것을 포함하여 이 데이터를 자세하고 분명하게 설명해 주었다. 이 책에서 해당 데이터를 설명하는 내용은 이 개인적 대화에서 그녀가 새롭게 설명해준 내용과 부합한다.

3   Judy Wajcman, Emily Rose, "Constant Connectivity: Rethingking Interruptions at Work," *Organization Studies* 32, no. 7(2011. 7): 941-61.

4   Gloria Mark 외, "Email Duration, Batching and Self-Interruption: Patterns of Email Use on Productivity and Stress," *Proceedings of the 2016 CHI Conference on Human Factors in Computing Systems*, 2016. 5, 1717-28.

5   Victoria Bellotti 외, "Quality Versus Quantity: E-mail-Centric Task Management and Its Relation with Overload," *Human-Computer Interaction* 20(2005): 89-138.

6   Gail Fann Thomas 외, "Reconceptualizing E-mail Overload," *Journal of Business and Technical Communication* 20, no. 3(2006. 7): 252-87.

7   Stephen R. Barley, Debra E. Meyerson, Stine Grodal, "E-mail as s Source and Symbol of Stress," *Organization Science* 22, no. 4(2011. 7-8): 887-906.

8   Radicati Group, Inc., *Email Statistics Report*, 2015-2019, Palo Alto, CA, 2015. 3.

9   Jory MacKay, "Communiation Overload: Our Research Shows Most Workers Can't Go 6 Minutes without Checking Email or IM," *RescueTime*(블로그), 2018. 7. 11, https://blog.rescuetime.com/communication-multitasking-switches/.

10 Jory MacKay, "The True Cost of Email and IM: You Only Have 1 Hour and 12 Minutes of Uninterrupted Productive Time a Day," *RescueTime*(블로그), 2018. 5. 10, https://blog.rescuetime.com/communication-multitasking/.

11 Deirdre Boden, The Business of Talk: Organizations in Action(Cambridge, UK: Polity Press, 1994), 211. 보든이 지식 업무에서 진행되는 이런 변화에 대해 무조건 긍정적이지는 않았다는 사실을 알아둘 필요가 있다. 그녀는 또한 이런 '상호작용적' 업무 현장이 '기술적으로 복잡할' 수 있으며 '대인관계 측면에서 버거울' 수 있다고 예측했다.

12 가령 아래의 고전적 논문은 전전두엽 피질과 주의를 다루고 있으며, 2001년에 발표

된 이래 1만 회 넘게 인용되었다. Earl K. Miller, Jonathan D. Cohen, "An Integrative Theory of Prefrontal Cortex Function," *Annual Review of Neuroscience* 24(2001. 3): 167-202.

13 Adam Gazzaley, Larry D. Rosen, *The Distracted Mind: Ancient Brains in a High-Tech World*(Cambridge, MA: MIT Press, 2016), 77.

14 A. T. Jersild, "Mental Set and Shift," Archives of Psychology 14, no. 89(1927): 1-81. 나는 아래의 논문에 포함된 유용한 논문 리뷰를 통해 이 논문과 더불어 내가 조사한 실행 제어executive control 기능에 대한 다른 핵심 논문들을 알게 되었다. David E. Meyer, Jeffrey E. Evans, "Executive Control of Cognitive Processes in Task Switching," *Journal of Experimental Psychology* 27, no. 4(2001): 763-97.

15 개절리와 로즌은 집에서 직접 이런 실험을 쉽게 해볼 수 있다고 말한다. 그들은 다음 버전을 권한다. 그 방식은 먼저 알파벳 A에서 J까지 나열하는 데 걸리는 시간과 숫자 1에서 10까지 나열하는 데 걸리는 시간을 잰다. 그 다음 이 두 과제를 이중으로 합치는 데 걸리는 시간, 가령 A1, B2, C3의 형태로 나열하는 데 걸리는 시간을 잰다. 그러면 글자와 숫자를 나열하는 일은 두 개의 다른 신경망을 활용하기 때문에 그 차이를 확인할 수 있다.

16 Sophie Leroy, "Why Is It So Hard to Do My Work? The Challenge of Attention Residue When Switching between Work Tasks," *Organization Behavior and Human Decision Processes* 109, no. 2(2009. 7): 168-81.

17 Paul Graham, "Maker's Schedule, Manager's Schedule," 2009. 7, www.paulgraham.com/makersschedule.html.

18 "Marshall Retires as Chief of Staff," George C. Marshall Foundation, 2017. 11. 17, www.marshallfoundation.org/blog/marshall-retires-chief-staff/.

19 조지 마셜의 경력에 대해 더 많이 알고 싶다면 다음 자료를 참고하라. "George C. Marshall: Timeline & Chronology," George C. Marshall Foundation, www.marshallfoundation.org/marshall/timeline-chronology/.

20 Lt. Col. Paul G. Munch, "General George C. Marshall and the Army Staff: A Study in Effective Staff Leadership," (research paper, National War College, Washington DC, 1992. 3. 19), https://apps.dtic.mil/sti/citations/ADA437156.

21 Christopher C. Rosen 외, "Boxed In by Your Inbox: Implications of Daily E-mail Demands for Managers' Leadership Behaviors," *Journal of Applied*

Psychology 104, no. 1(2019): 19-33.

22 지원 창구 소프트웨어의 역사에 대해 더 많은 것을 알고 싶다면 다음 자료를 참고하라. Arthur Zuckerman, "History of Help Desk Software: Evolution and Future Trends," CompareCamp.com, 2015. 2, https://comparecamp.com/history-of-help-desk-software-evolution-and-future-trends/.

23 이 인용구의 주된 출처는 1983년에 안젤루가 클라우디아 테이트Claudia Tate와 가진 인터뷰다(출처: Conversations with Maya Angelou, 편집: Jeffrey M. Elliot (Jackson: University Press of Mississippi, 1989], 146-56). 예술가들의 창작 습관에 대한 여러 인상적인 일화와 마찬가지로 나는 메이슨 커리Mason Currey의 언더그라운드 고전인《일상적 의식: 예술가들은 어떻게 일하는가Daily Rituals: How Artists Work》(New York: Knopf, 2013)에서 이 인용구를 처음 접했다.

24 이 이야기에 추가할 내용이 있다. 처음 인터뷰를 가진 지 3년 후인 2019년에 션과 다시 연락했을 때 그는 사업을 접은 상태였다. 서둘러 덧붙이자면 생산성과 무관한 개인적 사유에 따른 폐업이었다. 그래서 나는 하이브 마인드 활동과잉에서 벗어나는 일이 장기적으로 어떤 영향을 미쳤는지 물어보지 못했다. 그러나 션은 최근에 나와 연락하면서 다시 대규모 팀을 이끌게 된다면 하이브 마인드에 대한 비슷한 대안을 마련할 것이라고 확언했다. 슬랙의 알림 소리가 지금도 소름끼친다면서 말이다.

02 이메일이 우리를 불행하게 만든다

1 Harry Cooper, "French Workers Gain 'Right to Disconnect.'" Politico, 2016. 12. 31, www.politico.eu/article/french-workers-gain-right-to-disconnect-workers-rights-labor-law/.

2 Gloria Mark 외, "Email Duration, Batching and Self-Interruption: Patterns of Email Use on Productivity and Stress," *Proceedings of the 2016 CHI Conference on Human Factors in Computing Systems*, 2016, 5, 1717-128.

3 Fatema Akbar 외, "Email Makes You Sweat: Examining Email Interruptions and Stress Using Thermal Imaging," *Proceedings of the 2019 CHI Conference on Human Factors in Computing Systems*, 2019. 5. 1-14.

4 이 결론은 다음 논문에서 나왔다. Mark 외, "Email Duration."

5 Magdalena Stadin 외, "Repeated Exposure to High ICT Demands at Work, and Development of Suboptimal Self-Rated Health: Findings from a 4-Year Follow-Up of the SLOSH Study," *International Archives of Occupational and Environmental Health* 92, no. 5(2019): 717-29.

6 Leslie A. Perlow, *Sleeping with Your Smartphone: How to Break the 24/7 Habit and Change the Way You Work*(Boston: Harvard Business Review Press, 2012), 5.

7 Perlow, *Sleeping with Your Smartphone*, 5. 다음 장에서 이 질문에 대한 펄로의 답을 보다 자세히 살필 것이다. 다만 여기서 간략하게 소개하자면 다음과 같다. 누구도 이런 업무 흐름이 좋은 아이디어라고 판정하지 않았다. 그보다는 펄로가 추정하기에 이 업무 흐름은 통제되지 않은 행동적인 피드백 고리로부터 다소 우연하게 생겨났다.

8 John Freeman, *The Tyranny of E-mail: The Four-Thousand-Year Journey to Your Inbox*(New York: Scribner, 2011), 12.

9 Douglas Rushkoff, *Present Shock: When Everything Happens Now*(New York: Current, 2013), 95.

10 James Manyika 외, "Disruptive Technologies: Advances That Will Transform Life, Business, and the Global Economy," McKinsey Global Institute, 2013. 5. 1, www.mckinsey.com/business-functions/mckinsey-digital/our-insights/disruptive-technologies.

11 연준 보고서는 2016년 기준으로 "비반복적 지식노동" 일자리의 수를 6,000만 개 이상으로 추정한다. "Job Polarization," *FRED* 블로그, 2016. 4. 28, https://fredblog.stlouisfed.org/2016/04/job-polarization/. 2016년에 미국 노동인구의 규모는 약 1억 5,600만 명이었다. Erin Duffin, "Civilian Labor Force in the United States from 1990 to 2019," Statista, 2020. 1. 30, www.statista.com/statistics/191750/civilian-labor-force-in-the-us-since-1990/.

12 현존하는 수렵채집 집단을 연구하는 연구자들이 신중하게 강조하듯이 이 부족들이 구석기 때부터 달라지지 않은 모습으로 존재하는 것처럼 그리는 것은 오류이다. 그들은 현대 사회와 자주 상호작용하는, 인지적 측면에서는 현대적 인간이다. 유발 하라리Yuval Noah Harari가《사피엔스Sapiens: A Brief History of Humankind》(New York: Harper Collins, 2015)의 서두에서 지적한 대로 이런 부족이 지금도 존재한다는 사실 자체가 생활방식을 바꾼 다른 수많은 집단과 비교할 때 분명 그들에게 뭔가 특기할 만한 부분이 있다는 것을 부각시킨다는 점을 명심할 필요가 있다(가령 그들은 농업 기반 생활방식을 뒷받침하기에는 너무 척박한 환경에서 살고 있을지도 모른다). 그렇기는 해도 그들은 수렵채집 집단의 사회적 역학에 대한 통찰을 제공한다. 진화적인 '추측성just so' 이야기의 함정에 빠지지 않기 위해

이후에 이 역학으로 미루어 우리의 현대적 뇌에 영향을 미치는 힘을 설명할 때 신중을 기할 것이다. 그래서 보다 현대적인 다른 증거들을 정리하여 주장을 뒷받침할 것이다.

13 Nikhil Chaudhary 외, "Competition for Cooperation: Variability, Benefits and Heritablity of Relational Wealth in Hunter-Gatherers," *Scientific Reports* 6, no. 29120(2016. 7): 1-7.

14 Abigail E. Page 외, "Hunter-Gatherer Social Networks and Reproductive Success," *Scientific Reports* 7, no. 1153(2017. 4): 1-10.

15 사회적 관계망에 대한 연결이 로버스트하다는 말의 정의는 흥미로우면서도 다소 전문적이다. 물론 사회적 관계망에 속한 다른 사람들과 나눈 강력한 연결의 숫자는 중요하다. 그러나 '중심성centrality', '근접성closeness', '매개성betweenness' 같은 다른 척도들도 마찬가지다. 이 모든 척도는 거칠게 설명하자면 친구, 친구의 친구 등을 통해 관계망과 간접적으로 얼마나 잘 연결되었는지 말해준다. 가령 바야카 부족의 케빈 베이컨Kevin Bacon처럼 대다수 부족원과 가깝고 강하게 연결되어 있다면 상당히 인기가 많을 가능성이 높다.

16 Matthew D. Lieberman, Social: *Why Our Brains Are Wired to Connect*(New York: Broadway Books, 2014), 9.

17 킹 제임스 성경, 레위기 19:16.

18 William Shakespeare, *Richard Ⅱ*, 3막 2장. MIT의 공용 셰익스피어 웹사이트에서 인용: http://sharespeare.mit.edu/richardii/richardii.3.2.html. 강조 저자 표시.

19 Russell B. Clayton, Glenn Leshner, Anthony Almond, "The Extended iSelf: The Impact of iPhone Separation on Cognition, Emotion, and Physiology," *Journal of Computer-Mediated Communication* 20, no. 2(2015. 3):119-35.

20 Arianna Huffington, "How to Keep Email from Ruining Your Vacation," *Harvard Business Review*, 2017. 8. 23, https://hbr.org/2017/08/how-to-keep-email-from-ruining-your-vacation.

21 Richard W. Byrne, "How Monkeys Find Their Way: Leadership, Coordination, and Cognitive Maps of African Baboons," 출처: On the Move: How and Why Animals Travel in Groups, 편집: Sue Boinski, Paul A. Garber(Chicago: University of Chicago Press, 2000), 501. 나는 이 말을 다음 각주에서 인용한 논문에서 접했다.

22 Ariana Strandburg-Peshkin 외, "Shared Decision-Making Drives Collective

Movement in Wild Baboons," Science 348, no. 6241(2015. 6): 1358-61.

23 회계 목적으로 문자를 활용한 역사는 멀게는 1만 년 전까지 거슬러 올라간다. 그러나 현재 우리가 문자적 표현과 연결 짓는 문자의 보다 보편적인 활용은 기원전 3,000년 전이 되어서야 메소포타미아 지역에서 시작된 것으로 폭넓게 받아들여진다. 이 역사에 대한 좋은 자료는 다음과 같다. Denise Schmandt-Besserat, "The Evolution of Writing," 2014. 1. 25, https://sites.utexas.edu/dsb/tokens/the-evolution-of-writing/.

24 이 실험은 다음 자료에 설명되어 있다. Alex (Sandy) Pentland, *Honest Signals: How They Shape Our World*(Cambridge, MA: MIT Press, 2010), vii-viii, 소시오미터를 설명하는 세부 내용 중 일부는 펜틀런드를 소개하는 다음 기사에서 얻었다. Maria Konnikova, "Meet the Godfather of Wearables," The Verge, 2014. 5. 6, www.theverge.com/2014/5/6/5661318/the-wizard-alex-pentland-father-of-the-wearable-computer.

25 Pentland, *Honest Signals*, x.

26 Pentland, *Honest Signals*, x.

27 Pentland, *Honest Signals*, 5.

28 Pentland, *Honest Signals*, viii-ix.

29 Pentland, *Honest Signals*, 82.

30 Elizabeth Loise Newton, "Overconfidence in the Communication of Intent: Heard and Unheard Melodies," [원래 제목: "The Rocky Road from Actions to Intentions"] (미발간 박사논문, Stanford University, 1990). 뉴턴의 해석과 3퍼센트 수치를 포함한 이 미발간 박사논문의 세부사항은 다음 자료에 요약된 내용에서 얻었다. Justin Kruger 외, "Egocentrism over E-mail: Can We Communicate as Well as We Think?," *Journal of Personality and Social Psychology* 89, no. 6(2005. 12): 925-36.

31 Kruger 외, "Egocentrism over E-mial."

32 Sherry Turkle, *Reclaiming Conversation: The Power of Talk in a Digital Age*(New York: Penguin, 2016), 261-62.

33 Gloria J. Mark, Stephen Voida, Armand V. Cardello, "'A Pace Not Dictated by Electrons': An Empirical Study of Work without Email," *Proceedings of the SIGCHI Conference on Human Factors in Computing Systems*, 2012. 5, 555-64.

34 David Allen, *Getting Things Done: The Art of Stress-Free Productivity*, 개정판 (New York: Penguin, 2015), 8.

35 Allen, *Getting Things Done*, 87-88.

36 Victor M. González, Gloria Mark, "'Constant, Constant, Multi-tasking Craziness': Managing Multiple Working Spheres," *Proceedings of the 2004 SIGCHI Conference on Human Factors in Computing Systems*, 2004. 4., 113-20.

37 Gloria Mark, Victor M. González, Justin Harris, "No Task Left Behind?: Examining the Nature of Fragmented Work," *Proceedings of the SIGCHI Conference on Human Factors in Computing Systems*, 2005. 4, 321-30.

38 Brigid Schulte, *Overwhelmed: How to Work, Love, and Play When No One Has the Time*(New York: Picador, 2015), 5.

39 Sheila Dodge, Don Kieffer, Nelson P. Repenning, "Breaking Logjams in Knowledge Work: How Organizations Can Improve Task Flow and Prevent Overload," *MIT Sloan Management Review*, 2018. 9. 6, https://sloanreview.mit.edu/article/breaking-logjams-in-knowledge-work/.

03 이메일은 어떻게 하이브 마인드를 불러왔는가

1 CIA의 공압 튜브와 실용적인 비동기성에 대한 일반적인 추구와 관련된 이야기는 2019년에 내가 〈뉴요커〉에 실은 이메일의 역사에 대한 글에서 가져왔다. Cal Newport, "Was E-mail a Mistake?" Annals of Technology, *New Yorker*, 2019. 8. 6, www.newyorker.com/tech/annals-of-technology/was-e-mail-a-mistake.

2 자료조사를 위해 내가 도움을 받은 CIA 역사학자들에 따르면 사무실 네트워킹 기술은 본부 개보수 동안 튜브 시스템이 확장되지 않은 이유의 큰 부분이었다. 1980년대에는 공압 튜브가 통신선을 통해 전자적으로 의사소통을 하는 새로운 능력과 비교할 때 상당히 낮은 것이라는 사실이 명확해졌다.

3 Erik Sandberg-Diment, "Personal Computers: Refinements for 'E-mail'," *New York Times*, 1987. 5. 26.

4 Anne Thompson, "'The Executive Life: Forget Doing Lunch-Hollywood's on E-mail," *New York Times*, 1992. 9. 6.

5 John Markoff, "Computer Mail Gaining a Market," *New York Times*, 1989. 12. 26.

6 Stephen C. Miller, "Networking: Now Software Giants Are Targeting E-mail," *New York Times*, 1992. 5. 31.

7 Peter H. Lewis, "Personal Computers: The Good, the Bad and the Truly Ugly Faces of Electronic Mail," *New York Times*, 1994. 9. 6.

8 이메일은 익히기 쉽다는 사실이 지니는 가치를 과소평가해서는 안 된다. 글로리아 마크가 내게 설명한 대로 1980년대와 1990년대에 컴퓨터 네트워크가 보다 폭넓게 확산되면서 협업을 뒷받침하기 위해 이 기술을 가장 잘 활용하는 방법에 대한 여러 연구가 이뤄졌다. 그중 대다수는 구체적인 유형의 문서를 공동으로 편집하는 것 같은 특정한 목적을 위한 진전된 다중 네트워크 애플리케이션에 초점을 맞췄다. 마크가 내게 말한 대로 이메일은 이런 맞춤식 해결책이 맞지 않는 분야를 지배했다. 그 이유는 배우기 쉽고 수많은 유형의 업무에 적용할 수 있기 때문이었다. 이메일 서버에 한 번만 투자하면 비즈니스의 모든 측면에서 협업을 단순화할 수 있었다.

9 이 이야기와 인용구는 이 쿼라Quora 스레드에서 나왔다. www.quora.com/What-was-it-like-to-work-in-an-office-before-the-birth-of-personal-computers-email-and-fax-machines. 나는 또한 스톤과의 인터뷰를 통해 일부 요점을 확인하고 정리했다.

10 관련 인용구를 포함한 브루너의 논증에 대한 논의와 정리는 다음 자료에서 확인할 수 있다. Lynn White Jr., *Medieval Technology and Social Change*(Oxford: Oxford University Press, 1966), 3.

11 White, *Medieval Technology*, 5.

12 White, *Medieval Technology*, 13.

13 White, *Medieval Technology*, 13.

14 화이트가 주장한 바에 따르면 이 시기에 베네딕트회 수도사들이 제지하려 애썼지만 많은 프랑크족 전사들은 말과 함께 매장되었다. 그래서 현대 고고학자들은 당시의 말들이 전투에서 어떤 장비를 갖췄는지 말해주는 증거를 발굴할 수 있었다. 또한 이 시기에 말에 오르고 내리는 행동을 묘사하는 단어가 말 등에 뛰어오르는 행동을 나타내는 동사에서 등자를 딛고 오르는 행동을 나타내는 동사로 바뀌었다.

15 White, *Medieval Technology*, 2.

16 Neil Postman, *Amusing Ourselves to Death: Public Discourse in the Age of Show Business*(New York: Penguin, 1985), 51.

17 이 역사에 대한 추가 자료는 내가 이전에 펴낸 다음 저서의 1장에서 찾을 수 있다. Cal Newport, *Digital Minimalism: Choosing a Focused LIfe in a Noisy World*(New York: Portfolio/Penguin, 2019).

18 Blake Thorne, "Asynchronous Communication Is the Future of Work," I Done This(블로그), 2020. 6. 30, http://blog.idonethis.com/asynchronous-communication/.

19 Radicati Group, Inc., *Email Statistics Report*, 2015-2019, Palo Alto, CA, 2015. 3.

20 Michael J. Fischer, Nancy A. Lynch, Michael S. Paterson, "Impossibility of Distributed Consensus with One Faulty Process," *Journal of the ACM* 32, no. 2(1985. 4): 374-82.

21 관심 있는 독자들을 위해 이 불가능성에 대한 증명을 고차원적으로 정리하자면 다음과 같다. 모든 합의 알고리듬은 일정한 시점에 각 기기가 그때까지 수신한 메시지를 살펴서 실행할지 중단할지 결정하게 만들어야 한다. 이 결정을 내리는 데 어떤 규칙을 활용했는지와 무관하게 실행과 중단 사이에 일정한 경계가 있어야 한다. 이 경계에서는 단 하나의 메시지만 바뀌어도 결정이 달라진다. 이 증명은 근본적으로 여러 기기를 이 경계까지 밀어붙인 다음 핵심 메시지를 보내는 기기를 중간에 정지시키는 방식으로 이뤄졌다. 그 결과 일부 기기는 메시지를 수신하고 다른 기기는 수신하지 못하면서 상충하는 결정이 나오게 되었다. 흥미롭게도 이 경우 동전 던지기를 할 수 있고, 높은 확률로 문제를 해결하는 알고리듬에 만족한다면 이 문제는 해결 가능하다. 마찬가지로 확실히 어떤 기기가 정지했다고 판단하기까지 기다리는 타당한 타임 아웃time-out을 가정해도 이 문제를 해결할 수 있다.

22 나는 램포트가 파리에서 이 상을 받을 때 시상식장에 있었다. 시상식에 참여한 정부 관료들은 전형적인 프랑스인답게 깔끔한 정장 차림이었다. 반면 램포트는 전형적인 컴퓨터공학자답게 반바지에 티셔츠 차림이었다.

23 Leslie A. Perlow, *Sleeping with Your Smartphone: How to Break the 24/7 Habit and Change the Way You Work*(Boston: Harvard Business Review Press, 2012), 2.

24 Perlow, *Sleeping with Your Smartphone*, 8.

25 Perlow, *Sleeping with Your Smartphone*, 5.

26 Douglas Rushkoff, *Present Shock: When Everything Happens Now*(New York: Current, 2013), 100.

27 Aviad Agam, Ran Barkai, "Elephant and Mammoth Hunting during the

Paleolithic: A Review of the Relevant Archaelogical, Ethnographic and Eth-no-historical Records," *Quaternary* 1, no. 3(2018. 2): 1-28.

28 "Is Your Team Too Big? Too Small? What's the Right Number?," Knowl-edge@Wharton, 2006. 6. 14, https://knowledge.wharton.upenn.edu/article/is-your-team-too-big-too-small-whats-the-right-number-2/. 이 논문은 또한 이후에 이어질 논의에서 제시될 링겔만의 연구에 대한 정보의 출처이기도 하다.

29 부모의 사교모임을 비롯한 드러커의 초년기에 대한 정보는 그의 이름을 딴 드러커 연구소 Drucker Institute의 약력에서 얻을 수 있다. www.drucker.institute/perspective/about-peter-drucker/.

30 다음은 그에게 이 청호를 부여한 많은 글 중 하나다. Steve Denning, "The Best of Peter Drucker," *Forbes*, 2014. 7. 29, www.forbes.com/sites/steveden-ning/2014/07/29/the-best-of-peter-drucker.

31 Peter F. Drucker, *The Future of Industrial Man*(Rutgers, NJ: Transaction Publish-ers, 2011), 13.

32 드러커가 맡은 GM 연구에 대한 보다 많은 정보는 다음 자료에서 찾을 수 있다. "How Drucker 'Invented' Management at GM," Drucker Society of Austria, 2009, www.druckersociety.at/index.php/peterdruckerhome/biography/how-drucker-invented-management-at-general-motors.

33 이 말은 드러커 연구소가 정리한 드러커 연표에도 나온다. www.drucker.institute/perspective/about-peter-drucker/. 또한 피터 드러커가 쓴 4월 14일자 일지에도 나온다. Peter F. Drucker, *The Daily Drucker: 366 Days of Insight and Motiva-tion for Getting the Right Things Done*(New York: Harper Business, 2004).

34 Peter F. Drucker, *The Effective Executive: The Definitive Guide to Getting the Right Things Done*, 개정판(New York: Harper Business, 2004).

35 Peter F. Drucker, "Knowledge-Worker Productivity: The Biggest Challenge," *California Management Review* 41, no. 2(1999. 겨울): 79-94. 강조 원문 표기.

36 로이드는 '공유지의 비극'이라는 표현을 쓰지 않았다. 이 표현은 나중에 해당 시나리오를 엄밀하게 분석하여 유명해진 다음 논문에서 소개되었다. Garrett Hardin, "The Tragedy of the Commons," *Science* 162, no. 3859(1968. 12): 1243-48.

2부 끝없는 소통에서 벗어나 일을 다시 생각하다

04 주의 자본 원칙: 뇌의 능력을 끌어올리다

1 Joshua B. Freeman, *Behemoth: A History of the Factory and the Making of the Modern World*(New York: W. W. Norton, 2019), 124.

2 이 논의에 인용된 구체적인 수치를 비롯한 조립라인의 개발에 대한 세부적인 내용은 두 개의 탁월한 2차 출처에서 나왔다. Freeman, *Behemoth*, 119-26; Simon Winchester, *The Perfectionists: How Precision Engineers Created the Modern World*(New York: Harper, 2018): 159-66.

3 사이먼 원체스터 Simon Winchester 가《완벽주의자들 The Perfectionists》(이전 각주 참고)에서 지적한 대로 모델 T가 부상하던 시기에 숙련공이 수제작하던 롤스로이스 실버 고스트 Silver Ghost 같은 헨리 로이스 Henry Royce 의 초호화 자동차들은 정밀 공학의 절정으로 홍보되었다. 그러나 실제로는 저급한 모델 T의 부품들이 훨씬 정확하게 제작되었다. 롤스로이스의 높은 가격은 느슨한 부품을 손으로 일일이 맞추는 데 필요한 인건비를 충당할 수 있게 해주었다.

4 Freeman, *Behemoth*, 123.

5 사이먼 원체스터가 지적한 대로 미국의 군수공장은 오래 전부터 대량 생산라인을 구축했다. 1913년에는 재봉틀, 자전거, 타자기 제조업체 들도 호환 부품 혁명을 활용하여 빠르게 이동하는 조립라인을 시험하기 시작했다. 그러나 포드는 사실 가축의 사체를 해체하는 방식에서 주된 영감을 얻었다고 주장한다. 이 주장에 따르면 그는 인근의 시카고 육류 가공공장에서 칼을 든 작업자들이 한 자리에 서서 작업하고 도축한 고기가 체인에 매달린 채 이동하는 모습을 목격했다.

6 Cal Newport, "5-Hour Workday? 4-Day Workweeks? Yes, Please," *New York Times*, 2019. 11. 6.

7 Winchester, *Perfectionists*, 160.

8 Peter F. Drucker, "Knowledge-Worker Productivity: The Biggest Challenge," *California Management Review* 41, no. 2(1999. 겨울): 79-94. 강조 원문 표기.

9 Drucker, "Knowledge-Worker Productivity."

10 산업 경제에서 노동자는 보다 쉽게 쓰고 버릴 수 있는 요소, 주된 자본 원천을 가동하는 일종의 포괄적인 힘으로 간주되었다. 이런 태도는 노동자 비인간화의 토대였다. 앞으로 설명하겠지만 산업노동에 대비하여 지식노동의 혜택 중 하나는 노동자가 더 이상 쉽게

쓰고 버릴 수 있는 존재가 아니라는 것이다. 실제로 현재 지식노동자는 조직이 지니는 가치의 핵심으로서 훨씬 인간 중심적인 노동 환경을 위한 잠재력을 실현하고 있다.

11 Peter F. Drucker, *The Effective Executive: The Definitive Guide to Getting the Right Things Done*, 개정판(New York: Harper Business, 2006), 4.

12 Freeman, *Behemoth*, 123.

13 Peter F. Drucker, *Landmarks of Tomorrow: A Report on the New "Post-Modern" World*(New York: Harper Coolophon, 1965), 31.

14 James T. McCay, *The Management of Time*(Englewood Cliffs, NJ: Prentice Hall, 1959), ix.

15 Freeman, *Behemoth*, 126.

16 Freeman, *Behemoth*, 127.

17 이런 세부적인 내용 및 〈모던 타임스〉와 포드 공장의 연관성은 다음 자료에서 나왔다. David E. Nye, *America's Assembly Line*(Cambridge, MA: MIT Press, 2013), 97.

18 이 서비스가 흔하던 시절 이후에 태어난 젊은 독자들을 위해 설명하자면 전화 응답 서비스는 살아 있는 음성메시지 시스템의 역할을 했다. 가령 진료시간 이후에 의사에게 연락하고 싶다면 전화 응답 서비스 회사에 전화를 걸면 된다. 그러면 교환원이 받아서 당신의 정보를 대기 중인 의사에게 전달한다. 각 고객이 개별적으로 하루 24시간 전화에 응답할 자체 직원을 두는 것보다 전문 회사가 여러 고객을 위해 이 서비스를 제공하는 편이 훨씬 저렴하다.

19 Sam Carpenter, *Work the System: The Simple Mechanics of Making More and Working Less*, 3판(Austin, TX: Greenleaf Book Group Press, 2011), 2장. 나는 킨들을 통해 이 책의 전자판만 접했기 때문에 인용구가 나온 정확한 페이지를 기재할 수 없다.

20 Carpenter, *Work the System*, 3장.

21 Carpenter, *Work the System*, 4장.

22 수입에 대한 발언과 일부 범주에서 1,500개 기업 중 1위가 되었다는 정보는 《시스템의 힘》 공식 웹사이트에서 가져왔다. Sam Carpenter, "Synopsis- For Your Business Breaking Loose," 2015. 7. 1, www.workthesystem.com/book/synopsis/.

23 이 문단의 모든 인용구는 다음 자료에서 나왔다. Carpenter, *Work the System*, 11장.

24 여기서 소개하는 자동응답 메시지의 구체적인 버전은 다음 사이트에 나온다. https://tim.blog/autoresponse/.

25 참고자료: Adam Grant, "In the Company of Givers and Takers," *Harvard Business Review*, 2013. 4, https://hbr.org/2013/04/in-the-company-of-givers-and-takers.

05 절차 원칙: 체계화된 절차가 지식노동을 구한다

1 데이비드 앨런의 《쏟아지는 일 완벽하게 해내는 법》에 나오는 방법론을 좋아하는 사람들에게 흥미로울 내용을 덧붙이자면, 앨런이 제안한 현대적인 시스템의 핵심인 '색인 파일 tickler file'은 20세기 초반에 이뤄진 산업 생산성에 대한 논의에서 표준적인 도구로 제시된다.

2 Joseph Husband, "What a New System of Management Did for Us," 편집: John S. Runnells, *System: The Magazine of Business* 29, no. 4(1916. 4).

3 Andrew S. Grove, *High Output Management*(New York: Vintage, 2015), 33.

4 Kent Beck 외, "Manifesto for Agile Software Development," 2001, agilemanifesto.org.

5 모더스 쿠퍼란디 홈페이지, https://moduscooperandi.com, 2020년 9월 22일 접속.

6 Thrive, 《퍼스널 칸반》의 공식 블로그, http://personalkanban.com/pk/.

7 Alexie Zheglov, Gerry Kirk, "Lean Coffee or an Introduction to Personal Kanban," Agile Tour Toronto 2012 세션, 유튜브 비디오, 1:40, https://youto.be/aOrfRhcD6ms.

8 Bradley Miller, "Personal Kanban Scheduling Board," 2018. 3. 4, 유튜브 동영상, 7:46, https://youtu.be/tTdbcoTIIjQ.

9 나는 오래 전에 문제 세트에 대한 복잡한 평점 기준(가령 1점에서 15점까지)을 만드는 것이 쓸모없다는 사실을 깨달았다. 일관된 채점을 하기가 매우 어려웠기 때문이다. 그래서 이후에는 3가지 기준(체크 플러스 check plus, 체크 check, 제로 zero)으로 바꾸었다. 덕분에 나와 조교들은 학생들이 각 개념을 이해한 정도를 신속하고 일관되게 평가할 수 있었다.

10 조교들이 학부생일 경우 추가 단계를 넣는다. 그것은 미리 예정된 회의를 통해 30분 동안 같이 문제 세트를 검토하고 채점 노트를 갱신하는 것이다. 반면 조교들이 대학원생일 경우 그들이 알아서 하도록 믿고 맡긴다. 덕분에 나는 30분의 시간을 절약할 수 있다. 우리는 코로나 때문에 조지타운 대학이 폐쇄되었을 때 캔버스 Canvas라는 소프트웨

어 도구를 활용하여 모든 문서 작업을 가상으로 처리했다. 학생들은 과제를 파일로 제출했고, 조교들은 온라인으로 채점했다. 우리의 절차는 완전히 전자화된 새로운 구도에 쉽게 적용할 수 있었다.

11 Rory Vaden, "The 30x Rule: How Great Managers Multiply Performance," American Management Association, 2015. 2. 3, https://playbook.amanet. org/30x-rule-great-managers-multiply-performance/.

06 프로토콜 원칙: 최적의 협력 방법을 설계하다

1 나는 MIT 전자공학 및 컴퓨터공학과(섀넌이 1937년 논문을 토대로 처음부터 창설한 분야)에서 석사논문을 썼다. 그때 우리는 섀넌이 엄청나게 열심히 공부했다는 말을 들었다. 돌이켜보면 이 사실에 고무되어야 할지 낙담해야 할지 모르겠다.

2 클로드 섀넌을 보다 완전하게 다룬 자료로는 지미 소니Jimmy Soni와 롭 굿먼Rob Goodman이 2017년에 펴낸 흥미로운 전기를 추천한다. 이 전기는 앞으로 나오는 내용 중 많은 부분의 원천이 되었다. *A Mind at Play: How Claude Shannon Invented the Information Age*(New York: Simon & Schuster, 2017).

3 정보이론가들은 전통적으로 이런 경우 '프로토콜'보다 '코드code'라는 용어를 쓴다. 그러나 여기서 우리가 진행하는 논의를 명확하게 만들기 위해 나는 사전에 합의된 일련의 의사소통 규칙이라는 의미로 '프로토콜'을 사용할 것이다. 그러면 사람들이 '코드'라는 단어와 관련하여 구어적으로 연상하는 의미를 피해갈 수 있기 때문이다.

4 새뮤얼 모스Samuel Morse는 자신의 작업에서 정량화에 필요한 수학적 틀을 갖추지 않았다. 그래도 그의 유명한 전신 프로토콜인 모스 부호에서 가장 짧은 부호화 기호인 점 하나를 문어체 영어에서 가장 많이 쓰는 'e'에 배정했다.

5 섀넌 이전에 통신 엔지니어들은 잡음을 극복할 만큼 신호를 강하게 만들어서 전신선이나 전화선 같은 채널에서 발생하는 간섭에 대응했다. 섀넌은 이 문제에 대해 복수의 비트를 활용하여 단일 비트를 부호화하는 '디지털' 접근법의 힘을 활용할 수 있다는 것을 보여주었다. 즉, 영리한 코드를 활용하면 전송된 비트 중 다수가 잡음에 오염되더라도 원래의 비트를 재구성할 수 있다. 현재 모든 디지털 통신과 저장 매체가 이 점을 토대로 작동한다.

6 엑스닷에이아이의 투자 라운드에 대한 보다 자세한 정보는 다음 출처에서 찾을 수 있다. Kyle Wiggers, "X.ai's AI Meeting Scheduler Now Costs $8 per Month," *VentureBeat*, 2018. 10. 10, https://venturebeat.com/2018/10/10/x-ai-introducescalendar-view-and-new-plans-starting-at-8-per-month/. 2,600만 달러라는 구체적인 수치는 모텐슨과 나눈 개인적 대화에서 나왔다. 흥미롭게도 앞선 기사에 자세히 나오듯이 모텐슨은 결국 에이미가 자연 언어로 소통하게 하는 것이 사실 그다지 중요치 않다는 사실을 깨달았다. 그래서 나중에 나온 버전은 회의 계획을 위한 보다 체계적인 인터페이스를 제공한다.

7 Leslie A. Perlow, Constance Noonan Hadley, Eunice Eun, "Stop the Meeting Madness," *Harvard Business Review*, 2017. 7-8, https://hrb.org/2017/07/stop-the-meeting-madness.

8 내가 파트타임 비서를 활용하는 방식을 자세히 설명하자면 현재 나는 정식 비서를 두지 않고 있다. 대신 책 출판을 앞두었을 때처럼 특히 바쁜 기간에 일시적으로 비서를 고용한다. 이런 방식은 웹 기반 파트타임 원격 노동 플랫폼이 나오기 전에는 불가능했을 것이다.

9 Cal Newport, "A Modest Proposal: Eliminate Email," *Harvard Business Review*, 2016. 2. 18, https://hbr.org/2016/02/a-modest-proposal-eliminate-email.

10 Jason Fried, David Heinemeier Hansson, *It Doesn't Have to Be Crazy at Work*(New York: Harper Business, 2018).

11 Fried, Hansson, *Crazy at Work*, 56.

12 Fried, Hansson, *Crazy at Work*, 57.

13 Scott Kirsner, "I'm Joining the Open Office Hour Movement, November 24th," Boston.com, 2009. 11. 20, http://archive.boston.com/business/technology/innoeco/2009/11/im_joining_the_open_office_hou.html.

14 Cal Newport, *So Good They Can't Ignore You: Why Skills Trump Passion in the Quest for Work You Love*(New York: Business Plus, 2012), 73.

15 원래 이름은 프린스턴 인터넷 솔루션Princeton Internet Solutions이었다. 하지만 마이클과 나는 이 이름의 약자가 별로 좋지 않다는 사실을 곧 깨달았다.

16 Tom Foster, "Tim Ferris's 4-Hour Reality Check," *Inc.*, 2013. 4. 2, www.inc.com/magazine/201304/tom-foster/tim-ferriss-four-hour-reality-check.html.

17 이메일 이야기의 여러 측면과 관련하여 참고한 역사적 자료들은 다음과 같다. Samuel Gibbs, "How Did Email Grow from Messages between Academics to a Global Epidemic?", *The Guardian*, 2016. 3. 7, www.theguardian.com/technology/2016/mar/07/email-ray-tomlinson-history; Ray Tomlinson,

"Frequently Aked Questions," http://openmap.bbn.com/~tomlinson/ray/
firstemailfram.html.

18 C. L. Max Nikias, "Why All My Emails Are the Lengths of Texts," *Wall Street
Journal*, 2017. 9. 19, https://wsj.com/articles/why-all-my-emails-are-the-
lengths-of-texts-1505829919. 2017년에 여기서 인용한 사설이 실린 지 1년 후에
니키아스가 USC 총장 자리에서 물러났다는 사실을 언급할 필요가 있다. 뒤이은 보도
로 밝혀진 바에 따르면 그가 총장으로서 대외적 성공을 거두는 동안 교직원들과의 신
뢰가 약화되었고, 이는 결국 불만으로 이어졌다. 그러나 그의 퇴진이 이메일 사용 습관
과 무관할 것이라고 가정해도 무방할 것이다(대형 대학에서는 교직원이 이메일로 직접 총장
과 연락할 수 없다). 따라서 수신함이 넘치는 가운데 생산성을 유지하기 위한 그의 전술에
서 여전히 교훈을 얻을 수 있다.

19 Mike Davidson, "A Low-Fi Solution to E-Mail Overload: Sentenc.es," MikeIn-
dustries.com, 2007. 7. 17, https://mikeindustries.com/blog/archive/2007/07/
fight-email-overload-with-sentences.

20 Michael Hicks, Jeffrey S. Foster, "Adapting Scrum to Managing a Research
Group"(Department of Computer Science Technical Report #CSTR-4966, Uni-
versity of Maryland, College Park, 2010. 9. 18), https://drum.lib.umb.edu/han-
dle/1903/10743.

07 전문화 원칙: 누구든 더 가치 있는 일을 해야 한다

1 Edward Tenner, *Why Things Bite Back: Technology and the Revenge of Unin-
tended Consequences*(New York: Vintage, 1997), 238-39.

2 Tenner, *Why Things Bite Back*, 240.

3 Peter G. Sassone, "Survey Finds Low Office Productivity Linked to Staffing
Imbalances," National Productivity Review 11, no. 2(1992년 봄): 147-58. 이 연구
는 또한 에드워드 테너의 《왜 역효과가 발생하는가》(앞선 2개의 각주에서 인용)에서도 인용
되고 요약된다. 나는 거기서 처음 이 내용을 접했다.

4 Cal Newport, "Is Email Making Professors Stupid?," *Chronicle of Higher Edu-
cation*, 2019. 2. 12, www.chronicle.com/interactives/is-email-making-profes-
sors-stupid.

5   Greg McKeown, *Essentialism: The Disciplined Pursuit of Less*(New York: Crown Business, 2014), 1-3.

6   나의 책《딥 워크Deep Work》를 읽은 독자들은 이 현상을 내가 명명한 '화이트보드 효과whiteboard effect'로 인식할 것이다. 일반적으로 말해서 어려운 문제를 두고 공용 스크린이나 보드를 통해 소규모 집단이 협력적으로 일하면 혼자 일할 때보다 집중력이 강화된다. Cal Newport, *Deep Work: Rules for Focused Success in a Distracted World*(New York: Grand Central Publishing, 2016).

7   Ann Lamott, "Time Lost and Found," *Sunset*, 2010. 4. 5, www.sunset.com/travel/anne-lamott-how-to-find-time.

8   Pat Flynn, "SPI 115L 9000 Unread Emails to Inbox Zero: My Executive Assistant Shares How We Did It(and How You Can Too!)," 2014. 6. 28, 출처: *Smart Passive Income Podcast with Pat Flynn*, 35:22, www.smartpassiveincome.com. podcasts/email-management/.

9   Laura Vanderkam, "Can You Really Spend Just 20 Hours a Week on Core Productions?," LauraVanderkam.com, 2015. 10. 15, https://lauravanderkam. com/2015/10/can-you-really-spend-just-20-hours-a-week-on-core-production/.

10   스크럼 스프린트와 이 방법론이 형성된 시점에 대한 보다 자세한 정보는 다음 자료에서 얻을 수 있다. Ken Schwaber, Jeff Sutherland, *The Scrum Guide: The Definitive Guide to Scrum: The Rules of the Game*, 2017. 11, www.scrumguides.org/ docs/scrumguide/v2017/2017-Scrum-Guide-US.pdf.

11   구글 벤처스의 연혁과 세부 내용은 다음 웹사이트에서 인용되었다. www.gv.com.

12   스프린트 방법론에 대해 내가 정리한 내용은 다음 자료에서 나왔다. Jake Knapp, John Zeratsky, Braden Kowitz, *Sprint: How to Solve Big Problems and Test New Ideas in Just Five Days*(New York: Simon & Schuster, 2016).

13   Bruce Janz, "Is Email Making Professors Stupid? That's Not the Issue," Department of Philosophy, University of Central Florida, 2019. 2. 12, https:// faculty.cah.ucf.edu/bbjanz/is-email-making-professors-stupid-thats-not-the-issue/.

14   로라 밴더캠은 개별 지식노동자들이 먼저 얼마나 많은 시간을 다른 활동에 투자할지 파악한 다음 자발적인 활동 예산을 적용하여 역으로 그 목표를 달성할 것을 제안한다.

Laura Vanderkam, "How to Craft a Perfect, Productive 40-Hour Workweek," *Fast Company*, 2015. 10. 13, www.fastcompany.com/3052051/how-to-craft-a-perfect-productive-40-hour-work-week.

15 Linda Babcock, Maria P. Recalde, Lise Vesterlund, "Why Women Volunteer for Tasks That Don't Lead to Promotions," *Harvard Business Review*, 2018. 7. 16, https://hbr.org/2018/07/why-women-volunteer-for-tasks-that-dont-lead-to-promotions.

16 내가 이 장을 쓸 무렵 조지타운 대학은 교수들이 보다 효율적으로 연구할 수 있도록 인상적인 인비저블 UI 스타일의 서비스를 실행하기 시작했다. 대학측은 각각의 주요 연구 분야에 "연구 코디네이터"를 임명했다. 그래서 연구와 관련된 행정적 인프라에 대해 궁금한 점(가령 지원금 문제)이 있는 교수는 코디네이터에게 물어보면 된다. 그러면 이 코디네이터는 해당 지원 부서를 파악하여 필요한 정보를 얻거나 문제를 해결한다.

맺음말 21세기의 달 탐사

1 Neil Postman, "Five Things We Need to Know about Technological Change"(덴버 강연, 1998. 3. 28), https://web.cs.ucdavis.edu/~rogaway/classes/188/materials/postman.pdf.

하이브 마인드, 이메일에 갇힌 세상

초판 1쇄 인쇄 2021년 6월 20일
초판 1쇄 발행 2021년 6월 30일

지은이 칼 뉴포트 | 옮긴이 김태훈
펴낸이 오세인 | 펴낸곳 세종서적(주)

주간 정소연 | 편집 장여진
표지 디자인 urbook | 본문 디자인 김미령
마케팅 임종호 | 경영지원 홍성우
인쇄 천광인쇄

출판등록 1992년 3월 4일 제4-172호
주소   서울시 광진구 천호대로132길 15, 세종 SMS 빌딩 3층
전화   마케팅 (02)778-4179, 편집 (02)775-7011
팩스   (02)776-4013
홈페이지   www.sejongbooks.co.kr
네이버 포스트 post.naver.com/sejongbook
페이스북   www.facebook.com/sejongbooks
원고 모집   sejong.edit@gmail.com

ISBN 978-89-8407-811-6   03190

• 잘못 만들어진 책은 바꾸어드립니다.
• 값은 뒤표지에 있습니다.